中 華

# 香港人的「國家認同」變化研究

陳麗君　著

# 前 言

香港回歸已經 20 多年，但是香港人心並未向着回歸方向發展，即香港人的「國家認同」並未向着不斷提高方向演變，反而在 2009 年後出現倒退，並在 2019 年《逃犯條例》「修例風波」中跌至香港回歸祖國以來的歷史最低位。2020 年香港實施《港區國安法》後，香港的政治環境發生了巨大變化，香港特區政府開始大幅加強全社會尤其是中小學「國民教育」與「國安教育」，但是香港人的國家認同並未出現明顯提高，這顯示「國家認同」作為社會意識，無論形成和變化都受眾多因素影響，並不能通過單一方式或途徑達到顯著提高的目標。港人的「國家認同」是提高還是倒退，無論對香港還是對國家，都影響重大，其不僅關係到「一國兩制」能否順利實施，也關係到「國家安全」及國家發展整個大局。本書以馬克思主義歷史唯物主義理論及現代「國家認同」等理論為基礎，深入分析了從香港開埠以來港人的「國家認同」變化，然後深入分析了這些變化背後的複雜原因，最後嘗試找出其中的規律，進而提出增強港人「國家認同」的思路。

## 一、本研究的基本內容

第一章闡述了馬克思歷史唯物主義社會存在與社會意識理論，以及「國家認同」基本概念和「國家認同」的構建。第二、三、四章分成三個大的階段及一個小的階段闡述了香港人「國家認同」的變化過程，其中第二章分析了回歸前香港人的「中國人」身份認同變化，包括殖民統治早期港人離散的「民族認同」，以及二十世紀六七十年代至回歸前港人「中國人」身份認同逐

漸下降的過程；第三章分析了回歸後最初十餘年，港人「民族認同」「文化認同」及「政治認同」的上升趨勢；第四章闡述了 2010 至 2019 年港人國家認同下降趨勢尤其是 2014 年「佔中」後「香港本土思潮」興起，並闡述了 2020 年《港區國安法》實施後港人「國家認同」變化的複雜趨勢。第五、六、七章，以及第八章第一節，分別對三個大階段及一個小階段港人「國家認同」變化的原因進行了分析，其中第五章分別從「回歸前社會存在變化」「回歸後香港經濟發展放緩、民生問題嚴峻」「『一國兩制』固化了兩地制度差異」以及「西方文化在香港有深厚的土壤」等方面，深入分析了回歸前港人「身份認同」變化原因及港人「國家認同」難提升的客觀原因；第六章分別從「香港政治生態較好」「港人對『一國兩制』信心增強」「國家發展成就集中顯現」「香港與內地融合正面效應突出」，以及「宣傳教育產生作用」等方面，深入分析了 2009 年之前港人「國家認同」向着正面方向發展的原因；第七章分別從「香港政治生態轉差」「港人『一國兩制』信心下降」「2009 年前後內地一些事件被大肆渲染」「內地對香港經濟作用減弱」「兩地融合及特區政府施政失誤加劇民生問題」，以及「國民教育倒退與傳媒負面宣傳加強」等方面，深入分析了 2010 年後港人「國家認同」掉頭向下的原因；第八章第一節則深入分析了《國安法》實施後港人「國家認同」呈現較複雜變化趨勢的原因。第八章第二節在前述深入研究的基礎上得出了兩大研究結論：一是在影響香港人「國家認同」多項因素中，各因素發揮的作用不同；二是各項影響因素中，單純改變或重視個別因素，難以達到提升港人「國家認同」。第八章第三節則提出了提升港人「國家認同」的思路。

## 二、本研究的創新性

本研究利用了香港中文大學與香港大學等民調機構的調查資料，以及充

分利用了互聯網信息技術，廣泛收集本課題所需要的研究成果和動態資料，還充分利用了國內香港研究各方面的資源，同時利用參加內地及港澳地區調研活動及學術活動機會充分了解有關香港政治生態與港人「國家認同」的情況與資料。在此基礎上撰寫的該研究成果，最終得出的結論認為，在影響港人「國家認同」因素中，「內地經濟與民生狀況」及「內地各項制度狀況」的影響最大，「香港法治、自由與民主制度狀況」的影響則越來越重要，而「香港經濟與民生發展狀況」則發揮着基礎性的作用，「香港與內地融合」以及「教育與傳媒」也發揮着重要作用。1978 至 2009 年內地與香港經濟民生從差距巨大發展為差距大幅縮小，這成為港人「國家認同」從薄弱到增強的決定性因素。香港作為經濟發達地區，港人尤其是中產追求精神價值，加上「法治、自由」被認為是香港制度優勢或核心價值，因此這些所謂「核心價值」是否「保持完好」對港人尤其是中產的「國家認同」影響很大。二十世紀六七十年代「香港經濟高速發展、港英大幅改善民生」成為港人認同港英殖民管治的基礎，回歸後「經濟放緩與民生問題嚴峻」降低了港人對「回歸」的認同，從而成為港人「國家認同」下降的基礎性原因。2009 年之前「香港與內地融合」正面作用大，之後兩地互補性下降，「自由行」負面影響又暴露出來，成為港人「國家認同」從上升轉向下降的重要原因。教育與宣傳直接推動人們觀念變化，尤其是香港這種「一國兩制」地區，港人對內地情況主要通過教育或傳媒了解，因此教育與傳媒對港人「國家認同」作用很大。因此本研究最後得出結論：單純改變或重視個別因素，難以達到提升港人「國家認同」的目標，而只有各項因素均受到重視和全方位努力才能有效提升港人「國家認同」。

目前國外以及香港本地學者對港人「國家認同」的研究成果較多，但這些學者多數以西方政治學等理論對港人「國家認同」進行分析，而且多數在分析港人「國家認同」薄弱的成因時側重於某幾個原因分析，極少對香港人

「國家認同」薄弱的原因做全面系統梳理和分析。而內地學者有關港人「國家認同」研究的公開發表成果很少，全面系統研究的公開發表或出版成果則更少。本研究站在馬克思歷史唯物主義理論的高度，並運用現代「國家認同」等理論，全面系統及深入分析了港人「國家認同」的變化及其原因，並在此基礎上得出港人「國家認同」變化規律，最後根據這些變化規律提出了增強港人「國家認同」的建議。

# 目 錄

# 「國家認同」相關理論與港人
# 「國家認同」特殊性

　　「國家認同」是重要的價值觀念，而價值觀念屬於社會意識範疇。而社會意識由社會存在決定，同時又對社會存在具有反作用，且有其相對獨立性，「國家認同」也不例外。每個國家都很重視提高國民的「國家認同」，以增強國民凝聚力，香港人的「國家認同」對於我國來說，同樣很重要。而香港作為「一國兩制」地區，港人的「國家認同」與一般地區國民的「國家認同」有很大區別，即香港人的「國家認同」具有明顯的特殊性。

## 第一節　馬克思歷史唯物主義社會存在與社會意識理論

　　價值觀念是指一定社會中流行的具有規範性的價值意識形式和社會意識形態，作為意識形態，其由社會存在所決定，只是一旦其形成後又具有相對獨立性，並對社會存在具有反作用。

# 一、社會存在與社會意識概念以及「社會存在與社會意識」同「經濟基礎與上層建築」的聯繫

## 1. 社會存在與社會意識的概念

社會存在與社會意識是馬克思歷史唯物主義的基本範疇。歷史唯物主義認為：社會存在是指社會物質生活條件的總和，即不依人的意志為轉移的社會物質生活過程，包括物質生活資料的生產方式、地理環境和人口因素。地理環境和人口是社會物質生活的必要條件，對社會發展起着重大的影響作用，地理環境的優劣和人口的狀況，可以加速或者延緩社會的發展。但是地理環境和人口不是決定社會制度性質和社會形態更替的決定性因素，它們在社會發展中的作用是受生產方式制約的。因此生產方式是社會存在的基本內容，是決定社會制度性質以及社會形態更替的決定性因素。生產方式包括生產力與生產關係，其中生產力是決定性因素，社會的發展主要是由生產力與生產關係這對矛盾相互作用而推動的。

而社會意識則是社會存在的反映，是社會物質生活過程及其條件在觀念上的反映，是社會的精神生活過程和精神現象的總和。社會意識是一個十分複雜的體系，是包括人的一切意識要素和觀念形態以及人類社會中全部精神現象及其過程的哲學範疇。首先是社會意識形式，它是指系統化、理論化的社會意識，它是人們自覺地從社會生活中概括提煉出來的、具有明確分工、相對穩定形式的系統化與理論化的社會意識，包括由政治思想、法律思想、道德、藝術、哲學、宗教等組成的各種思想體系。其中政治思想是人們關於社會政治制度、政治生活、政治組織、階級或社會集團及其相互關係的觀點與理論的總和；法律思想是人們關於法的關係、規範、制度和設施的觀點與理論的總和；道德是調整人們之間以及個人與社會之間關係的行為規範的總和，依靠非強制的社會輿論和人們的內心信念的力量來維持；藝術是通過塑

造具體生動的形象來把握世界、反映社會生活的社會意識形式；宗教是統治人們的自然力量和社會力量在人們頭腦中虛幻的、顛倒的反映，是由對超自然實體即神靈的信仰和崇拜來支配人們命運的一種社會意識形式。其次是社會心理，它是在日常生活和交往中自發形成的、不系統、不定型的社會意識，包括感情、情緒、情趣、意志、風俗、習慣、信念、幻想、成見、願望等等。其主要構成是：階級心理、民族心理、行業心理、時代心理等。它交織着感性因素和理性因素，但以感性直觀為主，還不具有自覺的理性意識，沒有經過充分的理論加工，沒有形成思想體系。再次是「社會意識賴以發揮作用的各種設施」，如政治、法律觀點賴以發揮作用的政治與法律設施，宗教觀點賴以發揮作用的宗教設施，文藝觀點賴以發揮作用的文藝機構等等。

### 2.「社會存在與社會意識」同「經濟基礎與上層建築」的聯繫

「社會存在與社會意識」同「經濟基礎與上層建築」存在密切聯繫，「生產力與生產關係」是「社會存在」的基本內容，「生產關係的總和」則是「經濟基礎」，因此「生產關係」既是「社會存在」的基本內容之一，也是「經濟基礎」的主要內容。「社會意識」首先是社會意識形式，其次是社會心理，再次是社會意識賴以發揮作用的各種設施；「上層建築」則包括「觀念上層建築」與「政治上層建築」。其中「觀念上層建築」與社會意識的「社會意識形式」關係密切，屬於上層建築的社會意識形式通常稱為社會意識形態，包括政治、法律、道德、藝術、宗教、哲學等社會觀點及觀念體系，不屬於上層建築的社會意識形式主要是指自然科學及部分社會科學和思維科學如語言學、形式邏輯學。而「政治上層建築」是政治與法律制度以及政治與法律設施的統稱，與社會意識的「社會意識賴以發揮作用的各種設施」關係密切，「社會意識賴以發揮作用的各種設施」包括了政治上層建築的政治與法律設施。

社會意識中的「社會意識賴以發揮作用的各種設施」，以及上層建築中

的「政治上層建築」，究竟是社會存在還是社會意識？這在學術界存在爭議。無論是否屬於社會存在，「社會意識賴以發揮作用的各種設施」對社會意識形式及社會心理均起着很大的影響和制約作用，「政治上層建築」則對觀念上層建築起着很大影響和制約作用甚至是決定性的作用，政治上層建築對本書研究的對象「國家認同」便發揮了極大影響甚至起了決定性作用。

## 二、社會存在決定社會意識，社會意識又具有相對獨立性，並對社會存在具有反作用

### 1. 社會存在決定社會意識，但社會意識又具有相對獨立性

馬克思主義的歷史唯物主義認為，社會存在和社會意識是辯證統一的，社會存在決定社會意識，社會意識是社會存在的反映，並反作用於社會存在。

首先有什麼樣的社會存在，就有什麼樣的社會意識。不同歷史時代的社會存在不同，人們的社會意識也就不同。同一歷史時代中，社會存在即生產方式中處於不同地位的人們，具有不同的社會意識。在階級社會中，不同的社會意識是不同的階級在生產關係中所處不同地位的反映；不同社會意識的對立和鬥爭，是不同階級經濟利益的對立和鬥爭在思想領域的反映。其次，社會存在的發展變化決定着社會意識的發展和變化。隨着社會存在的發展與變化，人們的社會意識也會相應地發生變化。舊的生產方式被新的生產方式代替以後，舊的社會意識也必然或快或慢地被新的社會意識所代替。最後，社會意識必須與社會存在相適應。一種社會意識，只有具備了一定的社會物質條件才會產生，只有在適合社會存在及其發展的需要時，才能變成現實。

社會意識是社會存在的反映，它決定於社會存在，但社會意識並不是消極地反映社會存在，而是能動地反映社會存在，它同社會存在之間有一個曲折複雜的相互作用的辯證過程。社會意識一經在社會存在的基礎上產生，就

具有了自己的特殊的發展形式和發展規律，並能動地反映社會存在。這就是社會意識相對獨立性的基本涵義。

### 2. 社會意識與社會存在變化發展的不完全同步性

社會意識往往落後於社會存在的變化。社會意識並不是隨着社會存在的改變而立即發生變化的，當某種社會意識賴以存在的社會制度和社會物質生活條件變化以後，這種社會意識不僅不會立即消失，相反還會在一個相當長的時間內存在並發生作用。顯示社會意識一經形成，就具有一定的穩定性、保守性，在一定的條件下甚至變成一種頑固的傳統力量，牢固地佔據人們的頭腦。社會意識與社會存在的不完全同步性還表現為社會意識有時候可以超越現實社會存在的發展狀況，這主要是指先進的社會意識由於反映和代表了社會發展的要求，往往能在一定程度上預見社會發展的趨勢，成為社會變革的先導。

但是社會意識的這種獨立性是相對的，舊社會思想和理論不可能在其物質基礎消亡後長久存在，新理論也只能在社會存在發展已具備了提出新任務的條件下才可能產生，其對未來社會發展只能指出其根本趨勢，而不能描繪其具體細節。

### 3. 社會意識與經濟發展水平的不平衡性

社會意識及其發展歸根到底決定於社會存在，然而它同社會經濟發展水平之間並不總是成正比的，二者之間存在着一定的不平衡性。概括來說主要是以下兩種表現：一種表現是，從歷史的縱向既從不同時代的同一國家來看，在社會經濟發展水平較高的地方，某些意識形態的發展水平較低；相反，在社會經濟發展水平較低的階段，某些社會意識形式的發展水平較高。例如，十八世紀的英國，其社會經濟的發展水平遠遠超過了十六世紀，但

十六世紀莎士比亞時代的英國戲劇，卻不可比擬地高於十八世紀的英國戲劇；十七世紀的法國，高乃依和拉辛的文學藝術創作成就明顯高於十八世紀伏爾泰時期的創作成就，然而十八世紀法國的經濟發展水平卻大大地超過了十七世紀。另一種表現是，社會橫向即從同一時代的不同國家來看，社會經濟發展水平較高的國家，某些社會意識形態的發展水平低於社會經濟發展水平較低的國家；與此相反，社會經濟發展水平較低的國家，在思想領域內卻可以超過社會經濟發展水平較高的國家。十八世紀的法國在經濟發展水平上落後於英國，但在哲學方面卻領先於英國；十九世紀中葉的德國在經濟上落後於當時的英國和法國的發展水平，但是卻產生出巨大的精神成果：以黑格爾辯證法與費爾巴哈唯物論為代表的「德國哲學的光輝和繁榮」。

社會意識與社會經濟發展水平之間的不平衡的出現，同具體的歷史條件是分不開的，是多種因素作用的結果，在這些條件和因素中，有經濟結構、社會政治條件、階級鬥爭形勢、民族傳統和國際影響等等。作為經濟基礎反映的社會意識，是上層建築的組成部分，一般來説，它同社會生產力不直接發生關係，而是通過社會政治關係和經濟關係同生產力相聯繫。因此，一般來説，社會生產力的發展不能直接引起社會意識的變化，而是通過社會經濟關係和政治關係即通過經濟基礎和政治上層建築的「中介」對社會意識的變化和發展起作用。社會經濟關係和政治關係在社會意識與生產力之間的「中介」作用，是社會意識與經濟或生產力發展水平之間出現不平衡性的重要的原因。

### 4. 社會意識發展的歷史繼承性

任何時代的社會意識，都是特定的社會存在的反映，因而無不具有自己的特點。然而，任何時代的社會意識，都和以前時代的社會意識有着密切的聯繫，它的產生和發展都要以前人所積累的思想材料為前提，因而又無不同

以往的思想成果發生歷史繼承關係。恩格斯指出：「每一個時代的哲學作為分工的一個特定的領域，都具有由它的先驅者傳給它而它便由以出發的特定的思想資料為前提。」[1] 哲學如此，其他社會意識形式也不例外。這就是說，任何時代的社會意識都在不同的程度上包含着以往社會意識的某些成果，因為每個時代的人們，總是通過接受現成的社會意識的影響逐漸形成自己時代的社會意識的，而在形成和發展自己時代的社會意識的過程中，人們不僅要研究現實，而且總是要借鑒前人的思想。這就使得每一個時代的社會意識，都是人類社會意識整個發展鏈條上的一個環節，沒有社會意識的繼承性，整個鏈條就會中斷。社會意識的歷史繼承性，使得各種社會議意識都形成了自己相對獨立的歷史發展線索。這種歷史繼承性的長期積澱，便形成了不同的文化傳統和各種社會意識的民族特點。因此，想要對社會意識及其發展作深入了解，就不僅要深入考察他們是怎樣為社會存在所決定的，還必須進一步了解他們同前一時代社會意識的密切聯繫；否則，是無法理解社會意識的特點及其發展的。

在社會意識的發展過程中，新的社會意識的形成和發展，不是對舊的社會意識全盤否定，而是既克服又保留，是對舊的社會意識的揚棄。如同沒有對舊的社會意識的一定程度的克服就沒有社會意識的發展一樣，沒有對舊的社會意識合理因素的保留，也不會有社會意識的發展。

### 5. 社會意識各種形式之間的相互作用及相互影響

社會意識的諸種形式從各自的不同側面並以不同的方式反映社會存在，形成了各自不同的內容和形式，在社會生活中具有不同的地位、作用和發展

---

1 　恩格斯：《致康·施米特（1890 年 10 月 27 日）》，《馬克思恩格斯選集》第 4 卷，第 485 頁。

過程。然而，社會意識的諸種形式之間不是彼此孤立、互不相干的，而是相互聯繫、相互作用、相互影響、相互滲透和相互補充的。在社會發展的不同階段上，任何一種社會意識的形成和發展，都在不同程度上受到其他社會意識的影響，同時也影響其他社會意識。因此，如果不估計到社會意識之間的這種相互影響，要深入了解社會意識的形成和發展，準確地把握其特點，是不可能的。

在不同的國家和不同的歷史時期，社會意識之間的相互作用和相互影響是不同的，有時這種社會意識形式的影響較大，有時那種社會意識的影響較大。例如，在中世紀的歐洲，宗教這一社會意識形式對其他社會意識形式的影響就特別大，不了解它對哲學、藝術、道德等社會意識形式的深刻影響，就難以理解這一時期各種社會意識形式的特點；在十八世紀的法國，政治思想和哲學思想對其他社會意識形式的影響也較為突出。因此，對於十八世紀法國的各種社會意識形式特點的了解，就必須考慮到當時法國的政治思想和哲學思想。儘管社會意識的各種形式之間的相互影響和相互作用在不同國家和不同歷史時期表現出不平衡性，但一般地說，政治和法律思想對其他社會意識形式的影響最大。因為政治和法律思想最直接、最集中地反映了一定的經濟基礎，體現着一定階級和社會集團的利益。必須指出，各種社會意識形式之間的相互作用和相互影響歸根到底要以社會經濟發展的條件為基礎，它決定於社會存在所提供的需要和可能。

### 6. 不同的國家和民族之間社會意識的相互作用和相互影響

每一種社會意識在不同的國家和不同的民族那裏，都有自己獨特的色彩或特徵。每一種社會意識形式在不同的國家和不同的民族那裏所表現出來的多樣性，都是由不同國家、不同民族社會存在發展進程的多樣性所決定的。但是，每一個國家、每一個民族都和其他國家、其他民族處於相互聯繫之中，這

種相互聯繫反映到社會意識的領域中，就形成了不同國家、不同民族社會意識之間的相互作用和相互影響，這是社會意識相對獨立性的一個重要表現。

不同國家、不同民族社會意識之間的相互作用和相互影響，在社會意識發展史上是屢見不鮮的。例如，十八世紀法國唯物主義受到英國洛克哲學的深刻影響；十九世紀四十年代德國「真正社會主義者」的思想則是直接從法國輸入的；黑格爾哲學曾經對十九世紀俄國思想界產生了巨大影響。人類歷史發展到今天，不同國家、不同民族之間的聯繫和交往日益密切和頻繁，各個國家社會意識的相互作用和相互影響日益突出。因此在研究特定國家、特定民族的社會意識時，需要開拓視野或放眼全球，將不同國家、不同民族社會意識的相互作用和影響作為一個必不可少的重要方面考慮在內，只有這樣才能真正理解和了解各個國家或民族的社會意識。

### 7. 社會意識對社會存在具有能動的反作用

社會任何活動都有人的參與，而人是在一定社會意識支配下從事生產等實踐活動，人們構建社會意識目的是要為生產等實踐活動服務，因此社會意識必然對生產力與生產關係為主的社會存在產生作用，因此社會存在決定社會意識的同時，社會意識對社會存在必然具有能動的反作用。社會意識的能動反作用在性質和程度上主要表現在：從質的方面看，不同性質的社會意識對社會存在起着不同性質的作用；從量的方面看，無論社會意識對社會存在起着什麼性質的作用，都有程度深淺、範圍大小、時間長短、作用方式等方面的差異。無論什麼性質的社會意識，只要它是先進的社會意識，對社會存在的發展必然起積極的推動作用，必然促進社會不斷向前發展；反之，只要是落後或反動社會意識，對社會存在的發展必然起着阻礙作用，必然延緩歷史的發展進程。先進的社會意識，先進程度越高，其對社會存在的推動作用越大，時間越長；反之，落後的社會意識，越是落後，對社會存在的阻礙也越大。

# 第二節 「國家認同」的構建及香港的特殊性

從馬克思主義歷史唯物主義理論來講，「國家認同」作為社會意識，由社會存在決定，同時對社會存在又具有反作用，而且其也具有相對獨立性。因此「國家認同」的確立或構建，不僅要通過推動經濟、政治等社會存在發展來達到，而且要通過國家機器或手段去構建人民的「國家認同」。香港作為「一國兩制」地區，「國家認同」的構建比一般國家和地區更為複雜和困難。

## 一、「國家認同」的基本概念及其與「地區認同」的關係

### 1.「國家認同」的基本概念

「認同」屬於「社會意識」範疇，且屬於「社會心理」這一層次的社會意識，它交織着感性因素和理性因素，但以感性直觀為主。而在弗洛伊德那裏則被解釋為「個人與他人、羣體或模仿人物在情感上、心理上趨同的過程」。[1]也就是個體會從情感和心理上趨同於他人或社會，並逐漸內化為自己的行為模式和生活習慣，獲得某種思想上和行為上的同構。而「國家」這個詞的現代意義是在十九世紀後期才出現，其是內含「語言、文化、歷史、民族、政府、制度」等眾多元素的共同體，系統性地可劃分為「歷史 - 文化」共同體、「民族 - 言語」共同體、「政治 - 法律」共同體等三個共同體。[2]「國家認同」一詞最早出現在 1953 年約瑟夫·列文森所著的《梁啟超與中國近代思想》一書中，隨後「國家認同」概念出現在二十世紀七十年代行為主義革命時期的政治學領域。因學者所持立場及視角等不同，對「國家認同」的概念界定也各

---

1　車文博：《弗洛伊德主義原理選輯》，遼寧人民出版社 1988 年出版，第 375 頁。

2　吳玉軍：「論國家認同的基本內涵」，《中國特色社會主義研究》2015 年第 1 期。

不相同。有台灣學者將「國家認同」定義為「一個人確認自己屬於哪一個國家以及這個國家究竟是怎樣一個國家的心理活動」。[1] 也有學者認為，國家認同是指一個國家的公民對自己祖國的歷史文化傳統、道德價值取向、理想信仰信念、國家政治主權等等的認同。還有學者認為，「國家認同」是基於對特定政治、經濟、社會制度的價值而產生對特定羣體的歸屬感，進而認為其由「族羣血緣關係」「歷史文化傳統」「政治社會經濟體制」等認同所構成。總體而言，「國家認同」是指一個國家的國民從心理上對自己歸屬於這個國家的認可，以及認知這個國家的歷史文化、價值觀念與政治制度等要素，並作出積極的評價和對這個國家產生歸屬感。

### 2. 「國家認同」與「地區認同」的關係

在「國家認同」之內還存在「地區認同」，即在一個國家內存在不同的地區，「地區認同」就是指個體對所處地區的歷史文化傳統、民間信仰、血親血緣、風俗習慣等等的認同，並對該地區產生歸屬感。在國家內部，既要承認一個人是某個地區的人，存在不同於其他地區人的特點，以及他會對所處地區有認同感；也要承認他是該地區所在國家的公民，享受超越地區的國家所賦予的公民權利，並履行相應的公民義務，進而應當具有「國家認同」。在現實世界中，無論單一制還是聯邦制國家，「國家認同」和「地區認同」都是一種「共存關係」，即「國家認同」和「地區認同」不應相互排斥，而是共生共存的關係。

「國家認同」高於「地區認同」，「國家認同」將國民的個人利益、集體利益、地區利益與國家的存在和發展聯繫在一起，讓國民形成一種捍衛國家

---

1　江宜樺：《自由主義、民族主義與國家認同》，揚智文化事業股份有限公司（台北）1998 年出版，第 15 頁。

主權和民族利益的集體意識。現代國家中,「國家認同」被視為是國家軟實力的一個重要衡量指標,民眾的「國家認同」程度高,民眾便能團結並形成凝聚力,也會為國家的建立和治理提供合法性的支持,擁護國家的政治和法律制度,奉公守法,並甘願為國家付出力量或努力。因此,一個國家是否能統一和穩定、一個政府是否能有效率地運作、一個政黨能否穩固地執政,「國家認同」起到至關重要的作用。

## 二、「國家認同」的構建及香港人「國家認同」構建的特殊性

### 1. 社會存在發生變化後的「國家認同」構建

如果「國家」這一主結構發生變動,「國家認同」也將產生變化,這是馬克思主義社會存在決定社會意識的基本理論,但是「國家認同」作為社會意識,其具有相對獨立性,未必朝着社會存在變化的方向及管治或治理者需要的方向變化。因此,民族國家在建立過程中或建立起來之後,國家政權會有意識地通過「制度設計、宣傳教化、文化體系」等手段培養國民的民族意識,激發他們的民族情操,凝聚他們的民族認同,由此推動「民族認同」逐漸形成,進而推動「國家認同」逐漸形成。

建構「國家認同」是一個複雜和漫長的動態過程,因為人對一個事物的認同是一個複雜的主觀認知和心理情感建立的過程,不同個體的認知能力、認識過程和深刻程度均不一樣。而任何個體的認知和情感的累積會隨着外部因素的影響而產生變化,因此「國家認同」建構需要在不同時期採取不同的手段或方式,多種措施並舉和統籌推進,才可能實現管治或治理者的目標任務。當國民的「國家認同」薄弱或國民的行為與政府的價值取向不一致時,政府可以利用共同的宗教神靈、語言和傳統習俗等等,並通過「制度設計、宣傳教化、文化體系」,塑造出一些共同的民族特徵,進而使國民認同和具備

這些共同特徵，由此逐步改變國民對自己身份的認知和行為習慣，從而將國民培養成有利於國家又忠於國家的「好國民」。十九世紀末至二十世紀中，法國推行普通話（標準法文）的語言政策就是一個較典型的例子。法國政府通過「宣傳教化」，讓兒童從小就要接受「普通話」的強制教育，在校園內禁止說土話。並且通過「制度設計」，將普通話作為「共和國語言」寫入了法國憲法，還授予教師作為「國家代表」，具有在校園內嚴苛推廣「普通話」的權力。同時通過「立法方式」，規定入伍士兵在服兵役期間只能說「普通話」。多種方式與途徑的共同作用，法國最終在二十世紀中讓「標準法語」在法國實現全國普及。時至今天，法國人會以「法語」為傲，「法語」有力地促進了法國人民的「國家認同」。

### 2. 香港人「國家認同」的建立是要讓港人認同已存在的「國家特徵」

香港不存在「建構或塑造出一些共同的民族特徵」問題，因為中國及中華文明的「共同民族特徵」已經存在數千年，中華文明源遠流長。中國人均為炎黃子孫，擁有共同的祖先，中國文化則是伴隨着統一的多民族國家而形成，國家政權雖有更迭或間有盛衰，但民族間的融合從未中斷。在民族的遷徙、聚合和戰爭衝突中，出現了一次又一次的文化融合和文化交流高潮，至今已經形成了博大精深的中國文化，包括儒教、道教文化，以及漢語漢字等等。2021 年 8 月《人民日報》評論員文章指出「我國是統一的多民族國家，在漫漫歷史長河中形成了多元一體的中華民族。我們遼闊的疆域是各民族共同開拓的，我們悠久的歷史是各民族共同書寫的，我們燦爛的文化是各民族共同創造的，我們偉大的精神是各民族共同培育的。我國各族人民同呼吸、共命運、心連心的奮鬥歷程是中華民族強大凝聚力和非凡創造力的重要源泉。一部中國史，就是一部各民族交融匯聚成多元一體中華民族的歷史，就是各民族共同締造、發展、鞏固統一的偉大祖國的歷史。中華民族多元一體

是先人們留給我們的豐厚遺產，也是我國發展的巨大優勢。」[1]

中華人民共和國也早於 1949 年便建立起來，已經長達 70 多年，在這 70 多年的歷程中，中國內地的人民早已建立很強的「國家認同」，尤其是在遭遇危機或國難時，內地人民的民族凝聚力或愛國熱情更會突顯出來。因此，香港在主權與治權變更後，並不需要塑造或建構讓香港人共同認同的「國家或民族特徵」，而只需要讓香港人認同早已經形成了的「國家或民族特徵」。

## 三、社會存在決定民眾對「國家認同」的程度及香港的特殊性

### 1. 作為社會意識，「國家認同」的狀況或認同程度由社會存在決定

作為社會意識，「國家認同」的構建與認同程度由社會存在決定，即是說，不僅社會存在決定「國家認同」的構建或建立，而且一旦「國家認同」構建起來了，人民對「國家認同」的程度同樣由這個國家的社會存在決定。而社會存在基本內容是生產力與生產關係，因此人民對「國家認同」的程度主要由生產力與生產關係所決定。正如前面所分析的，政治與法律制度等「政治上層建築」或「社會意識賴以發揮作用的各種設施」，對觀念上層建築或社會意識形式與社會心理發揮很大影響和制約作用，因此政治與法律制度等「政治上層建築」對於人民的「國家認同」程度發揮很大影響和制約作用。

無論從世界各國的歷史還是中國的歷史來看，生產力落後及民不聊生的國家或地區，其人民對政府都極為不滿，有條件的會移民他國，無條件或民族情感深厚的則會奮起反抗。而生產力達到較高水平及人民生活狀況好的國

---

1　「深刻認識鑄牢中華民族共同體意識的重大意義──論學習貫徹習近平總書記中央民族工作會議重要講話」http://news.iqilu.com/china/gedi/2021/0903/4941664.shtml。

家或地區，人民安居樂業，「國家認同」感都會很強烈，人民不會選擇移民，反而其他國家的人民可能移民至該國或地區。除了生產力及人民生活狀況，一個國家的政治法律制度等政治上層建築狀況對人民的「國家認同」也很重要，尤其是在生產力及人民生活水平達到較高程度的國家或地區，生產力及人民生活水平程度越高，制度等政治上層建築對人民的「國家認同」也越重要。當國家在生產力及人民生活達到較高甚至很高水平或程度時，制度等政治上層建築對人民的「國家認同」甚至可能起決定性的作用。

　　一個分裂的國家要實現統一，如果「領土與人口較多的一方」在生產力、人民生活及政治上層建築等方面均比「領土與人口較少的一方」發展程度高，這個國家相對容易實現統一，即「領土與人口較少的一方」相對較容易併入「領土與人口較多的一方」。而且「領土與人口較少的一方」在併入較大的一方後，對統一後的國家的認同感也容易建立起來，東德併入西德是最典型的例子。二十世紀九十年代，西德是歐洲最大的經濟體，而東德落後得多。1988 年東德人均 GDP 僅為西德的四分之一，勞動生產率僅為西德的 30%，科技水平落後於西德 20 年，這也是當時每年都有數十萬東德人逃亡西德的重要原因。因此最終西德與東德通過談判，東德地區 5 個州集體加入了西德。

　　反之，「領土與人口較少的一方」的人民認為「領土與人口較多的一方」在生產力、人民生活及政治上層建築等方面不及他們時，這個國家要實現統一難度相對大一些，即「領土與人口較少的一方」會抗拒統一。當「領土與人口較少的一方」的生產力與人民生活發展程度已經達到較高水平時，政治上層建築因素對國家統一將起非常大的制約作用，而且「領土與人口較少的一方」即使併入或回歸較大的一方，「國家認同」感也不容易建立起來，台灣與香港便是較為典型例子。鄧小平等我國領導人之所以提出「一國兩制」構想，就是因為台灣人與香港人認為他們的生產力與人民生活尤其是政治上層建築較大陸的優越，害怕與抗拒統一或回歸祖國。

## 2. 香港人在英國殖民統治時期未開展「反殖運動」，反而產生對「殖民統治」的認同

香港的主權與治權變更不同於其他國家或地區。香港第一次主權與治權變更是英國強迫清政府簽訂不平等條約而強行做出的改變。香港第二次主權與治權變更也不是香港本地華人通過反殖運動爭取來的，而是由中英兩個主權國家談判而確定下來。腐敗無能的清政府與侵略者英國政府簽訂的三大不平等條約，無論是中華民國還是中華人民共和國均不予承認，而且英國佔領香港最大面積新界所依據的《新界址拓展專條》表明租借 99 年，因此 1997 年必須歸還中國。中英於二十世紀八十年代初就香港前途問題進行了幾年的談判，最終於 1984 年 12 月簽訂《中英聯合聲明》，確定英國於 1997 年將香港交還中國，並實行「一國兩制，港人治港」。

在這兩次主權與治權變更中，港人的「國家認同」變化均較為曲折。第一次主權與治權變更，在新界地區遭遇了華人反抗，因此一開始華人並不服從英國殖民統治，更不可能認同英國民族與文化，因此早期港英對華人實行高壓統治。只是到後來港英逐步採取了拉攏華人策略，但是華人普遍對港英政府沒有好感，華人在二十世紀六七十年代還進行了幾場反殖意義明顯的社會運動，如爭取中文為法定語言的運動，但這些運動僅僅是改良式的社會運動，而非革命性的反殖運動。二十世紀五十年代，因「天時地利人和」等機遇，使香港經濟開始高速發展，尤其是二十世紀七十年代港英開始加大改善華人生活的力度，由此使華人逐漸接受了殖民者的殖民統治。因此在殖民統治後期，香港人對「殖民者統治」及作為被英國殖民的香港產生了認同。

由此香港第二次主權與治權變更即香港回歸祖國，香港人因害怕甚至抗拒，即害怕與抗拒主權與治權變更，甚至有人要求英國不要將香港歸還中

國。可見香港人不僅未進行反殖民運動或爭取「回歸祖國」抗爭，反而認同「港英殖民統治」。當然，香港在港英殖民統治時期，並非完全沒有進行反殖民運動，香港 1967 年出現過「反英抗暴」運動，只是這次運動是由親中工會受中國內地「文革」影響而發動的一次社運，並沒有得到廣大華人支持，甚至在運動後期遭遇廣大華人反對，因此還引發一波移民潮。

### 3. 對中國內地制度的歧視，使回歸祖國後的港人「國家認同」感很難建立起來

社會存在決定社會意識，一個國家或地區主權與治權發生變化，人民的「國家認同」便會發生變化。香港作為生產力與人民生活尤其是政治上層建築被認為達到了較高水平的地區，回歸一個被香港人認為各方面較香港落後的國家，這種情況下發生「社會存在」變化，香港人的「國家認同」感很難隨着這個「社會存在」的變化即主權與治權變化而發生相應改變。

而且作為「一國兩制」地區的香港，是社會主義制度國家主體下的一個資本主義地區，也是東西方文化即中國傳統文化與西方文化交匯的地區，在全球社會主義與資本主義兩大陣營鬥爭不斷增大環境下，香港不可避免存在社會主義與資本主義兩種制度的矛盾鬥爭，港人「國家認同」發展變化必然深受影響，因此政治特性明顯。因此港人的「國家認同」變化與香港「兩大意識系統鬥爭」或「社會主義與資本主義兩大制度鬥爭」關係極為密切，只要港人與西方國家或地區持有同樣歧視社會主義意識形態的立場，認為「作為資本主義的香港，制度比作為社會主義的內地好」，港人要建立「國家認同」感都會存在困難。作為香港人，只有認同中國內地政治制度和政權，才可能對中國產生歸屬感，也才可能對中華民族產生自豪感，也才能真正建立「國家認同」感。

## 四、民族認同、文化認同、政治認同的關係及香港的特殊性

### 1.民族認同、文化認同、政治認同是「國家認同」概念的三個層面

首先是「民族認同」。「民族」是指共同居住在特定地域範圍內的一羣人，「民族認同」則主要指居住在「特定地域」內的人們對「特定地域」的自然及文化傾向的認可與共識，這些人不論種族，在尊重各族文化和語言差異的基礎上，認同民族統一或民族融合，積極接受共同語言和共同文化的建立。「民族認同」主要依賴於體貌特徵、共同記憶、血緣關係和歷史文化傳統等等。

其次是「文化認同」。是人們在一個「民族共同體」中長期共同生活所形成的對本民族最有意義的事物的肯定性認同，其核心是對一個民族的基本價值的認同。生活於同一「民族共同體」中的人們，熱愛本民族的文化傳統、認識本民族的歷史、對本民族的歷史文明和成就有自豪感，並與本民族有着共同的歷史命運或某種共同的文化特徵。「文化認同」是凝聚一個民族共同體的精神紐帶，是這個「民族共同體」生命延續的精神基礎。

第三個層面是「政治認同」。「國家」概念融入「民族」概念之中，「民族」從此取得了「政治性」，變成了「國家政權—領土疆域—共居人羣」的集合概念。「政治認同」就是國民認可國家的政治制度和法律體制，擁護國家的發展道路和價值觀，以及支持政府的施政理念。「政治認同」是「國家認同」中最本質的表現，也是「國家認同」的核心。因為「民族認同」是基於血緣關係而形成的天然認同，「文化認同」是在「民族認同」基礎上建立起來的一種情感認同，而「政治認同」則是超越前兩種認同，在二者之上的一種「國家認同」，既是一種經過比較權衡甚至鬥爭才建立起來的「國家認同」，因此在「國家認同」中，「政治認同」是最難建立的一種認同。

### 2.民族認同、文化認同與政治認同三者的差別與聯繫

民族、文化與政治三者不同，民族認同、文化認同與政治認同三者也不同，認同民族與文化，不一定認同政權和政治制度。就「身份認同」而言，人們對一個國家「民族」「文化」的認同度往往較高，而「政治制度」「政權」「政府」的認同度則相對最低。認同「政治制度」「政權」的是典型的「愛國者」，不認同國家的「政治制度」「政權」「政府」，但是認同這個「民族」和這個民族的「文化」，這類人往往只認同自己作為這個「民族」一員，而不認同這個國家。當某些人不僅不認同「政治制度」「政權」「政府」，而且不認同這個「民族」及其「文化」時，便走向了分離主義道路。

民族認同、文化認同與政治認同之間具有極為密切的關係。首先，政治認同與民族認同密切聯繫，進而與文化認同也緊密聯繫，認同國家的政治制度或政權或政府，必然認同該國家的文化，也必然認同該民族。民族認同是文化認同、政治認同的重要基礎，而政治認同則是民族認同與文化認同的昇華和「國家認同」的核心或最高境界。人們對三者的認同又相互影響，同步發展與變化。當人們對國家的政治制度、政權、政府等好感時，必定對「民族」「文化」及「國民」的認同度均高，且三者同步上升。一旦人們對國家政治制度、政權、政府的好感下降時，「國家認同」必然下降，進而影響對「民族」「文化」的認同。

### 3.香港人的「民族認同、文化認同與政治認同」特殊性及香港人「國家認同」變化總體趨勢

中華民族、中華文化、中華人民共和國三者存在差異，對三者的認同也存在差異。香港人與內地各省市的人都是炎黃子孫，不同就在於，內地人都

會認同自己是「中華民族一分子」「中國人」「中華人民共和國國民」，但香港人中不少人不認同自己是「中國人」，更不認同「中華人民共和國國民」身份。在香港人中，認同自己是「中華人民共和國國民」的香港人最少，認同自己是「中國人」的也較少，認同自己是「中華民族一分子」的相對較多。香港大學民意研究中心 2014 年 12 月的調查顯示，港人對「中華民族一分子」「中國人」及「中華人民共和國國民」的評分分別為 65.9 分、62 分和 54.4 分。認同「中華人民共和國國民」的基本是建制派，他們對中華民族與中國文化會有自豪感。不認同「中華人民共和國」，但認同「中華民族」與「中華文化」，這類人認同自己是「中國人」，但對於中國缺少歸屬感，很難產生民族自豪感，香港這類人很多，不少反對派（也稱民主派或泛民）及其支持者都屬於此類人。當某些人不僅不認同「中華人民共和國」，而且不認同「中華民族」，甚至不認同與中國有關的文化包括不認同簡體字、普通話時，便走向了「港獨」道路，這種港人在青年中所佔比重較大。

中華民族、中華文化、中華人民共和國之間又具有極為密切的關係，對三者的認同相互影響，同步發展與變化。香港各民調機構的調查均顯示，當港人對內地的制度、政府及人民好感時，港人的對「中華民族一分子」「中國人」身份的認同會較高，由此「中華人民共和國國民」認同度也會提高；一旦港人對內地的制度、內地各級政府以及內地人民的好感下降時，港人對「中華民族一分子」「中國人」身份的認同會下降，對「中華人民共和國國民」的認同更會明顯下降。

各種民調均顯示，香港人認同自己是「香港人」的相對較多，認同自己是「中國人」的相對較少，而且回歸後認同自己是「中國人」的比例呈曲折變化趨勢，下圖可見，香港大學民意研究中心的民調，1997 年回歸至 2009 年期間，回答「我是中國人」及「我是香港的中國人」的人數基本平穩並呈現小幅上升趨勢，而 2009 年之後則呈現明顯下降趨勢，其中 18 — 29 歲青年更

為明顯，2015 年之後明顯下降的趨勢持續（見圖 1）。港人對「中華人民共和國國民」身份認同趨勢與「中國人」身份認同的趨勢基本一致，只是 2009 年後的呈現的下降趨勢更為明顯而已。

圖 1：不同年齡段港人的身份認同差異（1997 — 2015）

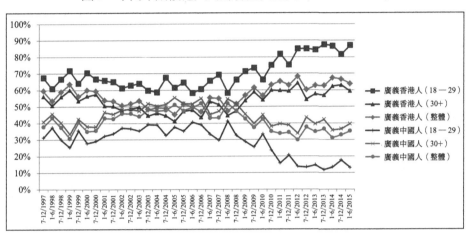

圖例：
- 廣義香港人（18 — 29）
- 廣義香港人（30+）
- 廣義香港人（整體）
- 廣義中國人（18 — 29）
- 廣義中國人（30+）
- 廣義中國人（整體）

資料來源：香港大學民意研究中心

# 第2章

# 回歸前港人「中國人」
# 身份認同的變化

香港開埠初期，英國殖民統治者對香港華人實行高壓統治，當時香港華人對英國殖民者極為抗拒，華洋矛盾尖銳，因此當時香港華人「中國人」身份認同感強烈。到殖民統治中期，因香港與中國內地的變化，香港人的「中國人」身份認同有所淡化，但還是基本認同。而到後期，隨着香港與中國內地的進一步變化，香港人對「中國人」身份的認同大幅下降，甚至達到恐懼「香港回歸祖國」的程度。

## 第一節　英國殖民統治早中期，港人具有離散的「民族認同」

英國人強迫清政府簽訂不平等條約，但是在他們佔領香港時遭遇了當地人民不同程度的反抗，為控制華人，英國殖民統治者對華人實行高壓統治，華人自然抗拒英國殖民統治，因此這時期香港的華人「中國人」身份認同感強烈。

## 一、英國殖民統治早期至二戰時期，港人具有離散的民族認同

### 1. 英國殖民統治早期，港英對華人實行高壓統治

在英國殖民統治早期，華人和歐洲白人分為兩個「相對隔離」的社會，以維多利亞城為中心，港島中央部分和半山區為歐洲人居住，港島東西兩端為廣大華人聚居區，洋人居住的半山區不允許華人居住。華人一般無固定住所，只能在臨時搭蓋的棚寮中棲身，有的甚至露宿街頭，有房住的居民居住條件惡劣，只供二、三名歐洲人住的房屋卻要住進三四十名華人。由於人煙稠密，室內光照不足，通風不暢，沒有衛生設備，加上缺乏排水系統，垃圾堆積如山，華人聚居區成了「疫病的溫牀」。疫病在太平山華人區連年肆虐，奪去了大批華人生命。同時港英政府制定了歧視華人的法律，將華人與「罪犯」相提並論，將「擔心犯罪」作為針對華人的各項立法的「副題」，對華人嚴加防範。[1] 其中在 1843 年港英政府實施宵禁，以「盜賊橫行為由」限制華人夜間行走，華人夜晚行走時必須「手持燈籠，以便識別」，此宵禁法律直到 1897 年才被廢除。

港英政府 1844 年 3 月制定法律將僕役各種「違約」行為如「無正當理由」缺勤，未出具「合理的通知書」自行離職，對僱主舉止粗野或不執行僱主命令等，均以刑事罪論處，由警察將其押解巡理府究辦。[2] 1856 年港英當局制定《管理華人墓地和防止污害條例》，對華人墓地作了種種限制，歐洲人專用的墓地則不作限制。1864 年 8 月港英政府發佈通告宣佈「華人技工和勞工不得在公園內穿行」，「轎子、轎伕和無人牽着的狗不准入園」。教育方面，1902 年港商何東捐款在尖沙咀興建小學，聲明招生「不分種族和信仰」，但港英政

---

1　里爾：《香港的勞資關係與法律》，牛津大學 1981 年出版，第 123 頁。
2　英國殖民地部檔案《香港法例彙編》，第 37 頁。

府強行把這所小學讓給英國兒童專用，由政府撥款在油麻地另建一所華童學校，實行種族隔離、民族歧視的教育政策。

### 2. 早期香港與內地之間人員往來自由，香港人與內地人身份認同沒有差別

香港與中國內地之間，直到 1951 年兩地人員往來自由，這使兩地尤其是粵港之間人民頻繁往來。1908 年廣九鐵路開通，成為粵港兩地強有力紐帶，加上穿梭於香港中環和廣州洲頭咀碼頭的客輪，以及 1930 年通航的廣州至香港班機，在眾多旅居香港的廣東人心目中廣州才有真正的家，所謂「省港」，即香港與廣東幾乎就是一家，粵港之間往來，如同廣東省內任何一個城市間的往來。因此才會出現香港人口曾經大起大落的情況，因此也使香港人與內地人身份認同沒有差別。

在英國殖民統治的早中期，中國內地經歷了從清朝到中華民國以及到中華人民共和國的幾個歷史時期，期間經歷了清朝的改良、變法、新政，辛亥革命之後的軍閥混戰、抗日戰爭以及解放戰爭，直至中華人民共和國成立，在這一百餘年的發展變化中，香港華人與內地人血緣、語言和民俗文化上並無差異。因此 1951 年香港封關之前，香港華人對自己屬於炎黃子孫及「中國人」的身份具有清晰的認識與認同。

### 3. 香港曾經與中國內地政治密不可分

十九世紀末、二十世紀初，香港是推翻兩千多年封建帝制辛亥革命的重要根據地，是革命黨人策劃籌備起義工作的中心。1895 年春孫中山從檀香山回到香港策劃反清革命，僅一個多月即 1895 年 2 月 12 日就在香港建立了香港興中會總機關，並修訂《興中會章程》和起草了宣言，提出：「驅除韃虜、恢復中華，創立合眾政府」的主張，從此香港就成為孫中山建立和發展革命組織的基地。到了同盟會時期，1905 年 10 月 16 日同盟會香港分會正式成立

之時，孫中山親自在停泊香港的法輪上主持宣誓儀式。1923 年 2 月 20 日孫中山先生在香港大學陸佑堂發表公開演講，題目是《革命思想的誕生》。同時香港愛國華人華商對革命黨人的慷慨捐贈和支援，更為革命工作及武裝起義的順利開展打下了堅實的經濟基礎。[1]

民國時期，國共兩黨都利用香港進行活動，使香港與中國內地政治緊密相連。中國共產黨成立之初，便致力於開展包括香港在內的工人運動，1922年 1 月中國共產黨成功領導了香港海員大罷工，這次罷工的勝利，鼓舞了武漢、上海、廣州、澳門等各地工人的鬥爭，成了我國工人運動史上第一次高潮的起點。香港之所以能成為中共領導的工運高潮起點，是因為香港具有較為成熟的工會組織，尤其是海員工會組織，而且香港具有悠久的工人罷工傳統，到 1921 年香港已經成立了 125 個工會，並於當年 3 月成立了「中華海員工業聯合總會」。中國共產黨在香港的工人運動有力地支援了在中國內地的工人運動，還將與香港資本家鬥爭的實踐經驗和理論投入到了在上海和汕頭等地的工人運動之中。

而且在 1927 年大革命失敗後，中國共產黨充分利用香港的特殊環境開展革命活動，將香港變成保存革命實力、接通海內外渠道、從事統一戰線工作、擴大中國共產黨影響的重要基地。1927 年南昌起義後周恩來、葉挺、聶榮臻 3 位領導人撤離戰區轉道香港繼續從事革命工作，抗戰爆發後大批文化和政界人士轉移至香港，且抗戰的許多重要物資從香港運往內地支援抗戰。解放戰爭中，中國共產黨在香港領導了反蔣民主運動，為新中國的誕生作出了突出貢獻。

### 4. 香港工人運動與廣東連為一體

香港歷史上取得成功的工人運動均與廣東密不可分，即均是粵港兩地人

---

1    沈慶利：「香港歷史變遷與身份認同建構」，《天津師範大學學報》2016 年第 4 期。

民團結抗爭取得的成功。1922 年 1 月 12 日，香港海員要求增加工資遭英國資本家拒絕後，在海員工會領導下舉行大罷工，2 月 1 日港英政府以武力封閉了海員工會和運輸工會並逮捕罷工領袖。工人羣眾聯合起來奮起反抗，在廣州附近農民的支援下，封鎖香港，斷絕交通。到 3 月初罷工人數激增到 10 萬以上，罷工浪潮席捲了整個香港，繁華的香港變成了「死港」。港英政府進行野蠻鎮壓，3 月 4 日罷工工人成羣結隊徒步返回廣州，行至離港島 6 公里的九龍沙田時，遭到英國軍警開槍射擊，打死打傷數百人，造成「沙田慘案」。英帝國主義的屠殺行為更加激起了廣大工人同港英當局鬥爭到底的決心。在中國共產黨領導的全國工人支持下，香港工人的罷工鬥爭堅持了 56 天，1922 年 3 月 8 日罷工談判協約簽字，港英當局被迫接受海員們提出的條件，香港海員大罷工宣告勝利結束。

1925 年 5 月上海英租界軍警製造了震驚中外的「五卅慘案」，有愛國傳統的香港工人為聲援上海「五卅」反帝愛國運動，抗議英帝國主義屠殺中國人民暴行，「全港工團委員會」於 1925 年 6 月 21 日發表宣言，表示「決議與上海各地採取同一態度與一致行動」，半個月內參加人數已近 20 萬，並與廣東工人結成「省港罷工委員會」。全港工團委員會向港英當局提出了 6 項要求，包括華人應有集會、結社、言論、出版、罷工之絕對自由權；香港居民不論中籍西籍，應享受同一法律待遇，立時取消對華人之驅逐出境條例、笞刑、私刑之法律及行為；香港立法局應准許華工選舉代表參與，立法局選舉法應本着普選之精神以人數為比例；應制定《勞動法》，規定 8 小時工作制及最低限度工資，廢除包工制，強制施行勞動保險等等；公佈 7 月 1 日起減租二成五；華人應有居住自由權，消滅民族不平等之污點。「省港罷工委員會」吸取海員大罷工經驗，宣佈對香港經濟封鎖並為此組織了一支 2000 多工人武裝糾察隊。在封鎖香港期間，省港罷工委員會制定了「凡不是英國貨、英國船及經過香港者，可准其直接來廣州」的政策，不僅解決了廣東經濟困難，

使廣東商人保持中立,且拆散了在華帝國主義國家聯合戰線,集中打擊了英帝國主義,從而將這場反帝鬥爭推向高潮。1926 年 7 月廣州國民政府誓師北伐,罷工委員會作出了結束罷工的決定,1926 年 10 月 10 日全體糾察隊伍回廣州,省港大罷工勝利結束。[1]

### 5. 抗戰時期,港人與內地人同呼吸共命運

在國家遭受外來侵略和壓迫,尋求救亡圖存的生死關頭,港人與內地人民同呼吸共命運,共同致力於抗擊侵略、反抗壓迫的鬥爭,哪怕祖國落後捱打,但對祖國的認同十分堅定。抗日戰爭爆發,更激發了香港同胞的愛國熱忱。時任保衛中國同盟主席和中國工會國際委員會名譽主席的宋慶齡發動了轟動全港的「一碗飯運動」,該運動原是美國醫藥援華會等團體於 1939 年首倡的,在美國人民和華僑中募集捐款以購買醫藥和醫療設備,支援中國抗戰。在香港「一碗飯運動」是人民認購價值 2 港元餐券,餐券價值本可享受幾道菜餚,但認購者只能持券到提供讚助的餐館吃炒飯一碗,差額盈餘交給中國工業合作社作為救濟西北難民的基金。運動一經推出,立刻引起香港各界極大震動,各餐廳酒家紛紛參與其中。原定活動時間三天,但許多人為沒能吃上「一碗飯」而遺憾。各界紛紛呼籲延長時間,以便能讓更多的人吃到一碗「愛國飯」,以表達他們的一片愛國救難之情。「一碗飯運動」獲得極大成功,所獲港幣 25000 元全部捐贈給中國工業合作運動,有力地支援了中國的抗戰。[2]

1941 年 12 月 8 日,日軍開始入侵香港,當時的港英總督僅堅持了 18 天,就率近萬名英軍放棄抵抗,於 1941 年 12 月 25 日正式投降,使香港變為

---

1　歐陽平:「論粵港兩地工人運動的歷史聯繫」,《黨史與文獻研究》1997 年第 4 期。
2　夏雨:「一碗飯運動」,《文史月刊》2008 年第 9 期。

淪陷地區。淪陷或日本統治時期，中國共產黨領導的「廣東人民抗日游擊隊東江縱隊」像一把鋼刀插入華南敵後，狠狠打擊了日本侵略者，由此威震港澳。東江縱隊在抗日戰爭後期還積極營救香港戰俘以及在香港遇事的美國空軍士兵等，使中共在香港羣眾中建立了很高聲望。1945 年 9 月 28 日東江縱隊「港九獨立大隊」撤出香港時，香港民眾紛紛登報讚頌功績和自發夾道淚別。香港淪陷期間，英國殖民者逃之夭夭，港人無論是對英國還是日本都充滿了憤怒和敵意，因此不僅在文化上，而且在政治上都認同自己的國家和民族，對港英殖民政府極為抗拒，這種「民族認同、文化認同和政治認同」高度一致的局面一直持續到抗日戰爭結束。

## 二、中國解放戰爭至六十年代中期，港人仍然認同「中國人」身份

### 1. 二十世紀五十年代初，香港與「國共兩黨」政治鬥爭關係密切，港人的「中國人」身份仍然明顯

這時期香港政治與中國政治關係密切，最突出的是左右派矛盾衝突。香港最早的聯合性工會組織是中國共產黨領導下於 1948 年成立的「香港工會聯合會」（簡稱「工聯會」），其所屬工會包括領導過 1922 年海員大罷工的海員工會，也包括領導過 1925 年省港大罷工的許多工會，他們是與中國共產黨關係密切的主要工會組織。1948 年親國民黨的人士則成立了「港九工團聯合總會」（簡稱「工團總會」），與工聯會抗衡。解放戰爭直至國民黨退守台灣及新中國成立早期，國共兩黨均利用香港開展鬥爭，因此這時期香港與中國政治的聯繫較為密切，分別代表國共兩黨的香港左右派鬥爭較為激烈。1950 年 4 月台灣國民黨當局在香港啟德機場製造的爆炸事件，炸毀了中國航空公司、中央航空公司的七架飛機，阻止「兩航」飛機歸還新中國。1955 年 4 月 11 日震驚中外的印度航空公司「克什米爾公主號」爆炸事件，即國民黨企圖

利用香港啟德機場對將訪問印尼的周恩來總理實施暗殺計劃,結果因周恩來總理臨時祕密改變行程而使國民黨暗殺計劃失敗。1956 年 1 月 31 日台灣國民黨的八六型戰鬥機在閩粵上空被新中國空軍追擊,逃到香港,在啟德機場降落,港英當局不顧新中國政府反對和交涉,放走該戰鬥機,為台灣國民黨以香港作為對新中國軍事破壞活動的基地和逃避場所提供條件。這時期港英當局縱容台灣國民黨對新中國及香港左派機構的破壞活動不斷發生,僅從 1956 年到 1958 年類似的港英當局縱容台灣國民黨對新中國的破壞活動事件就發生了三次。

1956 年的「雙十九龍暴亂事件」屬於最典型的左右派衝突事件。1956 年 10 月 10 日台灣國民黨特務以慶祝所謂中華民國國慶即「雙十節」為名,糾集部分香港黑社會人物,威脅和強迫香港居民懸掛中華民國國旗,以製造「旗山旗海」聲勢,並在九龍及荃灣蓄意滋事和策動暴亂,包括設置路障,放火焚燒商店和汽車,毀壞屋宇,搶劫財物,毆打無辜,進攻愛國報館、左派學校、左派工會。這場暴亂持續三天之久,造成死傷三百餘人的嚴重流血事件。

因此,雖然 1951 年港英設置了邊境與關口而使香港與內地開始隔絕,但是中國的國共兩黨政治鬥爭仍在香港延續,這使香港與中國政治聯繫仍然密切,從而也使香港華人的「中國人」身份認同仍然明顯,只是所認同的祖國已經存在差別,工聯會、左派學校與傳媒等機構人士或基層人士可能多數認同「中華人民共和國」,而因新中國成立而逃至香港的人則可能認同「中華民國」。

**2. 二十世紀五六十年代,港英政府對華人仍有諸多限制,加上貪污盛行,以及左派對港英有節制的鬥爭,均有利於港人維持「中國人」身份認同**

這時期港英政府對華人的歧視政策並未完全放棄,1948 年至 1950 年港英當局還由立法局通過系列限制香港華人的措施,包括《公安條例》《簡易程序治罪修正條例》《驅逐不良分子出境條例》《修訂 1922 年的緊急法》《公共

秩序法例》等條例，按照這些條例，警察有權不經法律手續可隨時對居民進行搜查、拘留、逮捕或驅逐出境。這些規定使華人喪失了行動自由，**實質上是恢復了 1843 年規定華人晚上九時以後不准上街，上街必須帶通行證等等限制華人行動自由的殖民統治制度**，所不同的只是形式上有所變化而已。

　　而且這時期港英政府貪污腐敗極為嚴重。港英沿用以華制華模式，勾結華人黑社會力量來維持基本的社會安定，造成了政府嚴重的貪污腐化現象。儘管二十世紀六十年代港英已經在警察署設立了反貪辦公室，1971 年頒佈《防止賄賂條例》，加重了刑罰，同時規定只要財產與收入不符，又解釋不清，便可判罪。但是有法不依、執法不嚴的情況嚴重，二十世紀七十年代是香港貪污最盛行時期，港英政府幾乎到了無人不貪的地步，其中最為嚴重的是香港警務處，警隊幾乎到了無貪污賄賂便不運作的怠工狀態。有的警員包庇黃、賭、毒等各種違法與非法行為，警察敲詐小商小販則很普遍，甚至達到警隊集體貪污的程度，導致社會治安和市民安全受到嚴重的影響。其他政府部門及人員貪污情況也很嚴重，就連消防隊救火、醫生給病人急救都要給黑錢，否則消防員到場後就會按兵不動，看着大火吞噬一切，而醫生則會看着病人在死亡線上掙扎，拒不施救。這使港人對港英政府極為反感，因此對敢於與港英作鬥爭的香港左派有好感。

　　愛國左派與港英政府的矛盾鬥爭不斷發生，港英當局對愛國左派的鎮壓也不斷發生，包括強制取消、關閉香港華人製造業聯會等一百多個華人團體，以及遞解不少愛國人士出境。1950 年 1 月港英當局鎮壓電車工人罷工，發生了「羅素街事件」，工會被封閉，工會主席劉法及十多名工人被遞解出境。1952 年 1 月 10 日港英政府對香港電影工作者司馬文森、齊聞韶、馬國亮、劉瓊、陽華、白沉、沈寂、狄梵、舒適、蔣銳等十人，先非法逮捕，後強押出境。1952 年 3 月 1 日港英政府不准廣東的「粵穗慰問團」慰問東頭村大火災民的代表入境，製造了「三·一」事件，警察開槍打死一名工人，多

人受傷，百多人被捕，12 人被遞解出境，之後港英當局以「載煽動性文字」罪名控告《大公報》督印人費彝民等人，並判《大公報》停刊六個月。1958年 5 月 10 日港英當局禁止香港新僑中學懸掛中華人民共和國國旗和唱國歌，同年 8 月將香港培僑中學校長杜伯奎遞解出境，並藉口所謂「危險房屋」，使用暴力強行封閉香港中華中學的校舍及毆打師生和記者。[1] 與此同時，左派報紙是最敢於揭露和批判當時極為腐敗的港英殖民政府的傳媒，這也增加香港華人對左派機構和傳媒的好感。因此左派社團與機構在香港華人中有較大影響力，正面影響較大，其中香港《大公報》每日發行量高達十多萬份，是有較大影響力的傳媒。

**3. 中國內地解放戰爭直至六十年代中期逃至香港的內地人之中，越往後的「中國人」身份認同度越低**

香港與中國內地之間曾經人口自由流動，在香港殖民統治的中期，為了打開中國內地的門戶並與中國內地進行商貿往來，港英政府對接壤內地的邊界並沒有嚴格管控，甚至採取鼓勵人員流動和貨物往來的政策。近代中國，內地政局不穩定，戰亂頻繁，時有大規模的人口背井離鄉遷入香港。香港作為移民社會，人口的大多數是在英國佔領香港以後從中國內地移民而至，且人口因中國內地戰亂或政治形勢變化而大起大落，其中第二次世界大戰及中國的解放戰爭影響尤為明顯。據統計，到了 1937 年香港人口首次突破百萬，達 1281982 人，該年日本全面侵華，廣東地區淪陷，至 1941 年 4 年間，香港人口增至 164 萬。1941 年香港淪陷，直到 1945 年日本投降的近 4 年的日治時期，香港人口跌至 60 萬。戰後英國人重新佔領香港，而中國內地則爆發了內戰即解放戰爭，由此使香港人口暴增，到了 1946 年已經達到 155 萬。之後

---

1 《中華人民共和國國務院公報》1958 年第 26 期。

人口繼續暴增，其中 1950 年香港人口增長達 38 萬，到 1950 年香港人口已經達到 220 多萬。[1] 這時期逃至香港的人多數由香港陸續轉至中國台灣、西方國家及東南亞等地，加上逃避戰亂的人不少在新中國成立後返回內地，香港在 1951 年人口減少 22 萬至 202 萬。[2]

新中國成立後，歷經戰亂而未曾變化的「粵港自由往來」政策被港英政府廢除，1951 年 2 月港英在香港與中國內地邊界設置了邊境，沒有合法簽證的中國內地人無法再進入香港。但是港英政府依然保留了一條抵壘政策：成功偷渡入境的中國內地人，只要不被抓住，到達市區後就可以在香港居留。因此，香港與中國內地兩地居民以深圳河為界不能再隨意往來，從此香港與內地聯繫的合法渠道基本被切斷，香港人和內地人沒有本質區別的時代宣告結束。但是並未完全阻斷香港人與祖國的聯繫，期間仍然有人通過各種途徑進入香港，因此到 1964 年香港人口已經達到 350 多萬人，出生於中國內地的人口仍然超過一半。[3]

大約 60 萬一直居住在香港的華人，他們經歷過英國人放棄抵抗和香港淪陷的日治時期的苦難，且親眼目睹中國共產黨領導的東江縱隊頑強抵抗日本侵略者直至勝利，因此他們大部分對共產黨與新中國會有好感，因此新中國成立後，香港不少青年投奔新中國，參與新中國的建設，顯示他們熱愛新中國，對新中國充滿期待。而 1951 年香港封關之前到達香港的人口，包括逃避解放戰爭及新中國成立的 140 萬港人，這些「逃難者」多數是尋求安定或安

---

1　賀交生：「香港人口數量與出生率變動分析（1946 — 1986）」，《南方人口》1988 年第 3 期。

2　賀交生：「香港人口數量與出生率變動分析（1946 — 1986）」，《南方人口》1988 年第 3 期。

3　賀交生：「香港人口數量與出生率變動分析（1946 — 1986）」，《南方人口》1988 年第 3 期。

全而做出的無奈選擇，他們把香港當作臨時避難所，有很強的「難民心態」，缺乏對「香港人」的身份認同。此時這些香港人沒有把香港當作落地生根的地方，身份認同仍是「中國人」或是以對祖籍地的認同為主，因此早期的香港人口普查都是填寫籍貫或祖籍地，而非後期的出生地。

1951 年香港封關之後，因為中國內地五六十年代的「土地改革」「三反五反」運動、「大躍進」「反右傾運動」等系列政治運動，而受到政治迫害或在內地生活不下去的人，他們採用偷渡等形式逃至香港。與 1951 年前逃至香港的人所不同的是，他們在中國共產黨建立的新中國生活與工作過，且感覺是受害者，並通過千辛萬苦才逃至香港，因此他們對共產黨及內地制度有很深的成見甚至仇恨。但是這時期的香港華人地位不高，儘管香港經濟取得發展，但華人教育、醫療、住房等民生沒有明顯改善，由此這時期逃至香港的人也未必完全認同港英殖民統治。這些人與新中國成立前逃至香港的人相比，對共產黨可能懷有或多或少的仇恨，因此「中國人」身份淡薄，甚至於對祖籍地的身份認同也淡薄。

## 第二節　英國殖民統治中後期，港人「中國人」身份認同逐漸下降

二十世紀六七十年代，香港與內地的長期隔絕，加上遠離英國本土，多數香港人已經清楚無法移民海外，也無法回到內地，加上這時期香港經濟迅速發展起來，這些使香港人的「本土意識」逐漸確立起來。之後更因港英政府面對香港前途問題而改善民生及推動「民主」，使港人逐漸接受英國殖民統治，並對「香港人」身份產生「自豪感」，由此「中國人」身份認同呈現下降趨勢。

# 一、港人逐漸認同「香港人」身份，早期並不帶有「意識形態色彩」

### 1. 公共房屋建設是香港人改變難民心態並產生對「香港人」身份認同的重要促進因素

逃避解放戰爭及中華人民共和國成立的大量中國內地人，到港後只能棲息在簡陋的山區木屋中，木屋區條件艱苦，因此大量人口是一種難民身份和難民心態，到港只是暫居，均是為了移民歐美或東南亞等地。成片的木屋非常容易火燒連片，當時經常發生火災，其中 1953 年聖誕夜石硤尾寮屋區就發生大火，結果使 5.3 萬人成為無家可歸的災民，不妥善安置的話，大有可能觸發社會動盪。[1] 為了解決這一問題，港英政府開始建公營房屋，火災一年後在原址建成八幢六層高的「第一型」徙置大廈，安置火災災民，成為最早的多層公屋，從而也成為港英政府大量興建公營房屋的開端。之後黃大仙、老虎巖、長沙灣等區域的徙置區相繼落成。

公共屋邨不僅解決了木屋區火災問題，而且成為港英政府讓中國內地移民落地生根以及讓不斷流動的人口穩定下來的一項重要政策。當最後一代木屋區居民搬進公共屋邨後，居住條件與環境的大幅改善，使香港人移民海外的難民心態開始發生變化，即不少港人移民的想法不再強烈，在香港安頓下來也成為其中一項考慮和選擇，進而也為港人逐漸形成「香港人」的身份認同提供了必要條件。因此公共房屋是香港人改變難民心態並產生對「香港人」身份認同的重要促進因素。

---

1　陳逸舟：「石硤尾舊區換新貌——香港公屋居民住房變遷」，《中國新聞網》2017 年 6 月 20 日。

## 2. 二十世紀七十年代香港成為亞洲四小龍，一批中產階級誕生

1951 年香港封關之後，加上當時美國脅迫聯合國對中國內地實行封鎖，由此香港與中國內地處於隔離狀態。由於香港人遠離英國本土，並與中國內地隔離，在此情況下香港人意識到，他們已經無法再回到中國內地的家鄉生活，只能移民其他國家和地區。而到二十世紀六七十年代，留在香港的中國內地移民及他們的後代，發現他們也很難在香港之外的其他地方找到家園，因此絕大部分華人不得不在香港安頓下來落地生根。因為英國人不承認他們是英國人，他們中不少人又對中國內地有成見，因此也不認同自己是中國人，由此多數華人的「身份認同」逐漸發生變化，這就是對「香港人」的身份認同逐漸形成，並以中產階級最為明顯。

二十世紀七十年代，隨着香港經濟高速發展，帶動香港社會職業結構變化，製造了不少新的中上層位置，為成長起來的新一代高學歷專業技術人員提供了大量機會，尤其是為他們提供了向上流動、躋身中產階級的機會。且對製造業工人等基層人士來說，因大量中高端職位和新的中上層位置的存在，也為他們提供了很多向上流動、升遷的機會。因此，即使是基層人士與中學生，只要努力，同樣有機會升職。因此二十世紀五十年代於香港土生土長的嬰兒潮一代成長為新一代中產階級，成為香港社會的中流砥柱。移民為主的香港人普遍開始意識到，香港將會是他們持久的家園。在這種情況下，香港開始建立起穩定的華人社會。因此，上個世紀六十年代以前「香港人」的身份認同只存在於精英階層，而六十年代之後「香港人」的身份認同逐漸擴大並增強起來。

## 3. 港人由不關心政治的「難民心態」轉向關心政治

香港人「政治認同」的變化過程以二十世紀七十年代為分水嶺。二十世紀七十年代，港人已經由不關心政治的難民心態轉向關心政治，他們中的社

運先鋒，從外國學習不少抗爭策略和技巧，並且將之運用到香港的實踐中，包括積極展開政策倡議和維護香港市民權益的工作。當時一批中產階級針對社會關心的各項社會議題成立了一批壓力團體，其中以香港社區組織協會（即社協）等組織最為激進。1979 年的油麻地「艇戶事件」最受港英政府關注，因為該事件令港英政府留意到，原來「各有各做」較為分散的「壓力團體」是可以隨時集結力量，透過衝突、請願、舉辦記者招待會等手段爭取訴求的。雖然聲援艇戶的參與者被港英政府以違反《公安條例》為由拘捕，但事件引起了英國議員關注，繼而促使港英政府不得不做出改變，包括引入區議會選舉。可見，當時的香港壓力團體是利用各種手段或方式，爭取最大程度的媒體關注，進而引起市民廣泛關注甚至同情，以向港英政府施壓，從而迫使港英政府讓步。由於港英政府當時的考量是如何維持有效管治，因此其中一項應對「壓力團體」抗爭的措施便提及要積極參與輿論戰，另一項便是要積極回應訴求，令以單一事件為基礎的動員因訴求被滿足而自我消解。可見七十年代，港人已經改變不關心政治的「難民心態」，而開始積極影響政府政策或施政。

**4. 到二十世紀八十年代初，香港人的「本土意識」和獨特的「身份認同」開始成型**

因為香港經濟的騰飛以及民生隨之得到明顯改善，加上此時期香港影視娛樂業取得很大發展，粵語文化開始流行，而且香港粵語電視劇、粵語流行歌曲等等的繁榮使粵語文化變得強盛起來。這些都促使港人的社會意識發生變化，香港不再只是他們的臨時居住地，而成為了他們的永久家園。到二十世紀八十年代初，香港人的「本土意識」和獨特的「身份認同」開始增強，與中國內地的區隔心理也逐漸出現，中國內地開始成為香港人眼中的「他者」。香港的繁榮穩定對比二十世紀六七十年代中國內地政治運動不斷及政局

的不穩定，港人由此產生的優越感也日趨增強。

這時期，香港人的「本土意識」並不帶有政治色彩。作家兼文化學者陳冠中在其著作《我這一代香港人》中對港人的「香港人」身份認同形成做了深入分析。他認為，回歸前「香港人」以香港為家，因為他們哪裏都去不了，英國不是隨便可以去的，中國內地也不是可以去的，他們不能自認為英國人，也不願意被人家稱作為中國內地人，故此也不自稱「中國人」。沒有選擇下，他們只能叫自己「香港人」，後來越叫越順，且引以為榮，因此「香港人」是被發明、想像和被構建出來的。[1] 港人對「香港人」的認同感，經過二十世紀五十年代至七十年代的醞釀發酵，到二十世紀八十年代中後期達到了歷史高峰。

## 二、二十世紀八十年代至九十年代初，港人對「香港人」身份的優越感產生並日趨加強，對「社會主義祖國」缺乏認同

### 1. 二十世紀八十年代至九十年代初，港人對「香港人」身份的優越感產生並日趨加強

二十世紀八十年代，香港越來越融入世界體系，香港與中國內地經濟、民生及各項制度發展水平的差距越來越大。而且港英政府在加強法治的同時，也逐漸放鬆對華人的限制和給予華人越來越多的自由，這使港人對「香港人」身份的優越感日趨加強。回歸前歷次調查中，相對於「中國人」，港人對「香港人」的身份認同更高，認同「中國人」的比例在 20% — 36% 之間，而認同「香港人」的比例則在 50% — 60% 之間。[2] 隨着回歸節點的臨近，選擇

---

1　陳冠中：《我這一代香港人》，中信出版社 2013 年 6 月出版。

2　劉兆佳：「香港華人的身份認同 1985 — 1995」，《二十一世紀》1996 年 6 月號。

兩者都是的比例在緩慢上升。通過對認同自己是「香港人」與認同自己是「中國人」的港人在社會經濟中特徵的調查發現，認同自己是「香港人」與認同自己是「中國人」的港人在各方面存在明顯差異，首先是女性比男性更多地自認為是「香港人」，其次是學歷較高的更傾向於「香港人」身份，再次是出生在內地的人更傾向於「中國人」身份，最後是年齡大的人比年輕人更傾向於「中國人」身份。[1]

因此這時期面對香港前途問題時，香港人的反應是害怕回歸祖國，一些人甚至要求英國不要將香港歸還中國，認為那樣只會是「送羊入虎口」。一些人眼看香港不可能不回歸中國，因此選擇移民，且在 1990 年達到高峰，1990 年前後也正是港人「中國人」身份認同最低時期（見表 2-1）。

表 2-1：回歸前港人移民情況　　　　　　　　　（單位：萬人）

| 年　份 | 1980 | 1981 | 1982 | 1983 | 1984 | 1985 | 1986 | 1987 | 1988 | 1989 | 1990 | 1991 | 1992 |
| --- | --- | --- | --- | --- | --- | --- | --- | --- | --- | --- | --- | --- | --- |
| 移民人口 | 2.2 | 1.83 | 2.03 | 1.98 | 2.24 | 2.23 | 1.9 | 3 | 4.58 | 4.2 | 6.2 | 6 | 6 |

**2. 香港人中的絕大部分對「社會主義祖國」缺乏認同，但未形成親中與親英「兩大陣營」**

這時期，認同自己是「中國人」的人數已經明顯比認同自己是「香港人」的人數少（見表 2-2），只是不少研究結論顯示，與認同自己是「中國人」的相比，認同自己是「香港人」的港人並沒有表現出對香港更強的「歸屬感」，相反他們離開香港的機會較認同自己是「中國人」的更高，而且他們大多是中上階層、已經取得了外國護照或居留權。同時，儘管認同自己是「香港人」

---

1　劉兆佳：「香港華人的身份認同 1985 — 1995」，《二十一世紀》1996 年 6 月號。

的，與認同自己是「中國人」的，兩者身份認同有差別，但都具有強烈的華人特性。從民族與文化的意義上說，這時期的香港人普遍對中華民族有強烈的認同感，共同擁有很多典型的華人價值觀，對於香港及中華民族相關事務有「自豪感」，但是對社會主義中國在政治上的成就缺乏「光榮感」。雖然認同自己是「中國人」的對中國政府的態度比認同自己是「香港人」的更溫和，但兩者基本上都對社會主義中國缺乏認同，他們的區別只是在程度上而非實質上。

表 2-2：回歸前港人身份認同情況（%）

| | 中國人 | 香港人 | 兩者都是 | 兩者皆非 | 不知道／無答案 |
|---|---|---|---|---|---|
| 1985 | 36.2 | 59.5 | | | 4.3 |
| 1988 | 28.8 | 63.6 | | 2 | 5.6 |
| 1990 | 26.4 | 57.2 | 12.1 | 1 | 3.4 |
| 1991 | 25.4 | 56.6 | 14.2 | 1.2 | 2.4 |
| 1992 | 27 | 49.3 | 21.1 | 0.7 | 1.9 |
| 1993 | 32.7 | 53.3 | 10.1 | 1.6 | 2.4 |
| 1994 | 24.2 | 56.5 | 16 | 0.5 | 2.8 |
| 1995 | 30.9 | 50.2 | 15.4 | 1.2 | 2.2 |

數據來源：香港中文大學亞太研究所調查，參見劉兆佳《香港華人的身份認同 1985 — 1995》（《二十一世紀》1996 年 6 月號）。

這一時期，除了一批中產階級，大部分香港人對政治仍然採取相對務實冷漠的態度，除了開始形成「香港人」與「中國內地人」相區別的身份認同之外，香港社會既沒有強烈的中國民族主義，也沒有強烈的反殖民主義。在這一時期，無論是認為自己是「香港人」，還是認為自己是「中國人」，這種身份認同上的差別並未構成衝突，即還沒有形成後來的「兩大陣營」，因此也沒有影響到政治、社會、經濟、文化等領域。

## 三、二十世紀九十年代，港人「中國人」身份認同繼續下降並形成「兩大陣營」，這時的港人「國籍」身份處於迷茫中

### 1. 二十世紀九十年代，港人「中國人」身份認同繼續下降並形成「兩大陣營」

二十世紀八十年代末、九十年代初，正值東歐劇變與蘇聯解體時期，受國際大環境與中國內地資產階級自由化思潮影響，中國內地發生了 1989 年「六四」政治風波，該風波對資本主義的香港影響很大，使對內地社會主義制度缺乏了解的香港人對「一國兩制」信心大跌，進而「國家認同」持續下降。一批以爭取「民主回歸（支持香港回歸祖國及回歸後實行民主）」為目標的中產或專業人士，開始走上「對抗中國中央政府」的道路，其中有些人身份認同也由原本自認是「中國人」而轉為自認是「香港人」。這些人以爭取「民主回歸」為號召，被稱為「民主派」（回歸後也被稱為「反對派」，因他們通常反對特區政府）；與此對應，堅持自認是「中國人」、傳統上與祖國內地關係密切的工聯會及香港教育工作者聯會（簡稱「教聯」）等組織與人士，則被稱為「親中派」。而一些原本抗拒內地制度而認同自己是「香港人」的，反而因為「香港即將回歸祖國」而逐漸與中國內地關係密切起來，只是未能達到完全「親中」，因此立場介於「民主派」與「親中派」之間，由此香港逐漸形成民主派與親中派兩大陣營。

兩大陣營對香港政治、經濟、社會等產生不同程度的影響，影響最大的是在政治上民主派支持港英政府推行所謂「民主」，尤其是 1992 年支持彭定康「三違反」的「政改方案」。因為民主派的理念符合香港主流民意，因此其支持者眾，兩大陣營羣眾力量對比上，民主派處於絕對優勢。在「中國人」身份認同下降條件下，親中派支持力量薄弱，在立法局選舉上，只要被指「親中」便可能失去選票。港英政府將直選引入 1991 年的立法局，該年 9 月的立

法局選舉有 18 席直選議席，結果民主派全取直選議席，其中於 1990 年成立
的「香港民主同盟」（港同盟）共取得 12 個直選議席，總議席達到 14 席，成
為立法局第一大黨，親中派未取得直選議席。1995 年 9 月的立法局選舉，香
港民主同盟與匯點合併成立的民主黨同樣大獲全勝，且民主黨在直選中取得
385428 選票，得票率高達 41.9%，取得 12 個直選議席，總議席達到 19 席；
親中派的「民主建港聯盟」（簡稱「民建聯」）在直選中僅取得 141801 選票，
得票率僅 15.4%，只取得 2 個直選議席。

表 2-3：兩大陣營立法局直選議席比較

| 年　份 | 總 | 民主派 | | 親中派 | | 中間派 |
|---|---|---|---|---|---|---|
| | | 民主黨（港同盟） | 其他 | 民建聯 | 其他 | 自由黨 |
| 1991 年 | 18 | 12（港同盟） | 18 | 尚未成立 | 0 | 尚未成立 |
| 1995 年 | 20 | 12 | 17 | 2 | 0 | 1 |

**2. 不少港人不認同「中國人」身份，也沒有「英國人」身份，因此「香港人」身份更形突出**

　　儘管港人對香港產生優越感，並對殖民統治者產生好感，而不認同「中國人」身份，並害怕甚至抗拒回歸祖國，但是英國並沒有接納他們，而只是給了 5 萬人及他們的家屬「居英權」，其他人只能擁有英國海外公民護照。儘管絕大多數香港人申領了英國海外公民護照，但持有這一護照的港人並不具有英國居住權，與英國屬土公民完全不同。因此，這時的港人並不是真正意義上的英國人，多數港人處於「既不認同『中國人』身份，又沒有真正意義上的『英國人』身份」的尷尬處境，「國籍」身份迷茫，因此「香港人」的身份及「香港人」的身份認同也更為突出。

# 第 3 章

# 回歸後的最初十年，
# 港人「國家認同」呈上升趨勢

　　回歸初期的十年，香港人的「國家認同」呈上升趨勢。不僅認同「中華民族」和「中國人」身份的港人呈現增長趨勢，而且對中國象徵與標誌有「自豪感」的港人也不斷增加，愛國羣眾基礎有擴大趨勢，顯示這時期港人「國家認同」，不僅人數上出現較大幅度增加，而且港人的「國家認同」還呈現出質上的變化，即對中國中央政府及執政黨共產黨的認可也在增強。

## 第一節　港人「民族認同」與「文化認同」呈上升趨勢

　　這時期，香港各方及各類民調均顯示，各年齡段的香港人普遍對「中華民族」「中華文化」及「中國人」身份認同均上升，而且講普通話、領取特區護照的人數大幅增加，尤其是在國家大災面前港人踴躍捐款捐物，愛國熱情高漲。

## 一、這時期港人普遍認同「中華民族」與「中華文化」，對「中國人」 的身份認同呈上升趨勢

### 1. 港人普遍認同「中華民族」與「中華文化」，即使是激進反對派及其 支持者也認同

2009 年以前，港人對中華民族與中華文化的認同幾乎達到普遍程度，即使是激進反對派及其支持者也認同中華民族與文化。當時建制派與反對派的差別主要在「政治認同」上，建制派普遍認同中華人民共和國，認同中國內地制度，反對派則不認同內地制度。2004 年一場「愛國者治港」的大討論，「愛國者治港」得到多數港人認同，反對派也沒人敢說「不認同愛國者治港」。但是，內地人與香港親中人士理解的「愛國」同反對派理解的「愛國」不同，反對派否認不愛國，他們所指的「國」是抽象的「中華民族」與「中華文化」，而不是中國共產黨為執政黨的「中華人民共和國」。時任民主黨主席楊森自稱是「愛國者」，並將內地學者所講的「愛國」稱為狹隘愛國論。民主黨創黨主席李柱銘說：「愛國是好重要，但不能迫人去愛國，而且要用你的標準去愛國。」當時被指不愛國的民主黨立法會議員張文光稱，愛國被扭曲為「愛政權」和「愛政黨」。即使當時的激進組織「四五行動」成員梁國雄等人，也都認同自己是「中國人」，而後來變為激進組織的香港專上學生聯合會（簡稱「專上學聯」）及各大學學生會，同樣認同自己是「中國人」，只是他們與民主黨一樣，均只認同「中華民族」與「中華文化」。此時的香港，「港獨」基本無人認同，「台獨」等分裂主義在香港也沒有市場。

### 2. 香港大學民意研究中心的跟蹤民調顯示，港人對「中國人」身份認同 呈上升趨勢

香港大學民意研究中心所做民調顯示，當需要在「香港人」「中國人」和

某些混合身份之中選擇時，選擇「中國人」這標籤的市民比例，在回歸後至2009年基本呈現逐漸上升趨勢，選擇「香港人」這標籤的市民比例，則基本呈現逐漸下降趨勢。該調查中心每次抽取千餘名香港人做電話訪問，調查數據顯示，1997年回歸之初的調查，只有18.6%的受訪者稱自己是「中國人」，34.9%稱自己為「香港人」；1999年6月自稱為「中國人」的受訪者為17%，自稱為「香港人」的受訪者39.9%；2006年12月自稱為「中國人」的受訪者上升至24.3%，稱自己為「香港人」的減至22.4%；2008年6月自稱為「中國人」的更高達39.9%，創下1997年以來展開同類調查的最高記錄，僅18%受訪者稱自己為「香港人」。自稱為廣義的「中國人」（即「中國人」與「香港的中國人」）由1999年的28.2%上升至2006年的44.4%，2008年6月更達到52%，超過自認為廣義的「香港人」（即「香港人」或「中國的香港人」）。

表 3-1：港人「中國人」身份認同在 2008 年達到最高點（%）

| 年　份 | 中國人 | 香港人 | 廣義中國人 | 廣義香港人 | 國家認同趨勢 |
|---|---|---|---|---|---|
| 1997 | 18.6 | 34.9 | 37.9 | 59.5 | 開始提高 |
| 1998 | 18 | 36 | 39.1 | 55.5 | |
| 1999 | 26 | 30 | 35.2 | 59.5 | |
| 2000 | 20 | 39 | 35.2 | 59.6 | |
| 2001 | 29 | 31 | 42.8 | 53.5 | |
| 2002 | 33 | 33 | 45.8 | 51.1 | 不斷提高 |
| 2003 | 29 | 38 | 46.3 | 51.9 | |
| 2004 | 34 | 28 | 47.6 | 49.1 | |
| 2005 | 37 | 24 | 49.3 | 48.3 | |
| 2006 | 35 | 23 | 50.5 | 48.3 | |
| 2007 | 28 | 24 | 43.1 | 55 | |
| 2008 | 39 | 18 | 49.6 | 49.4 | |
| 2009 | 29 | 24.7 | 42.6 | 56.7 | |

資料來源：香港大學民意研究中心每年 6 月的民調數據

而且 2009 年以前，香港大學民意研究中心的民調，當被訪者為自己的「中國人」身份認同程度及「香港人」身份認同程度，分別以 0 至 10 分來評分時，香港人的「中國人」身份認同，也是在 2008 年達到頂峰，即回歸後的 10 年緩緩上升（見表 3-2）。

表 3-2：港人認同中國人身份的評分在 2008 年達到最高峰

| 年　份 | 1997 | 1998 | 1999 | 2000 | 2001 | 2002 | 2003 | 2004 | 2005 |
|---|---|---|---|---|---|---|---|---|---|
| 指　數 | 7.28 | 7.18 | 7.27 | 7.62 | 7.85 | 7.63 | 7.52 | 7.47 | 7.73 |

| 年　份 | 2006 | 2007 | 2008 | 2009 | 2010 | 2011 | 2012 |
|---|---|---|---|---|---|---|---|
| 指　數 | 7.82 | 7.66 | 8.02 | 7.72 | 7．63 | 7．24 | 6.99 |

數據來源：香港大學民意研究中心

但是之後有所下降，2009 年 1 月自稱為「中國人」的受訪者降至 34%；2009 年 6 月更降至 29%；2009 年 6 月稱自己為「香港人」有 24.7%，自稱為廣義「香港人」，即回答自己是「香港人」，或「中國的香港人」的市民，就較 2008 年 12 月上升 6% 至 57%。從表 3-3 及圖 3-1 也可見，從 1997 年至 2008 年 11 年中，認同「中國人」身份的港人總趨勢是上升的，從 1997 年的佔 18%，到 2008 年的 36.5%，升幅還是較大的，但是其中明顯有曲折（見表 3-3 與圖 3-1）。

表 3-3：1997 年至 2009 年港人身份認同情況（%）

| 年　份 | 1997 | 1998 | 1999 | 2000 | 2001 | 2002 | 2003 | 2004 | 2005 | 2006 | 2007 | 2008 | 2009 |
|---|---|---|---|---|---|---|---|---|---|---|---|---|---|
| 中國人 | 18 | 24.1 | 20.9 | 20.1 | 28.5 | 30.7 | 31.7 | 32.3 | 33.4 | 33 | 26.8 | 36.5 | 29.3 |
| 香港的中國人 | 19.9 | 15 | 14.3 | 15.1 | 14.3 | 15.1 | 14.6 | 15.3 | 15.9 | 17.5 | 16.3 | 13.1 | 13.3 |
| 中國的香港人 | 23.6 | 21.1 | 22.2 | 22.7 | 21.9 | 21.2 | 21.9 | 22.1 | 23.9 | 24.7 | 31.6 | 29.4 | 32 |
| 香港人 | 35.9 | 34.4 | 37.3 | 36.9 | 31.4 | 29.9 | 30 | 27 | 24.4 | 23.6 | 23.4 | 20 | 24.7 |

數據來源：香港大學民意研究中心

圖 3-1：1997 年至 2009 年港人身份認同情況

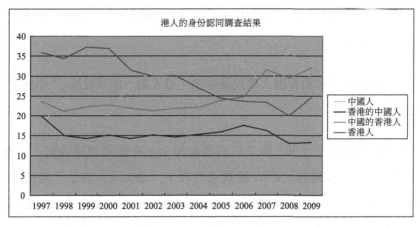

注：根據香港大學民意研究中心所得數據計算出每年全年的數據

## 二、各方民調均顯示，港人對「中華民族」「中國人」身份認同呈上升趨勢

### 1. 中文大學民調顯示，港人對「中華民族」「中國人」身份認同呈上升趨勢

香港中文大學亞太研究所自 2003 年以來，一直就港人對「中國人」與「香港人」的身份認同進行調查。結果顯示，港人認同「中國人」的身份在 2009 年創新高，由 2003 年 4 月的只有 31.9%，上升至 2009 年 4 月的 38.2%，有關數據也是 7 年來的新高。而認同「香港人」身份的港人則有下降的趨勢，2009 年 4 月只有 49.3% 認同自己是「香港人」，與認同「中國人」身份的港人人數差距進一步收窄。49.3% 受訪者表示自己是「香港人」，不僅較 2008 年 10 月下降了 2.3%，而且認同自己是「香港人」的人數首次少於 50% 水平。

香港中文大學傳播與民意調查中心 1996 至 2006 年進行了 6 次調查，港人同時自稱「香港人」及「中國人」比例由 1996 年的 48% 上升到 2006 年的

59%，2008 年 11 月更升至 65%，是該調查自 1996 年以來最高，而僅認同自己為「香港人」和「中國人」的則分別為 16.8% 和 17.8%，反映香港越來越多人有混合的身份認同。

### 2. 香港研究協會與香港大學民調顯示，港人對「中華民族」「中國人」身份認同呈上升趨勢

香港研究協會於 2007 年 7 月的調查顯示，被問到回歸後對「中國人」身份的認同有何改變時，43% 被調查者表示「增加」，表示「無改變」的 41%，表示「減少」的僅佔 8%。到 2009 年 9 月，受訪者對「中國人」這個身份表示「非常認同」的佔 57%，「認同」的佔 27%，兩者合共 84%，反映港人普遍對「中國人」身份的認同感甚為強烈；59% 受訪者表示「會」主動關心國情，64% 者表示「會」因自己是「中國人」而感到驕傲，而表示「不會」的僅佔 15%，認為「有必要」在香港推行國民教育的則佔 57%。

香港大學民意研究中心，從 2008 年 12 月開始，在分析身份認同時會問被訪者以 0 至 10 分表達自己對某個身份類別的認同感及該身份類別的重要程度，並加入「中華人民共和國的國民身份」「中華民族的一分子」「亞洲人身份」及「世界公民身份」4 個調查項目，最後再計出「身份認同指數」。其中 2008 年底公佈的調查顯示，港人對「香港人」「中華民族一分子」及「中國人」的認同感分別為 7.99.7.84 及 7.79 分，但重要程度方面，對「中國人」「中華民族一分子」及「香港人」的重要度分別為 7.56.7.50 及 7.32 分，以認同指數計，首三種身份的依次序是「中國人」「中華民族一分子」及「香港人」，分數為 76.1.75.9 及 75.3。香港大學民意研究中心 2009 年 6 月的民調顯示，港人對「香港人」的身份認同感最高，但論重視程度，則以「中國人」身份最高。結合兩個因素後，則仍以「中國人」的身份投入感最強，然後是「香港人」「中華民族一分子」「亞洲人」和「中華人民共和國國民」，最後才是「世界公民」。

## 三、講普通話、領取特區護照的人數大幅增加，且國家大災面前港人愛國熱情高漲

### 1. 講普通話、領取特區護照的人數大幅增加

回歸前，香港很少人會講普通話，且普通話被稱為「大陸話」而備受歧視。但回歸的最初十年即 2009 年前後這種現象消失，香港越來越多人會講普通話或學講普通話。回歸祖國後，為了提升港人的普通話能力，香港特區政府特別推出「兩文三語」教育政策，兩文就是中文和英文，三語就是英語、普通話和廣東話。為配合特區政府推行「兩文三語」的教育政策，九龍地域校長聯會與華南師範大學合辦「普通話教中文科」研修班，為已具備普通話基準的語文教師提供更高的專業培訓。而老師們則渴望政府多辦類似課程，以便他們在教學方面能更靈活、專業地運用普通話教導學生中文科，以達到活學活用的境界。因此，學生、老師會講普通話的越來越多，例如演講方面，回歸前如果用普通話演講，聽懂率可能只有 20% 至 30%，到 2008 年聽懂率已經達到 70% 至 80%。與此同時，回歸前內地人在香港講普通話，包括問路，能聽懂的港人很少，且港人歧視講普通話的人；回歸後尤其是隨着自由行擴大，內地到港遊客大幅增加，2009 年前後，在街上問路、入商店購物，講普通話已不再遭受歧視，且多數香港人已經能夠聽懂內地人的普通話。

過去香港很少人持有特區護照，中華人民共和國香港特別行政區護照 1997 年推出之初很少港人申請，到 2007 年 4 月，持有中華人民共和國香港特別行政區護照的香港人人數已累積 420 萬。與此形成對比的是，據駐港英國總領事館的數據，1997 年約有 270 萬港人換領了英國海外公民護照（BNO），但隨着護照 10 年期陸續屆滿，至 2007 年 7 月只有 150 萬本有效 BNO 仍在流通；2001 年仍有多達 17 萬人申領 BNO，到 2006 年只有 3 萬人申領。

**2. 2008 年汶川地震時，港人踴躍向內地捐款救災，捐款額達到歷史最高峰**

2008 年汶川發生強烈地震，在地震後不到 48 小時香港立法會就通過了 3.5 億港元賑災撥款，隨即又成立了救災專屬基金，撥款 90 億港元，加上賽馬會捐出的 10 億港元，以及香港民間捐助源源不絕。太多富豪、名人、企業家參與到這場救災中來，在政府之外香港的民間捐款高達 130 億港元，香港全部捐款超過 200 億港元，是除內地外捐助最多的地區。而且汶川地震後不到 10 小時香港就組建了第一支醫療隊奔赴四川，不到 24 小時特區政府搜救隊出動、香港飛行服務隊出動，接着香港又增調了最先進的美洲豹直升機、捷流定翼機飛到四川。不到 3 天，香港鬧市區的銅鑼灣、尖沙咀、九龍公園全是各種籌款攤點。香港 18 區，每區都設了專門諮詢點，市民捐款甚至要排隊，而遍佈香港各個角落的自動櫃員機、銀行櫃枱、便利店，都貼滿了「讓我們連成一線，盡心幫助災區同胞」的各種愛心圖標，說全民捐款絲毫不誇張。[1]

2008 年的汶川地震，是香港二十世紀八十年代至 2008 年的 20 多年中一次極其罕見的跨階層、跨界別、全民參與的賑災行動，當時的相關社會調查顯示，95% 的港人曾為四川地震捐款。2008 年 5 月 19 日 14 時 28 分，舉國上下舉行哀悼，還在下着小雨的香港也是萬笛齊鳴、旗幟半降，男女老少都肅立默哀。

## 第二節　港人對國家的「政治認同」呈上升趨勢

這時期，香港人不僅「民族認同」與「文化認同」呈上升趨勢，而且香港人的「民族自豪感」也上升，顯示港人對中華人民共和國的認同在增強，意味着港人這時的身份認同，不僅是量上在增加，而且質上發生了很大轉

---

1　「汶川地震，港澳在行動」，《新華網》2008 年 5 月 14 日。

變，即不少人已經上升到認同內地制度及認同中國共產黨。

# 一、港人對「中國人」身份、國歌、國旗的自豪感呈上升趨勢

### 1. 港人對「中國人」身份的自豪感呈上升趨勢

香港特區中央政策組 2006 年 4 月的調查顯示，75% 的港人表示以身為「中國人」為榮，62% 表示以身為中華人民共和國公民為榮，65% 同意因為中國的國際地位上升，中國人才可揚眉吐氣。

香港大學民意研究中心在 2009 年香港回歸祖國 12 周年紀念日前夕的調查顯示，港人對成為中國國民而感到自豪的比率維持 50% 的高比例，較 2004 年的 38% 明顯上升，與 2008 年的 50.2% 看齊，而且 2005 年至 2009 年基本維持在較高比率，即只有小幅度波動（見表 3-4）。

表 3-4：港人對中國國民身份自豪感 2009 年前基本呈上升趨勢（%）

| 年　份 | 1997 | 1998 | 1999 | 2000 | 2001 | 2002 | 2003 | 2004 |
|---|---|---|---|---|---|---|---|---|
| 有自豪感 | 46.6 | 31.6 | 37 | 35 | 35.5 | 40 | 38 | 38 |
| 趨　勢 | 好 | 較好 | | | | | | |

| 年　份 | 2005 | 2006 | 2007 | 2008 | 2009 | 2010 |
|---|---|---|---|---|---|---|
| 有自豪感 | 46 | 47 | 48 | 50.2 | 50 | 48 |
| 趨　勢 | 最好時期 | | | | | |

資料來源：香港大學民意研究中心

### 2. 港人對「國歌、國旗」等國家符號或象徵的自豪感與親切感呈上升趨勢

中國傳統文化、普通話、國旗以及國歌等都是文化認同的載體，是構建國

家意識的重要元素。對這些載體的自豪感能夠激發人民對國家的歸屬感，也能夠反映出人民對於祖國的情感與認同程度，以及對國家的「政治認同」程度。

　　香港中文大學傳播與民意調查中心歷年的調查數據顯示，2009 年以前，香港市民對萬里長城、普通話、國旗、國歌等等的自豪感與親切感均呈逐步增長的趨勢，其中 2006 年 10 月的調查，問被訪者對 16 項內地和香港本土特徵標記的感覺，令港人最感自豪的分別是「萬里長城」「維港夜景」以及「中華民族」，對國旗、國歌的自豪感也大幅上升，分別有 53% 和 53.4% 的市民對「中華人民共和國國歌」和「中華人民共和國國旗」有較強烈的自豪感，也分別有 51.3% 和 50% 的市民對國歌和國旗有很強烈的親切感，首次超過半數。2008 年對國歌及國旗的自豪感也超越 50% 界線，2010 年分別達到 54.8% 和 52.7%（見表 3-5）。

表 3-5：香港青年對於相關文化標記的自豪感與親切感（%）

| 標記 | 感受 | 對於以下標記的自豪程度與親切程度 | | | | | | | |
|---|---|---|---|---|---|---|---|---|---|
| | | 1996 | 1997 | 1998 | 1999 | 2002 | 2006 | 2008 | 2010 |
| 萬里長城 | 自豪程度 | 77.9 | 78.8 | 74 | 78.5 | 79.3 | 73.3 | 74.2 | 71.3 |
| | 親切程度 | 59.4 | 56 | 50.3 | 54.1 | 54.1 | 53.6 | 58.2 | 53.8 |
| 普通話 | 自豪程度 | 18.6 | 21.3 | 19.9 | 28 | 25.2 | 34 | 30.4 | 28.5 |
| | 親切程度 | 29.6 | 32.1 | 28 | 33 | 34.9 | 33 | 34.6 | 29.7 |
| 國旗 | 自豪程度 | 30.6 | 30.1 | 24.9 | 29.9 | 31.1 | 47.6 | 53.4 | 52.7 |
| | 親切程度 | 32.4 | 34.1 | 26 | 29.8 | 32.3 | 42.6 | 50 | 49.7 |
| 國歌 | 自豪程度 | 39.1 | 40.1 | 28.3 | 36 | 38.1 | 48.2 | 53 | 54.8 |
| | 親切程度 | 39.3 | 40.1 | 29.6 | 35.7 | 40.2 | 44.7 | 51.3 | 51.5 |

數據來源：香港中文大學傳播與民意調查中心歷年調查數據

　　因此這時期的國際體育賽事中，港人在國家隊獲得好成績、國旗升起與國歌響起時均會肅然起敬，2008 年北京奧運會時尤為明顯，港人對中國國家隊取得佳績歡欣鼓舞，每當賽場上國旗升起與國歌響起時港人都會發出歡呼聲。

奧運會後，金牌獲得者到香港，運動員們與香港市民同樂，除了進行體操、跳水、羽毛球和乒乓球的四項公開表演，還在大球場進行大匯演，並探訪香港科技大學與京奧香港志願者。金牌運動員每到一處均受到香港市民熱烈歡迎。

### 3. 港人對「共產黨」的觀感明顯改善

中文大學傳播與民意調查中心的調查顯示，在愛港、愛國和愛共產黨上，在 0 至 10 分評分中，2006 年 10 月港人「愛港」程度為 7.52 分，「愛國」程度為 6.49 分，「愛共產黨」只有 2.91 分，但 2008 年 11 月，「愛港」的平均評分達 7.79 分，較 2006 上升 0.27 分，「愛國」的平均分 6.87 分，上升 0.38 分，「愛共產黨」的評分 3.72 分，上升 0.81 分，升幅最大。

香港大學民意研究中心自從 1992 年以來每年就「香港人對中國內地的人權狀況和未來發展」進行調查，2008 年 6 月 4 日前夕的民調顯示，香港人對中國內地的人權狀況和未來發展感樂觀的程度達到調查開展以來的最高位，85% 認為中國當時的人權狀況較 1989 年時改善，77% 估計三年後中國的人權狀況將比 2008 年更佳。

香港大學民意研究中心在 2009 年香港回歸祖國 12 周年紀念日前夕的調查還顯示，港人對中央政府的香港政策的正面評價，在 2008 年時高達 57%，2009 年也有 53%，淨值數字（即正面比率減負面比率）則為正 42%。

## 二、青年的「國家認同」呈上升趨勢

### 1. 這時期，儘管香港青少年的「國家認同」較香港年長者及澳門青少年低，但是差距不大

儘管香港青少年較香港年長者及澳門青少年在國家認同上有差別，但是回歸最初的十年這個差別並不明顯。中文大學香港亞太研究所鄭宏泰和尹寶珊

《香港新青年》一書，以香港回歸 20 年的民調數據（1998 至 2017 年）分析香港 80 後及 90 後於不同民調指標的分數上跟年長者的差別，發現回歸後最初的 10 年左右即 1997 至 2009 年，香港青年對特區政府的評價、對「一國兩制」實踐的感受，以及「國家認同」等民調指標，較年長受訪者並沒有明顯差別。

　　香港公民教育委員會從 1986 年開始就港人的公民教育進行兩年一度的意見調查，2004 年首次量度港人的「國民身份」及「國民意識」，2005 年 5 月公佈的《2004 年公民教育意見調查報告》顯示，港人的國家認同感與自豪感均達到較高水平，其中與內地關係越多、年齡越大的受訪者對國家的認同感及自豪感越高，青少年的相對較低，只是差距並不大。香港大學民意研究中心 2007 年 3 月的調查顯示，45 歲以上市民的愛國愛港分數為 7.92 分，25 至 44 歲的 7.27 分，18 至 24 歲的則只有 6.73 分，儘管越年輕國家認同感越低，但是差距不算大。香港學友社 2007 年 5 月聯同北京語言大學和澳門中華學生聯合總會對兩岸四地青年的身份認同調查顯示，「愛國」程度上，澳門與香港分別為 3.22 分及 2.18 分，60% 澳門受訪者認為「自己的努力有助國家發展」，只有 24% 香港受訪青年認同此講法，顯示香港青年與澳門青年在「愛國」程度上差距較小，只是在認為「自己的努力有助國家發展」上差距較大。之所以年齡越小國家意識越淡，與他們在香港本土出生有較大相關性（見表 3-6）。

表 3-6：香港本土與非本土出生港人身份認同比較（%）

| 年　份 | 1990 | | 1993 | | 1995 | | 1997 | | 1999 | | 2001 | | 趨勢 |
|---|---|---|---|---|---|---|---|---|---|---|---|---|---|
| 出生屬地 | 本土 | 非 | 本土 | 非 | 本土 | 非 | 本土 | 非 | 本土 | 非 | 本土 | 非 | 二者 |
| 香港人 | 70.5 | 39.7 | 67.9 | 37.9 | 65.8 | 37.4 | 70.4 | 36.9 | 63.5 | 36.6 | 61.8 | 32.6 | 降 |
| 中國人 | 16.9 | 40.6 | 18.2 | 45.2 | 20.6 | 47.4 | 17.2 | 43.9 | 18.3 | 40.9 | 19.8 | 45.3 | 升 |
| 兩者皆是 | 12.4 | 17.1 | 13.4 | 15.8 | 20.6 | 13.4 | 17.2 | 17.9 | 18.3 | 21.1 | 19.8 | 21.1 | 升 |

資料來源：「香港華人的身份認同：九七前後的轉變」，《二十一世紀》2002 年 10 月號。
　　　注：非本地出生的受訪者絕大多數是內地出生。

**2. 回歸初期的十年，青年一代或在香港出生的港人「中國人」身份認同呈上升趨勢**

　　儘管香港本地出生的港人國家認同相對薄弱，但是表 3-6 顯示，回歸後最初幾年，在香港出生的港人「中國人」身份認同還是呈上升趨勢。其他民調更顯示，回歸初期的 10 年香港青年一代「中國人」身份認同呈明顯上升趨勢。香港學友社 2002 年開始對香港中學生的調查顯示，中學生對「中國人」認同感由 2003 年的 72% 升至 2005 年的 75%，2009 年更高達 84%；表示同意「因香港回歸中國而感到高興」的，由 2004 年的 52% 升至 2005 年的 64%，2007 年再升至 67.9%；表示「我愛中國」的，由 2003 年的 54% 升至 2005 年的 59%，2007 年高達 60% 多，2009 年仍然有 54.5%（見表 3-7）。2009 年對中國「非常熱愛、相當贊成」的也高達 46%，同時有 67% 受訪學生認同祖國生日值得慶祝。

　　香港國民教育中心 2009 年 7 月的調查顯示，有高達 96% 香港中小學生認同「我是中國人」，首次超越了認同「我是香港人」的比率，是香港回歸祖國以來的最高點，其中「絕對贊成」者也高達 69.6%，認同「我是香港人」也有 94.2%。

表 3-7：中學生對祖國的心態在 2009 年前呈上升趨勢（%）

| 年　份 | 2002 | 2003 | 2004 | 2005 | 2007 | 2009 |
|---|---|---|---|---|---|---|
| 我對香港回歸中國感到高興 | | | 52 | 64 | 67.9 | |
| 我是中國人 | 40 | 72 | | 75 | 81 | 84 |
| 我愛中國 | | 54 | | 59 | 61 | 54.5 |
| 我會關心中國內地的新聞 | | 58 | | 64 | | 36.2 |
| 趨勢 | 差 | 好 | 較差 | 好 | 好 | 好 |

數據來源：香港學友社

　　香港大學心理學系分別於 1996 與 2006 年訪問 1.3 萬名香港中三至中五學生，以 7 分為滿分讓學生對身為「中國人」的自豪感打分，結果受訪者對身為「中國人」的自豪感由 1996 年的 3.94 分增至 2006 年的 4.39 分；認為自己是「中國人，其次才是香港人」的比率則由 1996 年的 15.8% 升至 2006 年的 22.3%，認為自己是「香港人」的比率則由 1996 年的 33.9% 降至 2006 年的 28.7%。

## 三、越認同自己是「香港人」的市民，也越認同自己是「中國人」

　　這時期的民調顯示，港人不僅在「中國人」與「香港人」兩種身份並列時多選擇認同自己為「中國人」，而且在「中國人」與「香港人」兩種身份分別評分時，對兩種身份的認同度評分均較高。「中國人」與「香港人」兩種身份的認同程度在回歸後的最初 10 年一直呈現顯著的正相關，即是說，越認同自己是「香港人」的市民，也越認同自己是「中國人」。香港大學民意研究中心在 2008 年底公佈的香港市民對自我身份認同的調查，以 0 至 10 分來測試香港市民對「香港人」及「中國人」的認同程度，並加入「中華人民共和國的國民身份」「中華民族的一分子」「亞洲人身份」及「世界公民身份」4 個調查項目，最後再計出「身份認同指數」。調查所得數據顯示，市民對「香港人」「中華民族一分子」及「中國人」的認同感分別為 7.99、7.84 及 7.79 分，分數極為接近；重要程度方面，被訪市民對「中國人」「中華民族一分子」及「香港人」的重要度分別為 7.56、7.50 及 7.32 分，分數同樣接近。以認同指數計，首三種身份的依次序是「中國人」「中華民族一分子」及「香港人」，分數為 76.1、75.9 及 75.3。

　　這顯示，回歸後的首十年，對港人而言，「中國人」與「香港人」兩種身份是重疊的，甚或是相輔相成的。因為香港已經回歸祖國，越認同回歸了祖國的香港，自然也就越認同祖國，這是一種良性互動關係。事實上，像中國內地各省市的人，都既認同自己是所生活城市的人，也認同自己是中國人，完全不矛盾。

## 四、愛國愛港羣眾基礎擴大

香港最大的愛國愛港政黨「民建聯」，在回歸後組織壯大很快，成為香港成員最多和對香港影響最大的政黨。2000 年 9 月 11 日香港特區第二屆立法會選舉，民建聯得票率由 1998 年的 25.2% 增長為 29.68%，議席由 1998 年的 5 席增為 8 席；而作為反對派最大政黨的民主黨，得票率則由 1998 年的 42.6% 大跌至 34.7%，議席則由 1998 年的 13 席跌至 12 席。2000 年立法會選舉總的結果與 1998 年相比，最大的區別就是民建聯得票率已達 30%，比 1998 年上升 5%。從立法機構分區直選愛國政黨「民建聯」得票數不斷增加可見，愛國政黨羣眾基礎在回歸後的初期明顯擴大。

2004 年立法會選舉，民建聯得票率雖降至 27%（降 3%），但取得 45.4 萬多票，比 2000 年的 39.1 萬票增加 6 萬票；九龍西總得票由 4 萬多升至 6 萬多，在一些傳統中產人士地區如美孚、九龍塘、黃埔及何文田等區，民建聯也緊追民主黨。選民的增加使民建聯議席數也由 10 席增至 12 席，加上工聯會的共 13 席，民建聯的兩員主將譚耀宗和劉江華率領的兩張名單分別在新界西和新界東獲得理想成績，排名第二名的候選人均當選，首次參選的黨主席也當選，成功取代民主黨，晉身立法會第一大政黨。

表 3-8：立法會（局）直接選舉中愛國政黨得票變化

| 年　份 | 1995 | 1998 | 2000 | 2004 | 2008 年 | 2012 年 |
|---|---|---|---|---|---|---|
| 民建聯得票（張） | 142801 | 373428 | 391718 | 454827 | 433684 | |
| 民建聯得票率（%） | 15.7 | 25.22 | 29.68 | 25.5 | 28.45 | |
| 建制派得票（萬） | 38 | 53 | 56 | 68 | 62 | 84 |
| 民主派得票（萬） | 54.4 | 95 | 77.1 | 109.6 | 89.9 | 99 |
| 民主派得票率 % | 60.8 | 63.8 | 58.7 | 62 | 59 | 56.3 |

資料來源：香港選舉管理委員會網頁

2008 年立法會選舉前，遇上全國上下一心抗震救災，及我國舉辦奧運及我國金牌取得歷史性突破，這樣的形勢下原本建制派的得票率應該取得突破，結果卻並未突破，原因在於愛國愛港陣營中出現太多團體參與競爭使支持者較反感而減少投票意欲。參選團體包括民建聯、工聯會、自由黨、鄉議局、新論壇、西九新動力以及一些獨立人士，他們在選舉中互相分薄選票，同時也引起支持者負面觀感，最後變成反對派漁翁得利。2012 年立法會選舉，建制派得票及得票比例均上升，反對派得票比例明顯下降，已經由過去的基本「60%」變成「56.3%」（見表 3-8）。顯示反對派得票比例下降，這也就意味着建制派羣眾基礎在擴大，即由約 40% 擴大到 44%。同時民調也顯示，自認為屬於親中派的比例，由 2003 年的 4.3% 升至 2008 年的近 11%（見表 3-9），升幅超過 100%。

表 3-9：港人自覺「政治傾向」情況變化（%）

| 調查日期 | 民主派 | 親中派 | 中間派 | 沒有政治傾向 |
|---|---|---|---|---|
| 2003 年 9 月 | 24.3 | 5 | 33.1 | 33.2 |
| 2003 年 10 月 | 28.5 | 4.3 | 24.1 | 36.7 |
| 2007 年 2 月 | 28.2 | 8.8 | 45.2 | 17.9 |
| 2007 年 10 月 | 24.7 | 9.6 | 43.5 | 17 |
| 2008 年 5 月 | 31.6 | 10.9 | 38.8 | 17 |

資料來源：香港中文大學亞太研究所民調結果

第 **4** 章

# ２００９年後，
# 港人「國家認同」呈下降趨勢

2009 年後，香港人的「國家認同」呈現明顯下降趨勢。不僅認同「中華民族」和「中國人」身份的港人呈明顯減少趨勢，而且「本土思潮」興起，「港獨」意識產生。顯示這時期港人「國家認同」，不僅人數上出現較大幅度減少，而且港人的「國家認同」還呈現出質上的變化，即帶有分離主義色彩的「本土意識」和完全分離主義的「港獨」意識產生。

## 第一節　2009 年至 2019 年港人「國家認同」呈下降趨勢

2009 年至 2019 年港人對「中華民族」「中國人」「中華人民共和國國民」的認同全面下跌，不僅對象徵「政治認同」的「國歌、國旗」自豪感下降，而且「民族認同」與「文化認同」也大幅下降，同時青年與年長者的「國家認同」差距巨大，青年的「國家認同」很低。

# 一、2009 年至 2019 年港人對「中華民族」「中國人」「中華人民共和國國民」的認同全面下跌

## 1. 香港大學民調顯示，2009 至 2019 年港人對「中國人」身份認同不斷下跌

香港大學民意研究中心的調查，當受訪者對「香港人」「中國的香港人」「中國人」「香港的中國人」四種「身份認同」並列選擇時，2010 年底的調查顯示，36% 受訪者認同自己是「香港人」，較 2010 年 6 月增 11%，自稱為「中國人」的下跌 7% 至 21%。之後不斷下跌，青年尤為突出，2016 年 9 月的調查顯示，18 至 29 歲組別，自認「中國人」或「香港的中國人」的比率跌至 8.5%，2017 年更跌至 3.1%。2019 年 12 月，前身為香港大學民研中心的香港民研所的調查顯示，認為自己是中國人的只有 10.9%，認同自己是香港人的則高達 55.4%，選擇某種混合身份的則有 32.3%（見表 4-1）。

據香港大學民意研究中心的調查，在受訪者對「香港人」與「中國人」身份認同分開評分時，以 10 分為滿分，2010 年被訪市民對作為「香港人」和「中國人」身份認同感的評分分別是 7.90 分和 7.63 分；到了 2014 年香港發生持續 79 天的所謂「爭取真普選」的「佔中」社運，這之後的 2015 年，被訪市民對作為「香港人」和「中國人」身份認同感的評分分別是 7.95 分和 6.73 分；到了 2019 年香港更發生持續時間更長的《逃犯條例》「修例風波」，這之後的 2020 年，被訪者對作為「香港人」和「中國人」身份認同感的評分更變成分別為 8.57 分和 5.74 分。香港市民對作為「香港人」和「中國人」的身份認同，在 2010 年時分數非常接近，但是到了 2020 年，兩者的差別已經大幅拉闊至相差 2.83 分。其中「中國人」的身份認同跌幅非常大，由 2008 年的 8.02 分跌至 2019 年的 4.73 分，跌去接近一半（見表 4-2）。

表 4-1：港人「中國人」身份認同在 2011 年下跌明顯（%）

| 年份 | 中國人 | 香港人 | 廣義中國人 | 廣義香港人 | 國家認同趨勢 |
|------|--------|--------|------------|------------|--------------|
| 2008 | 39 | 18 | 49.6 | 49.4 | 已經下跌，但是認同廣義中國人的不算太少。 |
| 2009 | 25 | 38 | 42.6 | 56.7 | |
| 2010 | 21 | 37 | 43 | 57 | |
| 2011 | 17 | 38 | 34 | 65 | 急跌，認同廣義中國人的減至三分之一。 |
| 2012 | 19 | 46 | 30（14） | 68（85） | |
| 2013 | 22 | 35 | 35（11） | 62 | |
| 2014 | 20 | 40 | 33（15） | 65 | |
| 2015 | 22 | 36 | 35（13） | 63 | |
| 2016 | 18 | 42 | 31（8.5） | 67（87） | 青年認同廣義中國人的減至不足 10%。 |
| 2017 | 21 | 37 | 35（3.1） | 63（93.7） | |
| 2018 | 15 | 40 | 32 | 66 | |
| 2019 | 10.9 | 55.4 | 20.8（3.5） | 77.8（95） | |

注：香港大學民意研究中心每年 6 月的民調數據（2018 至 2020 年的為 12 月的數據），括號內數字是 18—29 歲青年的數據。

表 4-2：港人認同中國人身份的評分在 2009 年後呈現明顯下降趨勢

| 年份 | 2006 | 2007 | 2008 | 2009 | 2010 | 2011 | 2012 | 2015 | 2019 |
|------|------|------|------|------|------|------|------|------|------|
| 指數 | 7.82 | 7.66 | 8.02 | 7.72 | 7.63 | 7.24 | 6.99 | 6.73 | 4.73 |
| 水平 | 最好階段 | | | | | 轉差階段 | | | 最差 |

資料來源：香港大學民研中心

**2. 其他機構民調顯示，2009 年至 2019 年港人對「中國人」身份認同不斷下跌**

2010 年 7 月中文大學香港亞太研究所的回歸周年調查發現，認同自己是「中國人」的比例明顯下跌，青年更明顯。該所 2016 年 10 月的調查顯示，15 至 29 歲受訪者中，首先認同自己為「香港人」（「香港人」與「香港人，但也是中國人」）的佔 85.1%，而首先認同自己為「中國人」（「中國人」與「中國人，但也是香港人」）的只有 13.6%。

中文大學傳播與民意調查中心 2012 年底的民調顯示，港人自覺是「中國人」的比率跌至回歸以來最低的 12.6%，「80 後」（包括 90 後）以「香港人」身份為優先的比率較非「80 後」高出 21.3%，僅 2.4% 的「80 後」自覺是「中國人」。特區政府中央政策組於 2015 年「佔中」後針對青年的調查，44.4% 自認「香港人」，僅 4.2% 自認「中國人」，高達 70.7% 希望香港與內地保持距離。香港學友社的調查也顯示中學生「中國人」身份認同明顯下降，由 2009 年 84% 認同自己是「中國人」，到 2017 年 1 月，認為自己既是「香港人」也是「中國人」的已經減至 57%，表明自己是「香港人」的也有 37%。

**3. 2009 年至 2019 年港人對「中華民族」「中國人」「中華人民共和國國民」的認同均下跌**

2010 年下半年，港人對「中華民族」「中國人」「中華人民共和國國民」的認同全面下跌。香港大學民研中心 2008 年底公佈的香港人對自我身份認同的調查結果顯示，受訪者對「香港人」「中華民族一分子」「中國人」以及「中華人民共和國國民」四種身份認同指數分別評分，分數均為 70 分以上。但是 2018 年 12 月受訪者對「香港人」的認同指數已經升至 80.8 分，對「中國人」及「中華人民共和國國民」的認同指數則分別降至 62.4 分及 57.1 分；2019 年

12 月，受訪者對「香港人」身份認同指數評分更高達 82.6 分，遠高於「中華民族一分子」認同指數評分的 60.7 分、「中國人」身份認同指數評分的 57.3 分，以及「中華人民共和國國民」認同指數評分的 49.6 分。其中 18 至 39 歲的被訪者，對「中華民族一分子」「中國人」以及「中華人民共和國國民」三種身份認同指數的平均分更只有 43.7、38.8 和 34.8 分。表 4-3 也顯示，港人對「中國人」及「中華人民共和國國民」認同感的評分在 2009 年開始轉差，到 2019 年已經跌至最低點。

表 4-3：中國人及中華人民共和國國民「認同感」的評分 2009 年轉差

| 年　份 | 2007 | 2008 | 2009 | 2010 | 2011 | 2012 | 2013 |
|---|---|---|---|---|---|---|---|
| 中國人 | 7.66 | 8.02 | 7.72 | 7.63 | 7.24 | 6.99 | 6.8 |
| 中華人民共和國國民 | 7.28 | 6.9 | 6.99 | 6.20 | | 6.39 | 6.11 |
| 趨勢 | 好 | | | 轉差 | | 較差 | |

| 年　份 | 2014 | 2015 | 2016 | 2017 | 2018 | 2019 | 2020 |
|---|---|---|---|---|---|---|---|
| 中國人 | 6.54 | 6.59 | 6.59 | 6.53 | 6.89 | 5.73 | 5.49 |
| 中華人民共和國國民 | 5.95 | 5.66 | 6.25 | 5.84 | 5.85 | 4.96 | 4.93 |
| 趨勢 | 差 | | | | | 最差 | |

注：香港大學民意研究中心每年 6 月的民調數據（2019 至 2020 年的為 12 月的數據）

## 二、不僅對象徵「政治認同」的「國歌、國旗」自豪感下降，而且「民族認同」與「文化認同」也大幅下降

### 1. 對象徵「政治認同」的「國歌、國旗」自豪感大幅下降

與 2009 年之前港人對國歌、國旗的自豪感不斷上升形成鮮明對比，2009 年後抗拒國歌、國旗的港人不斷上升。中文大學傳播與民意調查中心 2012

年底的民調顯示，港人對國歌及國旗的自豪感由 2010 年的分別為 54.8% 與 52.7% 急跌至 36.4% 及 37.6%，分別有 8.9% 及 8.5% 港人抗拒國歌及國旗。 2014 年港人對國歌及國旗的自豪感分別再急跌至 29.5% 與 31.8%，抗拒感則 分別竄升至 13.7% 及 13.9%（見表 4-4）。抗拒國歌、國旗的基本是青年， 2015 年 11 月在旺角大球場舉行國家足球隊與香港足球隊世界盃外圍賽，香港 球迷甚至在國歌響起時發出一片噓聲，之後這種情況持續。

表 4-4：港人對國旗國歌的感覺在 2012 年轉差

| 年　份 | | 1996 | **2010** | **2012** | 2014 | 2016 |
|---|---|---|---|---|---|---|
| 對國旗的感覺 | 自豪感 | 30.6% | 52.7% | 37.6% | 31.8% | 36.9 |
| | 抗拒感 | 6.6% | 5.8% | 8.9% | 13.9% | |
| 對國歌的感覺 | 自豪感 | 39.1% | 54.8% | 36.4% | 29.5% | 36.1 |
| | 抗拒感 | 4.4% | 3.8% | 8.5% | 13.7% | |
| 趨勢 | | 差 | 好 | 差 | 最差 | |

資料來源：中文大學傳播與民意調查中心

### 2.「民族認同」與「文化認同」也大幅下降

與 2009 年之前港人熱衷學習普通話等中國文化形成鮮明對比，2009 年 後抗拒和反感「普通話」等中國文化象徵的港人不斷增加。中文大學傳播與 民意調查中心 2014 年的民調顯示，港人對「普通話」的抗拒感升至歷年最高 點的 16.2%，對於講「普通話」的內地人的反感也大幅上升。香港大學民研 中心 2010 年的民調顯示，表示對內地人好感的受訪者高達 33%，表示反感的 僅 16%，而 2011 年情況已經相反，表示好感的僅剩 16%，表示反感的升至 33%，2013 年表示反感的更升至 36%。

「民族認同」方面，香港大學民意研究中心的調查顯示，港人對「中國國

民身份」感到自豪的比率在 2010 年時已經下跌，到 2016 年已跌至 31.2%，2019 年港人對「中國國民身份」感到自豪比率更跌至 27%（見表 4-5）。

表 4-5：港人對「中國國民身份」自豪感在 2010 年降低（%）

| 年　份 | 2009 | 2010 | 2011 | 2012 | 2013 | 2014 | 2015 | 2016 | 2017 | 2018 | 2019 |
|---|---|---|---|---|---|---|---|---|---|---|---|
| 有自豪感 | 50 | 48 | 41 | 38 | 33 | 33（25） | 38 | 31.2（10） | 34 | 38（16） | 27 |
| 無自豪感 | | | | 58 | 63 | 62 | 56 | 65 | 62 | 57（70） | 71 |
| 中央對港政策負面評價 | 11 | 20 | 21 | 24 | 32 | 33 | 32 | 38 | 36 | 38 | 53 |
| 趨勢 | 好 | 轉差階段 | | 國家自豪感很低 | | | | | | | |

注：香港大學民意研究中心每年回歸周年前夕的民調數據，括號內數字是 18 — 29 歲青年的數據。

## 三、2009 年至 2019 年青年與年長者的「國家認同」差距巨大，青年的「國家認同」很低

### 1. 香港青年對國家的「政治認同」大幅下降

對國家政治制度、國家體制、執政黨、政策以及法律道德等持承認、認可和同意態度的「政治認同」是在「國家認同」諸多內容當中最為重要的一種認同，是「國家認同」之基礎。

香港新青年論壇與龍願兩岸交流中心 2012 年 6 至 7 月期間聯合進行的「兩岸青年眼中的殖民主義」問卷調查，結果發現一半受訪香港學生認為，「香港不應回歸中國，應繼續由港英政府管治」，香港青年普遍認同「殖民時期比現今享有更高民主」，51.92% 香港學生受訪者選擇「十分認同」及「認同」，

相反就只有 32.29% 受訪者「不認同」此看法；而關於「若果沒有殖民地便沒有現代化」時，近 75% 的香港受訪者選擇「十分認同」及「認同」。

香港珠海學院民意及民調研究中心於 2017 年 7 月及 8 月分為兩階段進行「香港青年國家融合指數」研究調查，共訪問逾千名香港年輕人，「身份認同」方面，有近 45% 受訪者不認同「中國人」身份，遠高於認同的 24%；52% 不認同「香港與內地融合」理念，認同「兩地融合」的為 47%。民調讓受訪者就多個範疇評分，以 5 分最高分，1 分為最低分，在對國家的認同感方面，只有「中國的經濟發展」較受肯定，獲 3.16 分，其餘項目均在中位數 3 分以下。問及是否認同「大灣區人」時，更有近 58% 人表示不認同，認同的僅為 17%。至於香港優勢，受訪者傾向同意「香港比內地較能提供更好的學習機會和就業機會」，而希望到內地發展以及希望內地人到香港發展的人數也較少，願意與內地人一起生活或工作的分數則更低。

中文大學傳播與民意調查中心的民調顯示，18 至 29 歲的香港青年對中華人民共和國「國旗」與「國歌」的自豪感急速下跌，對「國旗」的自豪感，在 2008 年時高達 53.4%，到 2014 年已經跌至 29.5%（見表 4-6）。2009 年後在各項體育賽事上噓爆國歌的主要是香港青年。

表 4-6：香港青年對於「國旗與國歌」的自豪感與親切感（%）

| 標記 | 感受 | 對於以下標記的自豪程度與親切程度 | | | | | | | |
|---|---|---|---|---|---|---|---|---|---|
| | | 1999 | 2002 | 2006 | 2008 | 2010 | 2012 | 2014 | 2016 |
| 國旗 | 自豪程度 | 29.9 | 31.1 | 47.6 | 53.4 | 52.7 | 37.8 | 29.5 | 36.9 |
| | 親切程度 | 29.8 | 32.3 | 42.6 | 50 | 49.7 | 35.5 | 27.5 | 34 |
| 國歌 | 自豪程度 | 36 | 38.1 | 48.2 | 53 | 54.8 | 36.4 | 31.8 | 36.1 |
| | 親切程度 | 35.7 | 40.2 | 44.7 | 51.3 | 51.5 | 36.2 | 29.9 | 35.8 |

數據來源：香港中文大學傳播與民意調查中心歷年調查數據

香港中文大學傳播與民意調查中心 2006 — 2016 年的跟蹤調查顯示，歷年來香港市民對於國家的熱愛程度均在一般偏上（得分 6 分以上）。2018 年中文大學傳播與民意調查中心在調查中設置了「如果中國遭受外來侵略，我願意參軍保衛國家」一題來測量港澳青年對國家的熱愛和認可程度，結果顯示，25.6% 的香港青年表示「如果中國遭受外來侵略，自己願意參軍保衛國家」；30.2% 的人持中立態度；44.3% 的香港青年表示不願意。在澳門青年中，41.7% 的青年願意在中國遭受外來侵略時參軍保衛國家；34.6% 的人持比較中立的態度；23.7% 的澳門青年則表示不願意在中國遭受外來侵略時參軍保衛國家。可見香港青年對國家的熱愛較澳門青年有較大差距，香港青年願意保家衛國的人比例很低。

### 2. 青年對國家的「文化認同」與「民族認同」也急速下降

中文大學傳播與民意調查中心的民調顯示，18 至 29 歲的香港青年對中國內地的「萬里長城」「普通話」的自豪感急速下跌，對「普通話」的自豪感，在 2006 年時高達 34%，到 2014 年已經跌至 16.7%（見表 4-7）。港人對「中國國民身份」感自豪的比率在 2010 年時已經下跌，到 2016 年已跌至 31.2%，該年 18 至 29 歲羣組只有 10% 對「中國國民身份」感到自豪。

表 4-7：香港青年對於相關文化標記的自豪感與親切感（%）

| 標記 | 感受 | 對於以下標記的自豪程度與親切程度 | | | | | | | |
|---|---|---|---|---|---|---|---|---|---|
| | | 1999 | 2002 | 2006 | 2008 | 2010 | 2012 | 2014 | 2016 |
| 萬里長城 | 自豪程度 | 78.5 | 79.3 | 73.3 | 74.2 | 71.3 | 60.6 | 50.9 | 54.5 |
| | 親切程度 | 54.1 | 54.1 | 53.6 | 58.2 | 53.8 | 43.1 | 33.3 | 35.8 |
| 普通話 | 自豪程度 | 28 | 25.2 | 34 | 30.4 | 28.5 | 22.5 | 16.7 | 17.8 |
| | 親切程度 | 33 | 34.9 | 33 | 34.6 | 29.7 | 23.8 | 17.7 | 20.1 |

數據來源：香港中文大學傳播與民意調查中心歷年調查數據

　　香港政策研究所教育政策中心、香港學友社潛能發展中心 2017 年與
2018 年開展「香港傑出中學生價值發展與核心素養調查」，此次也調查了港
澳青年對「中國悠久歷史和文化使我覺得作為中國人很自豪」這一說法的贊
成程度，結果顯示，香港青年中，47.4% 的認可「中國悠久歷史和文化使我覺
得作為『中國人』很自豪」，35.4% 的對此持中立態度，持不同意觀點的佔比
17.2%；而澳門青年中，71% 認可「中國悠久歷史和文化使我覺得作為『中國
人』很自豪」，22.6% 對此持中立態度，不同意此觀點的僅佔 6.4%。香港青年
與澳門青年對「國家認同」的差距可謂非常大，香港青年認可「中國悠久歷
史和文化使我覺得作為『中國人』很自豪」的不到一半。

# 第二節　2014 年「佔中」後，「香港本土思潮」興起

　　2014 年「本土思潮」的興起，顯示港人對「中華人民共和國」的不認可
在增強，這意味着港人這時的「國家認同」，不僅是量上在減少，而且質上發
生了很大轉變，即不少人已經下降到不僅不認同「中華人民共和國」，而且對
「中華民族」與「中華文化」也不認同。

## 一、2014 年「佔中」後青年「本土與港獨」意識大幅上升

### 1. 2009 年前後，開始出現本土組織與「本土意識」，但屬於少數人

　　2006 年政府拆遷而引發青年保衛天星碼頭事件，作為發起者和參與者
的青年行為雖比較激烈，與警察也不時發生肢體衝突，但是參與人數是極少
數。運動的發起者和參與者只是認為有必要保護將要被犧牲的文化以反思發
展步伐，這以保育為主導理念的社會運動只能吸引關心傳統文化的人羣，因

此 95% 以上的香港青年不願意參與其中，並反對採用偏激的行為和主張來表達訴求。

2010 年 1 月聲援菜園村並反對高鐵撥款的「苦行計劃」，以及 2012 年 9 月發起的「光復上水」行動，參與的年輕人有所增加。這些社運已經屬於「本土主義」社會運動，參與該社會運動的青年要求特區政府「以香港利益為優先」，主張香港與內地相互區隔甚至隔離以保障香港人的利益和生活水平。這時期，受陳雲的《香港城邦論》影響，社會相繼出現了「本土城邦建國派」「港人自決 藍色起義」「港人優先」「香港本土力量」「我是香港人，不是中國人」「土地正義聯盟」等組織，這些組織還在各類遊行中打出英國米字旗或港英時期的香港龍獅旗，可見香港青年社運已經演變為以激進方式爭取「香港人優先利益」。為達目的，他們常以激烈的較大型社運來增加政府管治成本、迫使特區乃至中央政府在特定社會或政治事件中作出讓步。但這時期的「本土派」仍然屬於少數人，整體而言，青年本土意識不算強烈。

### 2. 2014 年「佔中」後青年的「本土與港獨」意識大幅上升

2014 年反對派發動所謂「佔領」香港金融機構集中地的「中環」，以癱瘓香港金融中心從而破壞香港繁榮穩定作籌碼，要挾中央給予香港所謂「真普選」，結果發生從 9 月底至 11 月的持續 79 天「佔中」，不僅參與者絕大部分是青年，而且大部分大中學生或多或少參與其中。「佔中」最終被警方成功清場，但是其對香港的影響極其深遠。「佔中」不可能達到目的，反對派尤其是激進青年對所謂「真普選」失去「信心」，因此這些激進青年開始轉向「本土自決」與「港獨」。因此「佔中」其中一個重大影響是致使香港青年的「本土與港獨」意識大幅度上升。

2014 年 12 月底 4 名香港大學學生批評成立於 1958 年的香港專上學生聯

會（簡稱「學聯」）的「大中華」立場，並發起成立「香港大學學生會退出學聯關注組」，2015 年 2 月港大學生投票通過「退聯公投」。之後，中文大學、理工大學、浸會大學、城市大學、嶺南大學等 5 間大學的「本土派」均成立「退聯關注組」，引發大學「退聯」風潮。2015 年選出的各間大學學生會均傾向「本土意識」，一些甚至表明「港獨」立場。此後香港各大學學生會基本由本土派或「港獨」派控制，不少中學也在一段時間出現「港獨」組織。

2015 年，香港大學學生會刊物《學苑》訪問 569 名香港大學學生，認為「香港人」是一個民族的竟然高達 62%，認為「香港獨立」最適合的有 28%，較 2014 年增加 13%。與此同時，在社會上一批「佔中」後青年組織成立，包括「港獨」傾向明顯的「香港本土民主前線」與「青年新政」。

### 3.2015 年區議會選舉，「務實本土派」與相對較激進的傳統反對派政黨與人士取得成功

「務實本土派」與「激進本土派」都強調「本土」，但「務實本土派」的主張相對溫和與務實，在街頭的激進行為較少，且會開展地區工作，其中由退出民主黨的激進派組成的「新民主同盟」地區工作尤其紮實，因此他們能夠得到不少市民支持。2015 年的區議會選舉，強調「本土」的新民主同盟派出 16 人參選而獲得 15 個議席，其中譚凱邦為新民主同盟開拓了新界西，大埔怡富選區的任啟邦則奪 4148 票，成為這屆區議會選舉的「票王」。同時，53 名參與「佔中」的所謂「傘兵」參選，有 9 人當選（見表 4-8），而且不少落選「傘兵」屬於高票落選，其中「青年新政」90 後的游蕙禎以 2041 票的高票落選，「北區水貨客關注組」召集人梁金成也以 1975 票的高票落選。「傘兵」共取得 7 萬多票，其中青年新政 12520 票，平均得票率 35.8%，較泛民（民主派或反對派）候選人在所屬選區平均 47% 的得票率稍低。可見這時期的本土派已經成為香港社會一股重要政治勢力。

表 4-8：九位當選的所謂「傘兵」區議員情況

| 參選地區 | 姓名 | 職業 | 政治聯繫 |
|---|---|---|---|
| 沙田王屋 | 黎梓恩 | 全職社區主任 | 沙田新幹線 |
| 沙田松田 | 王學禮 | 社區主任 | 沙田社區網絡 |
| 灣仔大坑 | 楊雪盈 | 大專兼任講師 | 灣仔好日誌 |
| 東區漁灣 | 徐子見 | 小企業經營者 | 「傘下爸媽」義工 |
| 東區太古城 | 王振星 | 土木工程師 | 太古社區工程 |
| 九龍城黃埔西 | 鄺葆賢 | 醫生 | 青年新政 |
| 觀塘樂華北 | 黃子健 | 維修工程 | 東九龍社區關注 |
| 大埔舊墟及太湖 | 劉勇威 | 社區主任 | 埔向晴天 |
| 元朗錦繡花園 | 杜嘉倫 | 資訊科技 | 基督徒社關團契 |

　　相對激進的傳統反對派政黨（泛民或民主派）或成員也取得成功，其中強調「反赤化」的公民黨，有 10 人當選，比 2011 年多 3 人，其中時任青年公民主席的鄭鴻達首次打入建制派票倉的北角，成為當區唯一泛民議員，公民黨參選人數大減而得票卻多了 4000 多。民主黨較激進的 12 位少壯派也取得成功，以「反水貨」為政綱的林卓廷也成功當選。「務實本土派」與偏激進民主派成員的成功，使包括民主派與本土派在內的「反對派」在區議會的議席總數，由 2011 年的 100 席增加至 2015 年的 128 席。

## 二、2016 年香港「本土思潮」興起

### 1. 本土派在新界東補選中取得高票，《十年》獲得「第 35 屆香港電影金像獎」最佳電影

　　2016 年春節香港「本土民主前線」發動當時屬回歸以來最嚴重的「暴亂」

事件即「旺角暴亂」，暴亂事件後香港「本土自決與港獨」意識達到高漲。發動暴亂的「本土民主前線」成員梁天琦參與立法會新界東補選，競選政綱開宗名義強調「自治」「自決前途」，2016 年 2 月 28 日選舉時竟然贏得 66524 票，得票率達 15.4%。這些顯示，不僅本土意識受到重視，而且極端「本土派」已經有了選票和市場。

2016 年 4 月初「第 35 屆香港電影金像獎」選出的年度最佳電影竟然是被《環球時報》狠批為「思想病毒」、製作近乎粗糙的非商業電影《十年》。《十年》以 5 個故事串起來，短片之一的〈浮瓜〉展現一宗疑似恐怖襲擊案，十年後的五一勞動節，「建制派」議員在一所中學舉辦慶祝活動，疑似中聯辦的代表下令「行刺議員」，令香港陷入恐慌，讓中央乘勢在香港推出《港區國安法》。短片〈方言〉講述香港未來將以「普通話」為唯一官方語言，被標籤為「非普通話」的的士司機禁止到機場、碼頭接客，其後更禁止到中環、尖沙咀接客；學童被強制要求學普通話，講粵語遭人歧視。整個電影傳遞了「一國兩制」沒前途及「港獨」才有希望的觀點。香港電影金像獎最佳電影獎以兩輪記名一人一票方式產生，第一輪投票選出 5 套電影作為提名名單，由「香港電影金像獎選民」及「第一輪 100 人評審團」（各佔 50%）投票產生。「香港電影金像獎選民」只限影評人、電影文化或教育工作者界別人士，「第一輪 100 人評審團」則由香港電影金像獎評選事務組推薦與邀請的電影工作者和專業媒體工作者組成。第二輪選出得獎者，由「第二輪 55 人專業評審團」及金像獎 13 個屬會會員等（分別佔 55% 及 45%）投票選出。每屆的最佳電影獎都是「風向標」，它體現了香港電影的藝術水準，這次評選《十年》作為「風向標」顯示「本土思潮」已經從政治領域向影視界等意識形態領域滲透。與此同時，《十年》受到追捧，2016 年 4 月 1 日在 30 個小區放映，同一時間據統計有 7000 人觀看，這種熱烈景況只在 2015 年的香港隊與中國隊足球賽和「毛記電視」頒獎禮出現過，電影史上絕無僅有。

**2. 本土派組織紛紛成立，其他各黨派紛紛打出「本土」旗號，社會焦點從「爭取民主」轉向「捍衛本土」**

2016 年 3 月於理工大學畢業不久的陳浩天宣佈成立「香港民族黨」，稱建黨是回應「眾多港人」對「獨立」的「熱切盼望」，使命是推動「港獨」這「必然的歷史進程」。同年 4 月中學生組織「學生動源」在網上宣佈成立，口號是「捍衛本土，勇武抗爭，香港獨立」，之後在中學發展「港獨」分支，從 8 月初到 9 月初僅一個月超過 30 間中學建立了「港獨」組織分支。同年 4 月 10 日中學生組織「學民思潮」成員成立政黨性質的「香港眾志」，他們以「民族自決」為綱領，計劃以 10 年時間籌組香港自決「公投」，「港獨」是公投一個選項。

原本只有本土派團體打「本土」旗號，2016 年各傳統政黨也紛紛打出本土旗號。2016 年 3 月 30 日《東方日報》評論文章指出，「本土思潮來勢洶洶，傳統泛民黨派紛紛向本土主義靠攏。」公民黨、民主黨發表宣言或文件以宣誓「捍衛香港本土」，而建制派也開始運用本土旗號，指出要維護香港既有優勢等等。因此，2016 年香港的熱門政治話語從「民主」「真普選」發展到「本土」「自決」「港獨」，香港政治訴求從過往的「爭取民主」演化為「捍衛本土」。當時香港大學政治與公共行政學系教授陳祖為表示，近日有提出「港獨」的組織成立，可能令政制爭論焦點轉移至香港主權和自治的問題，預計未來十年傳統泛民會將「爭取民主」的口號當成「本土獨立」的工具，情況已經類似於二十世紀八十年代初香港前途不明朗條件下提出「民主回歸」的情形。

2016 年 7 月中文大學傳播與民意調查中心公佈的民調，17.4% 受訪者支持「港獨」，15 至 24 歲青年中支持「港獨」的高達 39.2%，明確反對獨立的僅 26%（見圖 4-1）。「港獨」一詞 2009 年在香港本地報刊僅出現 59 次，2011 年也僅 191 次，但 2012 年已高達 1024 次，2015 年更激增至 5574 次（見表 4-9）。

圖 4-1：2016 年 7 月支持「港獨」比例

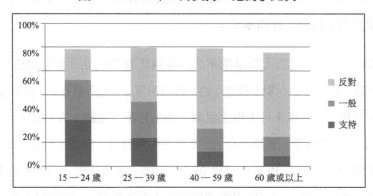

資料來源：中文大學傳播與民意調查中心

表 4-9：2015 年「港獨」一詞在香港本地報刊出現次數激增

| 年　份 | 2008 | 2009 | 2010 | 2011 | 2012 | 2013 | 2014 | 2015 | 2016 |
|---|---|---|---|---|---|---|---|---|---|
| 數量 | 49 | 59 | 428 | 191 | 1024 | 1178 | 1648 | 5574 | 9122 |

注：2016 年數據截止 8 月 23 日。
資料來源：慧科搜索（WiseSearch），李澄欣、李潤茵：「香港變了！統獨竟成必答題」，《信報》2016 年 9 月 1 日。

## 三、2016 年立法會選舉，本土派大贏，反對派羣眾基礎擴大

　　2016 年 9 月的香港立法會換屆選舉，本土派積極參與，除了香港眾志，還有熱血公民、普羅政治學院及城邦派組成的聯盟「熱普城」，青年新政等 6 個「佔中後組織」則宣佈成立聯盟參與立法會選舉，以「香港民族，前途自決」作為競選綱領。專上學聯前正副祕書長聯同 3 位本土派人士擬成立「香港列陣」，也提出民族自決，只是最終並未成立。

　　結果 2016 年 9 月的立法會選舉，總有效票約為 2168000 票，投票率高達 58%，為當時的歷史新高。根據整體投票結果，「愛國愛港」陣營的得票約為 976000 票，得票率約為 45%，在 35 個地區直選議席中佔 16 席；「傳統泛民」

陣營的得票約為 780000 票，得票率約為 36%，佔 13 席；「本土派」陣營的得票約為 412000 票，得票率約為 19%，佔 6 席（見表 4-10）。以往的分析一般會將提倡「本土主義」「香港優先」的政團歸入泛民之中，將其視為泛民中的激進派。然而，由於 2016 年香港社會日趨撕裂的狀況導致了社會政治訴求也走向極端，「本土派」獲得的議席數雖仍然較少但已遠超選前預期，而且在當選後屢次在媒體上與傳統泛民派打「口水仗」，試圖從政治光譜上將自身與後者切割。可以說，2016 年 9 月「本土派」業已成為一支獨立的政治力量，深刻地改變了香港建制派與反對派兩大陣營的政治生態格局。因此也有評論將立法會選舉後的政治格局稱為「三分天下」。

表 4-10：三大派直選得票與直選議席變化比較

| 年　份 | | 2008 | 2012 | 2016 |
|---|---|---|---|---|
| 本土派 | 青年新政聯盟 | 0 | 0 | 81422（2 席） |
| | 香港眾志 | 0 | 0 | 50818（1 席） |
| | 熱普城 | 0 | 3.7 萬 | 154176（1 席） |
| | 其他 | 0 | 0 | 122304（2 席） |
| | 得票及得票率 | 0，0% | 3.7 萬，2% | 41.2 萬，19% |
| | 直選議席與總議席 | 0 席 | 0 席 | 6 席，7 席 |
| 泛民 | 民主黨 | 312692（7） | 247220（4） | 199876（5） |
| | 公民黨 | 206980（4） | 255007（5） | 207785（5） |
| | 人社聯盟 | | 264247 | 156019 |
| | 工黨 | | 112140 | 101860 |
| | 民協 | | 30634 | 33255 |
| | 得票及得票率 | 83 萬，59% | 99 萬，56.3% | 78 萬，36.5% |
| | 直選議席與總議席 | 19 席，23 席 | 18 席，27 席 | 13 席，23 席 |

續表

| 年　份 | | 2008 | 2012 | 2016 |
|---|---|---|---|---|
| 建制派 | 民建聯 | 347373（7） | 326137（9） | 360617（7） |
| | 工聯會 | 86311（1） | 127857（3） | 169854（3） |
| | 新民黨 | | 68097 | 167589 |
| | 得票及得票率 | 62萬，41% | 77萬，43.7% | 97.6萬，44.5% |
| | 直選議席與總議席 | 11席，37席 | 17席，43席 | 16席，40席 |

數據來源：香港特區政府選舉管理委員會網頁

　　「本土派」陣營的崛起，與香港青年的關係非常密切。香港大學民意研究中心進行了選後調查，調查發現18到30歲的青年中，有31.9%投給「愛國愛港」陣營，42.1%投給「本土派」陣營。而從選後投票數據來看，18至30歲的青年中，只有18%投給「愛國愛港」陣營，47%投給了本土派（見圖4-2）。對「本土派」票源的年齡結構進行分析發現，在「本土派」陣營當中，有44.7%的選票來自18到30歲的青年，18.4%來自31到40歲的選民，14.8%來自41到50歲的選民，13.9%來自51到60歲的選民，來自61歲以上選民的選票僅佔7.8%，即「本土派」選票有63.1%來自40歲以下選民（見圖4-3）。

圖4-2：2016年立法會選舉中18-30歲青年的選擇

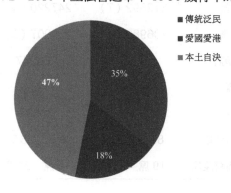

圖 4-3：2016 年立法會選舉中「本土派」陣營的選票來源

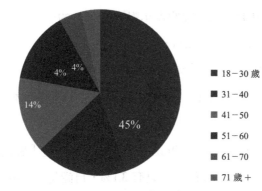

18－30 歲

31－40

41－50

51－60

61－70

71 歲＋

資料來源：香港選舉管理委員會網頁

## 四、2017 年「港獨」與「本土自決」受打擊後一度沉寂，但很快又活躍起來

### 1. 2017 年「港獨」與「本土自決」受打擊後一度沉寂

2016 年 10 月，「青年新政」的梁頌恆與游蕙禎在立法會議員就職宣誓時，宣揚「港獨」與侮辱華人，引發全球華人憤怒，全國人大不得不釋法，之後梁頌恆與游蕙禎被取消議席。2017 年 3 月法院判決參與 2016 年旺角騷亂的 3 位年輕暴亂者入獄三年。2017 年 7 月 20 日西九龍裁判法院裁定香港大學學生會前會長馮敬恩 2016 年初衝擊香港大學校委會會議，在公眾地方擾亂秩序罪成，香港大學學生會前外務副會長李峰琦阻礙公職人員執行公務罪成，因為當事人求情及二人確實對行為有悔意，2017 年 9 月法庭判兩人社會服務令。因為港人普遍反對「港獨」及「暴力」，因此這些判決得到社會支持，也使青年不得不對「港獨」及「暴力」做出反思。兩位「港獨」人士被取消議席及「暴亂」或「暴力」抗爭人士被判決有罪，對於打擊「港獨」與「暴力抗爭」發揮了很大正面作用，中文大學傳播與民意調查中心 2017 年 6 月公

佈的民調顯示，「港獨」的支持率比 2016 年同一調查的 17.4% 減少 6%，即已經降至 11.4%，其中 15 — 24 歲的青年對「港獨」的支持率更由 2016 年的 39.2% 大跌 24%，即已經降至 15.2%。

當然，通過法律途徑打擊「港獨」與「暴力抗爭」，未能解決「港獨」及「暴力抗爭」背後的社會矛盾，也沒有改變產生「港獨與本土自決派」的土壤，因此無論是港人還是青年的國家認同仍然在下跌。香港大學民研中心民調顯示，到 2017 年 6 月，18 至 29 歲受訪者中，自認是「廣義中國人」（即「中國人」或「香港的中國人」）的比率只有 3.1%，自認是「廣義香港人」（「香港人」或「中國的香港人」）的則高達 93.7%。因此，只要遇到機會「港獨與本土自決派」便會再度活躍。

### 2. 2017 年至 2018 年本土派的活動並未停止，包括展開企圖篡改香港歷史的活動

2017 年 9 月，「香港眾志」黃之鋒等三人被改判入獄遭遇社會反彈，加上適逢學校開學，由此爆發了學校「港獨」風波，使「港獨」有了再度活躍的機會。先是天水圍湯國華中學學生會會長致詞時炫耀辱國旗且宣揚「港獨」，接着中文大學校園文化廣場、烽火台、康本國際學術園、李兆基樓天橋及陳震夏宿舍大堂等地方被掛上「香港獨立」橫幅或海報等宣傳品。其後城市大學、理工大學、教育大學等大學校園的「民主牆」上均出現「港獨」標語。在遭遇各方批評後，13 間大學學生會竟發表聯合聲明為學生行為辯護且指責校方。之後風波平息，中文大學「香港獨立」橫幅也在校方強硬要求下由學生會自行拆除，但是各大學的學生會強調，校園抗爭永無止盡，接下來會令更多同學了解「港獨」標語本質牽涉校園言論自由。

同時 2017 年前後本土派在香港歷史上做文章。回歸後，香港歷史被本土派認為是以「大中華史觀」撰寫和貶抑「本土意識」，因此本土派青年發起以

「香港主體史觀」寫香港歷史，因此 2017 年前後關於「香港史」的書籍如雨後春筍般出現，例如鄺健銘的《港英時代》、鄺智文的《孤獨前哨》和《老兵不死》等等。2017 年 7 月香港回歸 20 周年之際，本土派組織「本土研究社」和本土自決組織「香港眾志」開始推動「香港前途研究計劃」，他們發起眾籌 50 萬港元，籌建香港前途的檔案文件資料庫，該眾籌項目名為「香港前途研究計劃 2017」，他們希望走遍全球搜羅檔案資料，意在所謂「重編香港史」，即是企圖篡改香港歷史。2017 年他們便往英國國家檔案館，搜集有關香港的解密檔案，2020 年初「香港前途研究計劃」便將他們記錄的逾千份檔案開放予香港市民查閱。

## 五、2019 年「修例風波」後，本土激進勢力支持率大增

### 1. 2019 年「修例風波」後，區議會選舉中「愛國愛港」陣營大敗

政府於 2019 年 2 月提出《逃犯條例（修訂）草案》，被指目的在允許將香港嫌犯移交中國內地。反對派大肆攻擊內地司法制度，結果社會普遍認為，政府修例根本是政治任務，包括要將異見者包裝成刑事犯引渡到內地，一旦修例通過，包括港人以及到港的外國人將「人人自危」，隨時有被引渡到內地、受到非人道待遇的可能。

修改《逃犯條例》首先在立法會遭遇阻礙。根據立法會議事規則，立法會法案委員會由最資深議員主持首次會議選舉委員會主席，因此這次「修例法案委員會」由民主黨的涂謹申主持首次會議。反對派藉此搞事，多次「修例法案委員會」開會均在討論規程問題而未進入選主席議程，結果建制派透過內務委員會會議指引，推舉「建制派最資深議員」經民聯的石禮謙取代涂謹申接任主持，但遭到反對派強烈反對，由此出現建制派與反對派兩個「修例法案委員會」，修例陷入兩派僵持困局。最後特區政府決定繞過「修例法案委員會」於 6 月 12 日直上立法會大會恢復修例草案二讀與辯論。結果不僅未

能在 6 月 12 日召開立法會大會，而且引發多次超大規模遊行示威，以及暴力毀壞政府建築、交通公共設施及中資機構設施的「暴亂」，最終政府不得不撤回修例。這次香港回歸以來最大規模的風波，持續近一年，其對 2019 年 11 月的區議會選舉產生了重大影響。

受「修例風波」影響，「愛國愛港」（也稱建制派）陣營慘敗，僅取得 59 個區議席，因失去絕大部分區議席而損失 10.6 億元議員津貼，難再應付區議會辦事處租金及助理薪酬，超過 50% 區議員辦事處要關閉，成員及其團隊面對失業潮。包括本土派與民主派在內的「反對派陣營」則取得 388 席的巨大成功（見表 4-11），反對派在 18 區均取得過半數議席，其中全取黃大仙與大埔區兩區的議席，取得中西區、東區和沙田區三區 90% 以上議席，尤其是整個北角福建幫地頭全數變成反對派地頭，以及兩個建制派長期經營的「紅區」即「觀塘與離島」也被攻陷。因有 27 名屬建制派的鄉事委員會主席為當然區議員，其中離島區議會佔 8 名，加上 3 名當選的建制派，該區建制派議席才超過在選舉中取得 7 席的反對派。除了離島，反對派在 17 區均佔絕大多數，從而包攬 17 個區議會的正副主席，使區議會成為反對派多元功能平台。

表 4-11：兩大陣營 2003 年以來區選結果比較

| 派別 | 政團 | 2003 年 | 2007 年 | 2011 年 | 2015 年 | 2019 年 |
|---|---|---|---|---|---|---|
| 反對派 | 民主黨 | 95（第一） | 62 | 47 | 43 | 91（第一） |
| | 公民黨 | | 8 | 7 | 10 | 32（第二） |
| | 總數 | 174 | 93 | 99 | 128 | 388 |
| 建制派 | 民建聯 | 62 | 115（第一） | 136（第一） | 119（第一） | 21 |
| | 工聯會 | | | 12 | 29 | 5 |
| | 總數 | | 302 | 310 | 298 | 59 |

資料來源：香港選舉管理委員會網頁

表 4-12：2003 年以來投票及雙方得票情況

| | 2003 年 | 2007 年 | 2011 年 | 2015 年 | 2016 年 | 2019 年 |
|---|---|---|---|---|---|---|
| 投票人數 | 106 萬 | 114 萬 | 120 萬 | 147 萬 | 220 萬 | 294 萬 |
| 投票率 | 44.1% | 38% | 41.49% | 47.01% | 58.28% | 71.2% |
| 反對派得票 | | | 45 萬 | 47 萬 | 127 萬 | 166 萬 |
| 建制派得票 | | | 67 萬 | 78 萬 | 90 萬 | 121 萬 |

資料來源：香港選舉管理委員會網頁

**2.「修例風波」使本土激進勢力羣眾基礎明顯增強，港人的「國家認同」暴跌**

在反對派取得的 388 個區議席中，傳統泛民所佔議席沒有本土派政治素人多。傳統泛民取得 100 多席，其中民主黨 91 人當選，成為區議會最大黨；公民黨 32 人當選，成為第二大黨；工黨派出的 7 人全部當選，民協、新民主同盟也大獲全勝。但是取得最大成功的則是毫無政治與地區工作經驗而「空降」參選的本土派「政治素人」，200 多「政治素人」成功擊敗堅守地區工作多年的建制派區議員。這一結果顯示，「修例風波」使港人「國家認同」大跌，「本土意識」大增，從而才使以激進本土派為主的反對派陣營在區議會選舉中大獲全勝。

《明報》委託中文大學傳播與民意調查中心就《〈逃犯條例〉修訂草案》在 2019 年 5 至 9 月進行了 4 次民意調查，結果顯示，被訪者自稱的政治取向是：本土派佔 11%、激進民主派佔 4%、溫和民主派佔 36%、中間派佔 22%、無政治傾向佔 19%、工商派佔 1%、建制派佔 4%、親中派佔 3%。本土派、激進民主派及溫和民主派佔 51%，建制派和親中派僅佔 7%，顯示雙方力量懸殊。

前身為香港大學民研中心的香港民研所的調查顯示，「修例風波」對港人的身份認同影響非常大。據香港民研所民調數據，2018 年 12 月認為自己

是「中國人」的雖然已經降至 15% 的很低水平，但是到「修例風波」尾聲的 2019 年 12 月，更跌至 10.9% 的超低水平；2018 年 12 月認同自己是「香港人」的為 40%，而到修例風波尾聲的 2019 年 12 月已經升至 55.4%。在對「香港人」與「中國人」分別評分時，對「香港人」身份的評分從 2019 年 6 月修例風波開始的 8.06 分升至 2019 年 12 月風波尾聲時的 8.41 分，而對「中國人」身份的評分則由 6.83 分大幅跌至 4.73 分（見表 4-13）。香港民研所每年於「七一」回歸紀念日前夕的調查顯示，在 2018 年有 38% 的港人對「中國國民身份」有「自豪感」，到 2019 年已經跌至 27%；對「中國國民身份」「無自豪感」的則由 2018 年的 57% 大幅升至 2019 年的 71%；對「中央對港政策負面評價」的港人由 2018 年的 38% 大幅升至 2019 年的 53%。

表 4-13：認同「中國人」及「中華人民共和國國民」身份的評分指數 2019 年急跌

| 年　份 | 2013 | 2014 | 2015 | 2016 | 2017 | 2018 | 2019 | 2020 |
|---|---|---|---|---|---|---|---|---|
| 中國人 | 6.8 | 6.54 | 6.59 | 6.59 | 6.53 | 6.24 | 4.73 | **5.49** |
| 中華人民共和國國民 | 6.11 | 5.95 | 5.66 | 6.25 | 5.84 | 5.71 | 4.96 | **4.93** |
| 趨勢 | 差 | | | | | | 最差 | |

數據來源：香港大學民研中心

## 第三節　《港區國安法》實施後，香港人「國家認同」趨向複雜化

2019 年爆發「修例風波」及持續近一年的「暴亂」後，中央政府採取系列措施穩定香港局勢，包括由全國人大制定《港區國安法》，之後人大常委會做出延期立法會選舉、取消勾結外部勢力立法會議員的議席、改革香港選舉制度等等決定，這些措施的確成功穩定了香港局勢，也從制度上確保了「愛

國者治港」。這些對於「愛國愛港」羣眾來說，會是鼓舞，並更增強他們的「國家認同」。但對反對派支持者來說，可能使他們對「國家」產生更強的離心，並可能使部分人對「改變了的香港」也產生離心，同時也會有部分人開始接受「中央全面管治權」及「愛國者治港」等現實，因此使港人的「國家認同」呈現出更為複雜的形態。

## 一、《港區國安法》實施後，港人的「中國人」身份有所上升，且政治認同也有所上升

### 1.《港區國安法》實施後，港人的「中國人」身份認同有所上升

2020 年 12 月前身為香港大學民研中心的香港民研所的調查顯示，認為自己是「中國人」的比例由 2019 年的 10.9% 升至 15.1%，認同自己是「香港人」的則由 2019 年的 55.4% 降至 44.2%；2021 年 12 月認為自己是「中國人」的更是大增至 18%，比 2019 年 12 月高 7.1%；2022 年 6 月則基本保持 2021 年底的水平（見表 4-14）。而且「中國人」認同感及重要性均創 2018 年 12 月以來新高，其中對「中國人」認同感的評分由 2019 年的 5.73 分微升至 5.74 分，2021 年仍有 5.45 分，2022 年回升至 5.74 分（見表 4-15）。

### 2.《港區國安法》實施後，港人對國家的「政治認同」也上升

香港民研所 2022 年 6 月的民調顯示，受訪者對「香港人」身份認同程度已經由 2019 年的 82.6 分跌至 75.4 分，而對「中華民族一分子」的評分則由 2019 年 12 月的 60.7 分升至 65 分，對「中國人」的評分更由 57.3 分升至 61.5 分，對「中華人民共和國國民」的評分由 49.6 分升至 53.6 分。而且香港民研所的民調顯示，2019 年港人對「中國國民身份」感到自豪比率跌至 27%，但是 2020 年回升至 34%，2021 年更回升至 41%（見表 4-16）。

表 4-14：港人「中國人」身份認同在 2020 年後有所上升（%）

| 年　份 | 中國人 | 香港人 | 廣義中國人 | 廣義香港人 |
|---|---|---|---|---|
| 2018 年 12 月 | 15 | 40 | 32 | 66 |
| 2019 年 12 月 | 10.9 | 55.4 | 20.8（3.5） | 77.8（95） |
| 2020 年 12 月 | 15.1 | 44.2 | 28.9（9.7） | 68.8（87.2） |
| 2021 年 6 月 | 13 | 44 | 26 | 72 |
| 2021 年 12 月 | 18 | 39 | 29 | 70 |
| 2022 年 6 月 | 18 | 39 | 29 | 70 |

資料來源：香港民意研究所

表 4-15：2019 年之後對「中國人」認同感的評分微升

| 年　份 | 2019 | 2020 | 2021 | 2022 |
|---|---|---|---|---|
| 評分 | 4.73 | 5.74 | 5.45 | 6.52 |
| 水平 | 很低 | 上升 | | |

資料來源：香港民意研究所

表 4-16：港人對中國國民身份自豪感在 2020 年上升（%）

| 年　份 | 2018 | 2019 | 2020 | 2021 |
|---|---|---|---|---|
| 有自豪感 | 38（16） | 27 | 34 | 41 |
| 無自豪感 | 57（70） | 71 | 62 | 55 |
| 中央對港政策負面評價 | 38 | 53 | 50 | 45 |
| 趨勢 | 低 | 最低 | 上升 | |

注：香港民研所每年回歸周年前夕的民調數據，括號內數字是 18—29 歲青年的數據

## 二、《港區國安法》實施後，香港人對「中國人」身份認同複雜化

### 1. 港人「香港人」身份認同明顯下降，「中國人」身份認同上升

香港民研所的民調顯示香港人身份認同出現較複雜的變化，2020 年 12 月之後，香港人身份認同一個最重要的變化，是對「香港人」身份認同由過去持續上升轉為下降。2020 年 12 月的調查中，在四種身份並列選擇時，選擇「香港人」身份的比例由 2019 年 12 月的 55.4% 下降至 44.2%，選擇某種混合身份的市民從 2019 年 12 月的 32.3% 升至 38.4%；2021 年 6 月的調查中，選擇「香港人」身份的比例繼續下降至 44%，選擇某種混合身份的市民則繼續上升至 41%；2021 年 12 月的調查中，選擇「香港人」身份的比例已經降至 39%，選擇某種混合身份的市民則繼續上升至 42%；2022 年 6 月基本維持 2021 年 12 月的水平。在對「香港人」與「中國人」兩種身份分開評分時，2020 年 12 月，港人對「香港人」身份認同程度由 2019 年 12 月的 82.6 分跌至 79.6 分，18 至 39 歲的港人對「香港人」身份認同更由 2019 年 12 月的 85.4 分跌至 2020 年 12 月的 78.7 分。2021 年 12 月，對「香港人」身份認同程度更跌至 75.9 分，2022 年 6 月進一步下跌至 75.4 分，「香港人」的重要性及認同感均創 2017 年 6 月以來新低。

有學者認為，這不代表香港人對「中國人」身份較過去認同了，而可能反映了部分香港人對巨變下的香港感到陌生，因此對香港人身份認同才有所下降。「經歷了 2020 年，很多市民仍然強調自己『很喜歡香港』，但很多市民也同時覺得香港變得非常陌生，於是，在過去的一年，香港人身份認同最重要的變化，是對『香港人』這身份標籤的認同程度下降。」[1] 也有學者，部分

---

1　李立峰：「疫情和國安法之年——香港人身分認同的變與不變」，《明報》2021 年 1 月 28 日。

青年對社會感到悲觀，因而已經不在乎「香港人」身份。[1]

**2. 港人對「中華民族」「中國人」「中華人民共和國國民」認同較2019年時有所上升**

香港民意研究所調查顯示，港人對多種「身份認同」分開或分別評分時，對「中華民族」認同指數評分由2019年12月的60.7分變為2020年12月的60.8分，對「中國人」身份認同指數評分由57.3分變為54.9分，對「中華人民共和國國民」認同指數評分由49.6分變為49.3分，顯示基本不變或有所下降。

但是香港民研所2021年的調查顯示，受訪者對「中華民族」「中國人」「中華人民共和國國民」的認同指數評分均有所上升，2021年6月、12月及2022年6月受訪者對「中華民族一分子」認同指數評分分別為60.9、60.7及65分，對「中國人」身份認同指數評分分別為55.9、56.8及61.5分，對「中華人民共和國國民」認同指數評分分別為50.5、53.6及53.6分，顯然對「中華民族一分子」「中國人」及「中華人民共和國國民」三者的認同指數評分均明顯上升。

## 三、「中國人」和「香港人」身份認同呈顯著負相關，「香港人」身份認同越強，「中國人」身份認同越弱

香港回歸祖國直至2009年，香港人對「中國人」與「香港人」兩種身份認同呈現明顯的正相關，但是2009年尤其是2012年後兩種身份正相關度開始減弱，並向着負相關方向變化，即兩種身份已經由相輔相成轉向相互排斥。根據香港大學民意研究中心的數據，2014年12月至2019年6月的10次調查，兩種「身份認同」的相關係數有6次在0至0.1之間，相關關係非

---

1 「『青年感絕望』民研：『港人』身份認同跌」，《明報》2021年6月23日。

常小，更有 3 次是負數，顯示兩種「身份認同」轉變為「互不相關」。其中 2018 年 12 月，18 至 39 歲被訪者的「中國人」和「香港人」身份認同呈顯著的「互不相關」，即「香港人」身份認同越強的較年輕港人，「中國人」身份認同越弱，顯示於「修例風波」之前港人的「國家認同」已經很低，尤其是「中國人」與「香港人」兩種身份已經呈現明顯負相關。這種條件下，特區政府推動修改《逃犯條例》，對港人的「國家認同」無疑是在雪上加霜。

因此香港民研所 2019 年 12 月即「修例風波」尾聲時的調查，分開評分時，「香港人」身份認同程度已經高達 82.6 分，遠遠高於「中華民族一分子」認同程度的 60.7 分、「中國人」身份認同程度的 57.3 分，以及「中華人民共和國國民」認同程度的 49.6 分，「香港人」身份認同程度和「中國人」身份認同程度的相關係數也達到 -0.25 的統計學上顯著負相關。其中 18 至 39 歲的市民之中，他們的「香港人」身份認同程度更高達 85.4 分，遠高於「中國人」身份認同程度的 43.7 分、「中華民族一分子」認同程度的 38.8 分，以及「中華人民共和國國民」認同程度的 34.8 分，「香港人」身份認同程度和「中國人」身份認同程度的相關係數更達到 -0.45，即青年對「香港人」身份認同度非常高，並非常排斥「中國人」身份。即使是 40 歲或以上的香港人，兩種身份的相關係數也是負數的 -0.17，也達至統計學上的顯著程度。[1]

儘管 2020 年 12 月香港民研所的調查顯示，「香港人」身份認同程度和「中國人」身份認同程度的相關係數較 2019 年有所升高，即為 -0.05，兩種身份認同的互相排斥性有所下降。但是在 18 至 39 歲的港人中，在對「中國人」與「香港人」兩種身份認同並列選擇時，2020 年 12 月選擇「香港人」身份認同的仍然高達 72.4%，較 2019 年 12 月的 76.46% 僅微降了 4%，而且在分

---

1　李立峰：「疫情和國安法之年——香港人身分認同的變與不變」，《明報》2021 年 1 月 28 日。

開選擇時，他們對「中國人」與「香港人」身份認同之間的相關係數仍然達到負向的−0.37，仍是非常顯著的負相關。即對較年輕的港人而言，「香港人」和「中國人」兩種身份仍有着顯著的互相排斥性，青年中仍然是越認同自己是「香港人」的，就越不認同自己是「中國人」。

## 四、本土派的支持率與青年的「港獨」意識未發生明顯變化

### 1. 建制派支持基本未變，傳統民主派支持減低，本土派支持有所增強

香港中文大學香港亞太研究所的民調顯示，市民政治取向日益激進，反對派支持者由 2019 年上半年的 29.6% 急升至同年下半年的約 41.9%，其中本土派支持者的增幅明顯高於泛民，本土派由 4.6% 增至 12.4%，幾乎是泛民的 3 倍，而泛民則由 25% 增加至 29.5%。在林鄭月娥上任前期，本土派比例一直約為 5%，泛民約為 25%，即是本土派支持者的 5 倍，而在 2019 年下半年泛民與本土派支持者的差距大幅收窄至不足 2.5 倍。之後，受到「中央做出延期立法會選舉後，傳統泛民政團仍留任立法會」一事影響，泛民的支持比例由 2020 年上半年的 28.4% 下滑至同年下半年的 25.8%，然後再下降至 2021 年上半年的 21.7%，幾乎回到 2018 年下半年即《逃犯條例》「修例風波」前 20% 左右的水平。反而本土派在 2020 年下半年再突破新高點，比例高達 14.7%，雖然 2021 年有所回落，但仍能夠保持接近 10% 的支持率，仍然是「修例風波」前的兩倍（見表 4-17 與圖 4-4）。[1]

---

1 黃子為、郭樺、鄭宏泰：「社會平靜只表面 政治光譜不變中」，《明報》2021 年 5 月 21 日。

表 4-17：2016 年至 2021 年香港人政治取向分佈（%）

|  | 民主派 | 本土派 | 建制派 | 中間派 / 無政治取向 |
|---|---|---|---|---|
| 2016 年上半年 | 30.17 | 2.11 | 14.93 | 52.79 |
| 2017 年上半年 | 25.25 | 7.26 | 14.66 | 52.83 |
| 2017 年下半年 | 24.29 | 5.93 | 14.13 | 55.64 |
| 2018 年上半年 | 24.99 | 4.46 | 14.81 | 55.74 |
| 2018 年下半年 | 22.04 | 5.36 | 14.68 | 57.92 |
| 2019 年上半年 | 25.04 | 4.55 | 17.34 | 53.06 |
| 2019 年下半年 | 29.54 | 12.41 | 8.16 | 49.89 |
| 2020 年上半年 | 28.38 | 10.66 | 11.70 | 49.27 |
| 2020 年下半年 | 25.76 | 14.66 | 13.24 | 46.35 |
| 2021 年上半年 | 21.66 | 9.72 | 14.75 | 53.87 |

注：數據是半年總評均值，2016 年下半年沒有相關數據，2021 年上半年只計 1 月至 4 月
資料來源：香港中文大學亞太研究所

圖 4-4：2016 年至 2021 年香港人政治取向分佈（%）

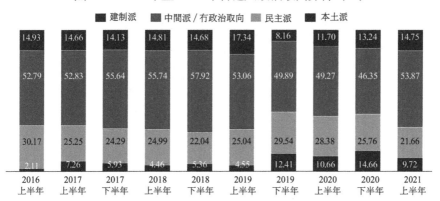

注：數據是半年總評均值，2016 年下半年沒有相關數據，2021 年上半年只計 1 月至
　　4 月

### 2. 青年的「港獨」意識依然較強

2021 年 7 月東京奧運會上，香港健兒屢創佳績，被譽為「少年劍神」的張家朗在男子花劍個人賽中奪得金牌，為香港特區創下歷史記錄；「女飛魚」何詩蓓在女子 200 米自由泳決賽勇奪銀牌，僅比金牌得主澳洲的堤密絲慢 0.42 秒，打破了亞洲紀錄，這既是香港歷來第 5 面奧運獎牌，更是香港隊歷史上首面游泳獎牌。香港隊在一屆奧運奪取兩面獎牌，屬於創香港歷史紀錄的好成績，因此當張家朗在男子花劍奪金一刻，在商場觀看賽事的香港市民熱血沸騰，齊聲高呼：「香港人加油！」

但是頒獎場上奏起國歌時，大量在商場觀戰的市民居然發出噓聲，並用「We are Hong Kong」（我們是香港）掩蓋國歌聲。而且在國家女排不敵土耳其和美國時，竟有年輕人拍掌歡呼，乒乓球混雙決賽中，日本贏了中國，也是掌聲不斷，網上也是幸災樂禍的居多。噓國歌鬧劇在《國歌法》及《港區國安法》生效後重演，顯示在嚴刑峻法下部分港人的「港獨」觀念並沒有改變。

第 **5** 章

# 回歸前港人「國家認同」下降及之後難提升的主要原因

回歸前港人「中國人」身份大跌的主要原因，從社會存在決定社會意識關係來看，香港經濟從緩慢增長到高速增長，港英政府從高壓統治到放寬對華人的控制，再到大幅改善民生，使港人從抗拒港英統治到認可港英統治。加上中國內地一度政治鬥爭不斷，經濟接近崩潰邊緣，各項制度也受到嚴重破壞，香港與中國內地不同方向的變化，使港人在接受英國殖民統治的同時，「身份認同」也從認同「中國人」身份，到因害怕回歸而對「中國人」身份認同大幅下降。回歸後港人「國家認同」變化的原因則很複雜，這章主要分析回歸前港人「中國人」身份大跌的主要原因，並分析香港主權回歸祖國後人心卻無法回歸祖國的客觀原因。

## 第一節　回歸前社會存在變化使港人對「中國人」身份認同大跌

第二章分析回歸前港人的「中國人」身份認同狀況時，已經對香港人「中國人」身份認同下降的原因做了部分闡述，包括香港與內地隔絕、遠離英國

本土，以及多數港人沒條件移民海外而要在香港安頓下來，進而改變「難民心態」並確立「香港人」身份，以及將「內地人」看成「他者」。同時也闡述了六七十年代經濟高速發展等因素，讓港人對「香港人」身份開始產生「自豪感」，從而進一步降低「中國人」身份認同。這一節將對回歸前港人「中國人」身份認同下降的主要原因進行專門分析。

## 一、1841 至二十世紀五十年代，香港經濟取得發展，但華人生活貧困，社會矛盾複雜

### 1. 1841 至二十世紀五十年代，香港經濟取得發展，但華人生活困苦

英國人佔領香港初期，英商首先利用香港作為他們進行鴉片走私的中心，接着又利用香港作為販運中國苦力的基地，鴉片走私及販運中國苦力這些非正常的貿易，使航運及貿易活動活躍，帶動了銀行業發展，1845 年英資東方銀行香港分行開業，1865 年滙豐銀行成立，成為第一個總行設在香港的商業銀行，且英資銀行達到 10 家。直至十九世紀末，港英政府才迫於中國和國際社會的壓力，停止了鴉片和苦力貿易，並逐漸以正常的進出口貿易、航運為主要產業，並確立香港作為亞洲重要轉口港的地位。由此華資也開始發展起來，1912 年美國歸國華僑創建第一家華資銀行——廣東銀行，中國內地和南洋註冊的銀行也紛紛在香港開設分行，到「二戰」前夕，在香港開業的中外商業銀行已有 30 家，並有 8 家在香港註冊的華資銀行。「二戰」前夕香港已經進入繁榮期並成為遠東中等規模的國際城市之一，貿易、運輸、金融、製造業、本地商業均取得較大發展，但是以滙豐、怡和、太古三大財團為代表的英資壟斷了香港的經濟命脈。

儘管經濟取得發展，但是華人尤其是華人勞工不僅受到資本家殘酷剝削，而且受到港英歧視和壓迫，因此絕大多數華人生活缺乏最基本的保障。

十九世紀華人居住地環境極為惡劣，甚至沒有基本的生活設施，因此華人生活極為困苦，病死、餓死、凍死的人很多。二十世紀初，少數頭腦靈活的華人通過經商使生活逐漸好轉並成為華人的中上階層，但絕大多數華人仍然生活在社會最底層，生活依然困苦。

二次世界大戰尤其是新中國成立後，大批上海與廣州的民族資本家和內地各類人士湧入香港，新增的人口對房屋和就業的壓力十分大。雖然到香港的民族資本很快開始投資活動，但遠遠無法消化大量湧入的勞動力，而港英政府也沒有針對性的房屋與就業政策。所以，五十年代香港大量新移民在港島與九龍地區搭起了木屋作為居所，這些木屋區衛生環境惡劣，而且住房擁擠，水電不能保證供應，生活極其艱難。

### 2. 1841 至二十世紀五十年代，殖民者與被殖民者即洋人與華人矛盾突出

「社會存在」是人類物質生活要素與條件的總和，除生產力外，生產過程中形成的人與人的關係構成的生產關係也是重要的「社會存在」。在階級社會中，階級關係是最重要關係，在被殖民地區還必然存在殖民者與被殖民者的矛盾。從香港被英國殖民的早期社會矛盾來看，殖民者與被殖民者即洋人與華人矛盾是主要矛盾。英國佔領香港後，早期對華人採取歧視政策，華人與洋人之間矛盾衝突不斷。到十九世紀末港英政府才改變策略，採取了收買華人精英的政策，將少數華人精英委任進立法局與行政局以協助其殖民統治。這一手段隨後被制度化，但是華人與洋人尤其是英國人與華人始終待遇不一樣，且被拉攏的華人始終是少數，因此華洋矛盾直至二十世紀五十年代依然存在。

到十九世紀末、二十世紀初，香港經濟逐漸取得一定發展，在殖民政府中形成歐洲官員和極少數「華人精英」的統治階級以及他們為之服務的資產階級，與之相應的是華人為主的工人階級，當時港英政府與資產階級壓迫與剝削勞工較為殘酷，因此勞資矛盾轉化為香港社會主要矛盾，因此這時期香

港工人罷工此起彼伏，二十世紀二三十年代更為突出。二次世界大戰後，香港社會矛盾更趨複雜，殖民統治者與被統治者之間的矛盾，洋人與華人之間的矛盾，英資財團為主的資產階級與華人為主的工人階級的階級矛盾，以及港英政府與愛國左派之間的矛盾，這些錯綜複雜矛盾的本質是殖民統治者與被統治者、剝削者與被剝削者之間的矛盾。因此 1841 至二十世紀五六十年代，香港華人對港英殖民統治的不滿一直存在。

## 二、二十世紀六七十年代至回歸前，香港經濟快速發展，民生大幅改善

### 1. 二十世紀六七十年代至回歸前，香港經濟高速發展

香港早期經濟結構以貿易尤其是轉口貿易為主，雖然製造業早在十九世紀就已經有所起步，但直到二十世紀初葉仍處於一個緩慢發展階段，尤其是香港淪陷時期經歷了日本三年多統治下經濟社會各項事業嚴重破壞和停滯。二戰後，尤其是新中國成立使美國挾聯合國對中國內地實行封鎖，導致香港轉口貿易一落千丈，以轉口貿易為主的香港經濟面臨困境，正是這時候香港經濟迎來了轉型和發展的極好機遇。中國解放戰爭及新中國成立，使內地大城市尤其是上海與廣州大量資金、機器、人才湧入香港，且大量廉價勞動力也湧入香港，為香港製造業發展提供了基礎和條件。同時，二戰後西方國家勞動密集型產業面臨轉移，而香港周邊國家和地區處於戰亂中，香港成為西方國家產業轉移的最佳地區，而且中國內地、歐洲、日本以及東南亞各國急需物資供應，加上這時期英國重新給予香港「聯邦特定優惠關稅」，這些因素為香港製造業發展提供了技術和廣闊的市場。所有這些為香港走上以紡織業為先導的製造業發展道路、實現產業結構由轉口貿易為主向製造業為主轉型，提供了千載難逢的機遇。

二十世紀六十年代，香港的工業發展進入了全盛時期，除紡織業繼續佔據重要位置外，製衣、塑膠、玩具、電子等製造業也迅速崛起，其迅猛的發展態勢使香港在二十世紀七十年代步入了新興工業化國家和地區的行列，並一躍成為著名的「亞洲四小龍」之一，人均 GDP 甚至超過了當時的宗主國英國。香港經濟在八十年代所取得的成就更令世界矚目。二十世紀七十年代初世界經濟出現了衰退，尤其是七十年代末香港工業已經受到周邊地區的低成本挑戰而失去競爭力，但這時中國內地剛好走上了改革開放的道路，隨着這一政策的實施，內地廠房租金、勞動力成本低廉的優勢為香港工業或製造業帶來了機會，因此香港製造業逐漸北移內地尤其是珠江三角洲地區，在珠三角地區建立起龐大的產品出口加工基地。製造業的北移為香港第三產業的發展提供了空間，而且內地的開放本身也給香港經濟過去的支柱——轉口貿易帶來了再一次的勃興機遇，因此香港貿易、金融、旅遊、物流全面發展起來，香港再一次以靈活的姿態實現產業結構的第二次轉型，由原來以工業或製造業為主迅速過渡到重點發展金融、旅遊等第三產業，並成功邁向了經濟多元化，發展成為全球聞名的國際運輸、信息、貿易和金融中心，實現了新的飛躍。尤其是回歸前的 15 年香港 GDP 平均增長率達到 13%。

### 2. 英國考慮 1997 年香港前途問題而大幅度改善民生

二十世紀七八十年代，香港經濟已經實現起飛，經濟的迅速發展帶動香港社會職業結構變化，製造了不少新的中上層職位，為成長起來的新一代高學歷專業技術人員以及製造業工人等提供了很多工作及向上流動機會，因此二十世紀七八十年代香港社會冒升出「第一代中產階級」，他們是香港政府、企業及其他機構的骨幹，擁有穩定、高薪、有晉升前途的工作。

與此同時，香港前途問題提上了日程，英國開始為香港前途問題積聚談判籌碼。由此英國政府一改百多年來均派出殖民地文官任香港總督的傳統，

於 1972 年派出熟悉中國情況的外交官麥理浩任香港總督。麥理浩到任後，決定短期內大幅度改善香港華人生活，達到讓華人認同港英殖民統治的目標，為與中國政府就香港前途問題談判集聚籌碼。因此 1972 年展開「十年建屋計劃」，為 180 萬人提供有獨立設施的廉租居所，1973 年成立香港房屋委員會，以推動公共房屋建設，由此使公屋供應量大增。1976 年更推出「居者有其屋」計劃，協助中低收入家庭成為居屋業主，到回歸前夕已經有近 50% 的港人居住在政府興建的公共房屋內，由此香港多數華人已經能夠安居樂業。同時麥理浩政府還開始為全港居民的子女提供免費義務教育，並為居民提供公共醫療，以及為低下層人士提供綜合援助金等等，因此香港人的生活環境與生活水平普遍提高。

香港人的生活發生了巨大變化和得到大幅改善後，對香港有了強烈的歸屬感，對香港經濟、社會民生及各項制度也有了自信。因此，不僅改變了對港英政府的態度，而且對港英殖民統治的認同大幅增強。由此也增強了「香港人」身份認同，並增強了身為「香港人」的自豪感，進而讓他們內心與中國內地更加疏離。因此一部分港人希望在中英談判或「對決中」英國能夠勝出，使香港永久留在英國殖民體系中。這就為港人回歸後國民身份建構留下了嚴重的後遺症。

### 三、港英逐漸放寬對華人的限制，並逐漸開放政制和完善各項制度

#### 1. 建立並逐漸完善了香港法律制度

1843 年 1 月設在廣東的刑事和海事法庭遷至香港，1844 年港英立法局頒佈《建立香港最高法院條例》，同年英國政府派出一名專職法官休姆到香港改組司法機構，依據《建立香港最高法院條例》設立高等法院，實行民事與刑事管轄權，這標誌着香港司法機構的正式建立。《建立香港最高法院條例》

規定，對高等法院作出的審判，如果不服，還可上訴至英國樞密院，英國樞密院實際是英國所有殖民地的終審法院，它使包括香港在內的所有殖民地的司法控制權牢牢掌握在英國手中。1875 年立法局通過《裁判官條例》，為裁判法院的設立及行使職權提供了法律依據，裁判法院是香港最初級的刑事法院。1912 年設立了高等法院合議庭（上訴庭），行使高等法院原訟庭的上訴案件。二次世界大戰後，因為中國內地解放戰爭使香港人口劇增，犯罪率也大幅度增加，使高等法院原訟庭不堪負荷，於是港英政府在 1948 年設立了地方法院，港島、九龍、新界各一個，屬於高等法院原訟庭派出機構，行使原訟庭的簡易裁判權，以減輕高等法院的負擔。二十世紀七十年代香港經濟與社會的快速發展，使各類經濟糾紛、勞資糾紛、租務糾紛均大幅度增加，為減輕法院體系的負荷，在七十年代先後設立了系列審裁處，包括小額錢財審裁處、勞資審裁處、色情物品審裁處、土地審裁處（租務審裁處）。至此香港已形成包括高等法院、地方法院、裁判法院和特種審裁處等司法機構。

　　同時英國不少適用於香港的法律也直接被搬到香港，1844 年通過的《建立香港最高法院條例》便規定英國的法律制度適用於香港，因此大量適用於香港的英國判例法被引入香港。在英國判例法的基礎上，香港法院在司法實踐中創制了本地的判例法，香港於 1905 年開始將比較重要的判例收入《香港判例彙編》，作為普通法判例的補充。此外香港法律還有幾大來源，立法局訂立的法例、保留的部分大清例律等等，由此逐漸使香港法律體系健全起來。

　　港英政府基本上是將英國的一套普通法的法律制度移植到了香港，除了司法架構與法律體系，還包括陪審員制度、律師制度等等。而且在建立司法體系的同時，香港便實行司法獨立制度，司法當局無需向立法和行政當局負責，或是接受立法與行政當局的指令。因為「如果司法成為行政的一個組成部分，即自己審判自己，法律就不能夠公正地審判了，它就會使自己的立場

偏向於政府。」[1] 在普通法制度裏，司法獨立與司法公正是其法律制度的精粹，香港繼承了英國的法治傳統，以司法獨立與司法公正著稱，「司法獨立是香港法治的支柱，也是香港制度優點所在」。[2] 政府決策或作出的決定並非法律，由港督至政府各級官員只能遵守法律的規定和法院的判決，依足法律辦事，而不能違反法律或法院判例。即行政當局不僅不能干預司法，且受到司法機關與法律的嚴格約束，否則將受到法律嚴懲。

### 2. 逐漸放寬對華人的限制，並逐漸形成各方面高度自由的制度

第二章第一節已經闡述早期華人連基本的人身自由也沒有，港英當局將華人與「罪犯」相提並論。華人更沒有結社、遊行、集會、出版等自由，政治地位極低，在英國統治香港的一百多年時間裏，「政治領域是香港的一個禁區，是港英當局嚴加控制和掌握的地盤，香港人不敢問津，也不能問津」。[3]

二次世界大戰後尤其是二十世紀七十年代後，隨着經濟的發展和社會文明程度的提高，港英政府赤裸裸的種族隔離和民族歧視政策才真正發生變化，1946 年港英立法局重開後的第一次會議上就撤銷了充斥種族隔離色彩的《山頂居住條例》，以後又陸續撤銷了一些歧視華人的法令。到香港前途問題提出後的二十世紀八十年代，港英進一步撤銷對華人的各種限制，給予華人在新聞、學術、出版、結社、集會、遊行、罷工、罷課等各方面的自由。

### 3. 建立了「廉政制度」

二十世紀七十年代以前，香港貪污問題極其嚴重。1973 年 4 月底警方接

---

1　鄭永流：《法哲學與法社會學論叢》，中國政法大學出版社 2000 年出版，第 209 頁。
2　呈達明、關信基：「香港人對司法的態度」，《香港社會政治的延續與變遷》，香港中文大學香港亞太研究所 2004 年出版，第 159 頁。
3　《香港的昨天、今天和明天》，世界知識出版社 1991 年 12 月出版。

獲「總警司葛柏有來路不明的鉅款」舉報，查出其有 400 多萬鉅款，等於其 26 年薪金的 6 倍。顯示葛柏在其任職的最後階段，貪污幾乎到了瘋狂程度，平均每個月要收 3 萬多港元的黑錢。律政司於 1973 年 6 月 4 日簽發通知，要葛柏 7 日內到律政司說明其財產來源，然而 4 日後其逃至倫敦。時值能源危機，因此事件經媒體曝光，頓時激起香港人極度憤慨，積聚已久的民怨如火山般地爆發，學生與市民遊行抗議，他們高舉「反貪污、捉葛柏」的橫幅標語，高呼口號，強烈要求緝拿葛柏歸案。事件處理不好很可能引發政治經濟危機，因此時任總督麥理浩於 1973 年 6 月 13 日委派高級副按察司百里渠成立委員會，對香港貪腐情況進行調查。結果不僅抓回葛柏，且 3 個月後百里渠交出調查報告，揭露香港嚴重的貪污現象，並詳細分析了反貪部門設在警察機構內部的弊端，同時建議成立獨立的反貪機構和實施更為嚴厲的反貪污法。1974 年 2 月 15 日麥理浩宣佈：成立總督特派廉政專員公署，取代警務處反貪污部門。廉政公署被賦予極大的權力，《廉政公署法案》規定：廉政公署具有調查、拘捕、扣押、搜查等執法權力，只聽命於總督及受總督管轄，而不受香港政府其他任何機構的制約。

　　廉政公署剛成立便掀起反貪風暴，許多警員提前退休或逃往台灣等非引渡地區或其他國家以躲避風暴，但大部分仍留在香港，他們對成立廉政公署極為不滿。結果廉政公署遭遇警隊的巨大挑戰，1977 年 10 月 28 日兩千多名休班警員要求政府削減廉政公署的權力，否則全港警察將舉行大罷工，即停止執法。他們還衝進附近的廉政公署，砸毀物品，毆打廉政公署官員，氣焰十分囂張，且連續多日有警員上街遊行滋事。結果麥理浩做出讓步，發佈總督緊急特赦令，對 1977 年 1 月 1 日之前的警方貪污行為既往不咎。但警察得寸進尺，要求全面無條件特赦所有被押人員，並立即解散廉政公署。此情況下，麥理浩提請立法局召開緊急會議，只用 30 分鐘就三讀通過了《警務條例》修正案，並授權警務署署長，對不服從命令的警務人員，立即開除，且

不得上訴。結果成功將警隊氣焰打下去，使廉政專員公署繼續運作，繼續追緝在逃的警務人員，並凍結他們貪污的資產，且連破數起大案，拿下多名高職要員，包括香港聯合股票交易所主席、首席檢察官、立法局議員等人，使廉政公署的威信大增。此後逐漸在香港形成一種貪污可恥、廉潔受尊重的價值觀，並使香港成為一政府廉潔、透明，社會風氣良好的地區。

### 4. 逐漸開放政制

二十世紀五六十年代港英政府在統治上還是老式殖民管治思維方式，華人在政府裏只能做基層工作而沒有發言權，民意只能透過港英委任的少數太平紳士反映，法律和政府文件都只有英文版本，一般人民既不理解也無法爭取任何權利。二十世紀五十年代末，港英政權的殖民主義性質逐漸減弱，這一方面是受全球非殖民化浪潮的影響，另一方面和英國國際地位的下降有關。六十年代中後期的「反英抗暴」事件更促使港英政府對政權作了反思，並進行了制度上的改革，加大對華人精英的吸納力度，讓他們進入管理層。香港前途問題提出，尤其是《中英聯合聲明》的簽署，香港於 1997 年回歸祖國已經確定下來，香港正式進入了過渡期，為此港英政府在香港推行了一系列的政治制度改革，重點是通過「分權形式」形成一套市民參與性的政治制度。因此，二十世紀六七十年代至 1997 年，香港政治制度經歷了「去殖民化」「行政改革」「民主化」等重大變化。

港英行政架構一直是政府處或署執行部門在執行政策時出現了不協調，只能報給布政司或財政司解決，這往往拖慢了政策的執行，造成政府施政效率低下的局面。麥理浩上任後，1972 年對行政架構做了第一次全面檢討，1973 年根據《麥建時建議書》對行政架構進行改組，不僅設立了財政科、銓敘科（1991 年改名為公務員事務科）兩個資源科，並根據政策範圍設立了房屋、社會福利、環境、保安、民政、經濟六個政策科。政策科的職權主要

是制定相應部門的政策，科首長為司級官員，高於執行政策的處與署部門首長，由此政策科屬下的政策執行部門執行政策出現不協調情況時可以由政策科首長負責對政策的解釋和協調，這對於提高政府施政效率起了很大作用。1987 年港英對行政架構做了第二次全面檢討，結果認定 1973 年改革後的行政架構基本健全，不需進行重大調整，結果只是設立了布政司辦公室、行政署、資訊統籌處、中央政策研究組等幾個輔助布政司的工作機構。

六十年代中後期的「反英抗暴」事件後，儘管還沒有民主選舉，但港英開始建立廣泛的政治諮詢制度，即成立各行各業諮詢委員會，吸納華人民意，到 1994 年已經有 400 多個諮詢委員會。1981 年建立區議會並引入選舉；1985 年在立法局正式引入間接選舉議席，通過選舉團和功能組別間接選舉各產生 12 名立法局議員。1991 年立法局引入 18 個地區直選議席、增加功能組議席至 21 席，並取消選舉團議席。1995 年 9 月的立法局選舉，取消了委任議席，直選議席增加至 20 席，功能組別議席由 21 席增加至 30 席，增加的 9 個功能界別議席被稱為新九組，新九組將原功能團體概念偷換成「包括整個香港的工作人口」，變成全港按職業劃分的「分組直選」，同時恢復選舉團或選舉委員會議席，成立由區議員組成的選舉委員會，選舉 10 個立法局議席。實際上 1995 年的立法局選舉已經變成大部分議席由普選產生。

這些也使港人對港英政府的好感加深。據 1992 年香港的一項民意調查，信任港英政府的高達 63.6%，信任中國政府的僅 11.2%；83.9% 的受訪者承認，他們沒有因為香港是被英國殖民的地區而覺得心中不舒服，另有 84% 的受訪者同意，「如果一個政府能夠好好地照顧人民的話，即使它是殖民地政府，它也應該得到人民的擁護」。[1]

---

1 「駐港日本學者倉田徹：一國兩制極具學術價值」，《大公報》2007 年 7 月 5 日。

## 四、內地經歷了各次政治運動，各方面大幅落後於香港，港人害怕 「回歸祖國」

### 1. 內地經歷了各次政治運動，經濟接近崩潰邊緣，各項事業均受打擊， 各項制度均受到破壞

新中國成立後，以美國為首的西方國家對中國進行了長時間的封鎖政策，以遏制社會主義的生存與發展，使中國內地被迫走向對外封閉。這期間香港越來越融入世界體系，而中國內地則陷入持續的政治運動和嚴重的自然災害困境。

「文革」結束時，內地經濟接近崩潰邊緣。「文革」期間有 5 年經濟增長不超過 4%，其中 3 年負增長：1967 年為−5.7%，1968 年為−4.1%，1976 年為−1.6%。1978 年 2 月時任國務院總理的華國鋒在五屆人大一次會議上作的《政府工作報告》中說：由於「文革」的破壞，僅 1974 年到 1976 年，全國就「損失工業總產值 1000 億元，鋼產量 2800 萬噸，財政收入 400 億元，整個國民經濟幾乎到了崩潰的邊緣。」

城市市民基本上靠工資生活，然而從 1957 年到 1976 年全國職工在長達 20 年的時間裏幾乎沒漲過工資，1957 年全國職工平均貨幣工資 624 元，1976 年下降到 575 元，不進反退。生活消費品嚴重供給不足，糧票是流行了 40 年的「第二貨幣」。住房相當困難，改革開放初期上海 180 萬住戶中有 98 萬戶為住房困難戶，佔了總戶數的一半左右。農村生活更艱難，據原農業部人民公社管理局統計的數字：1978 年全國農民每人年均從集體分配到的收入僅有 74.67 元，其中兩億農民的年均收入低於 50 元。[1]

---

1　曹普：「《學習時報》文章：中國改革開放的歷史由來」，《新華網》2008 年 10 月 2 日。

各項事業均受打擊，其中對教科文的摧殘尤其嚴重。無數中華民族優秀的文化遺產遭受浩劫，一大批學有專長的知識分子受到殘酷迫害。到 1968 年底，中科院僅在北京的 171 位高級研究人員中，就有 131 位先後被列為打倒和審查對象，全院被迫害致死的達 229 名。從 1966 年到 1976 年十年沒有組織過正式高考，交白卷也可以上大學，1982 年人口普查統計表明，當年全國文盲半文盲多達 2 億 3 千多萬人。[1]

「文革」時還砸爛公檢法，由此國家司法制度遭到嚴重破壞，國家的檢察機關和律師被取消，法院工作陷入停頓。其中檢察院機構被撤銷，人員被遣散，公檢法三機關合併為「公安政法部」，公安可以獨斷專行。1975 年 1 月 17 日四屆全國人大一次會議通過的憲法修改，甚至確定「檢察機關的職權由各級公安機關行使」。由此國家的各項制度均遭受嚴重破壞。

### 2. 香港被賦予了榜樣地位和榜樣作用

改革開放後，內地將香港作為對外聯繫橋樑與窗口，1988 年 6 月鄧小平第一次提出「我們在內地還要造幾個『香港』」，香港被賦予了榜樣地位，二十世紀九十年代中組部組織多達 1000 餘名地市級幹部到香港學習市場經濟條件下的法律、證券、房地產等知識。當時香港人普遍有一種「大香港主義」的優越感，這在流行文化中有生動的顯示。七十年代，電視機開始在香港普及，電視連續劇逐漸成為流行文化的重要表現方式。1979 年由當紅小生周潤發主演的 80 集電視連續劇《網中人》在香港走紅。周潤發在片中飾演英俊瀟灑、機智幽默又努力打拚的香港人「阿瑋」，與其形成強烈反差的是周潤發劇中人物的弟弟「阿燦」，「阿燦」是剛從內地偷渡到香港的新移民。在電視劇

---

1　曹普：「《學習時報》文章：中國改革開放的歷史由來」，《新華網》2008 年 10 月 2 日。

中，「阿燦」被塑造成為長相猥瑣、好吃懶做、素質低下的「內地人」。兩位演員對這兩個人物的刻劃入木三分，「阿瑋」是劇中的 The Good（好人）所指，「阿燦」連 The Bad（壞人）都算不上，他只是個 The Ugly（小丑）。「阿燦」後來成為港人對內地人的貶稱。整個七八十年代香港經濟的持續快速增長，鞏固了「香港人」不同於「內地人」且較內地人優越的族羣意識，到香港主權移交時，這種意識已非常深刻。

## 五、重大政治事件影響香港人的「國家認同」

### 1.1967 年「反英抗暴運動」嚴重損害「親中社團」形象，進而影響國家形象

「反英抗暴」風潮之前，港人對香港左派包括工聯會及《大公報》均有好感，而且港人的「中國人」身份認同也相對較高。然而 1967 年的「反英抗暴」風潮，對香港社會衝擊非常大，港人對工聯會、《大公報》等左派組織、機構及傳媒開始產生反感，進而嚴重影響了港人對社會主義祖國的看法。

原本中央政府不希望內地「文化大革命」影響到香港，但最終還是深刻地影響了香港。1967 年 4 月位於九龍新蒲崗的香港人造花廠分廠發生勞資糾紛，當時工廠頒佈了極為嚴苛的規定，包括不會向損壞生產機器的工人發放工資、不允許工人請假等等，而工人則強烈要求改善工人待遇。勞資雙方談判不果，廠方更在 4 月 28 日以「生意收縮」為由解僱 92 名包括勞方代表的工人，結果引發工人抗議。5 月 6 日約 150 名工人在廠外集會抗議資方無理解僱工人，並要求與資方談判，引發管工與工人的衝突，結果警察防暴隊逮捕 21 名工人。事後「港九樹膠塑膠總工會」主席馮金水與兩名代表到黃大仙警署交涉，卻遭當局扣押。5 月 11 日工潮演變成暴動，工人圍駐在新蒲崗街道，港英宣佈當晚在東九龍實施宵禁。香港工會聯合會（工聯會）5 月 12 日

召開緊急理事會議後，宣佈成立「港九各業工人反對港英迫害鬥爭委員會」（簡稱「鬥委會」）。時任中國外交部副部長羅貴波在 5 月 15 日召見英國駐華代辦遞交抗議聲明，將事件定性為「英國政府勾結美帝國主義反對中國的陰謀」，並要求英國政府責成港英政府接受工人和居民的正當要求、停止一切法西斯措施等 5 項條件。「鬥委會」5 月 16 日發表對港英政府「法西斯迫害」的抗議書，5 月 22 日組織香港工人示威，結果與警方發生流血衝突，警察開槍打死一人，167 人被捕。港英當局決定在港島區實施《緊急條例》，限制遊行集會。6 月 24 日工會發動各界聯合大罷工，約 6 萬工人響應；6 月 27 日左派學校罷課一天；6 月 29 日左派發動聯合大罷市。罷工的工人及罷課的學生以左派報館、銀行、國貨公司、學校等為據點，發動示威，襲擊警員及公共交通設施。港英當局於 7 月 12 日在港九兩地同時實施宵禁，8 月 9 日警方封閉多間左派學校及《香港夜報》《新午報》和《田豐日報》。左派羣眾則以炸彈行動還擊，在港九各處鬧市放置真假炸彈，負責拆除炸彈的警隊和專家有些被炸死或炸傷。[1]

　　至此香港市民對暴力行為普遍產生反感，一些傳媒支持政府及警隊維持秩序和治安，當中香港商業電台節目主持人林彬多次在節目內對「鬥委會」的目標和行為加以諷刺，8 月 24 日林彬上班途中被伏擊並死於醫院。12 月中周恩來向香港左派下令停止炸彈風潮，才結束「六七暴動」。據統計，「六七暴動」造成最少 52 人死亡，包括 11 名警察，一名英軍拆彈專家及一名消防員；802 人受傷，包括 200 警察，1936 人被檢控；暴動期間共發現 8074 個懷疑炸彈，以及 1167 個真炸彈。事件導致大量市民變賣財產離開香港，造成香港第一輪移民潮，市區房價因此而急劇下滑。並造成股災，導致 1967 年 8 月

---

1　劉炳峰：「1967 年香港『反英抗暴』的前前後後」，《黨史縱橫》2017 年第 8 期。

31 日的股指跌到了歷史最低收市點數的 58.61 點。[1]

1967 年「反英抗暴」運動是一場由工業糾紛引發的香港左派領導的工人運動，因深受中國內地「文革」影響而演變為「反英抗暴」風潮。這場鬥爭被港英政府定性為「暴動」，並很快被鎮壓，政治立場鮮明的香港愛國左派力量遭到重大損失，在香港的影響力此後逐漸式微。港人一方面對殖民體制和社會現狀不滿，另方面對親中左派力量的排斥和抗拒感也極為強烈，也由此使香港人對社會主義祖國產生或加深反感，進而使部分人產生或加深「反共意識」，並有意識地將中國內地視為「他者」。

### 2.1989 年的「政治風波」加深港人對內地的負面看法

1989 年受國際大氣候及中國內地資產階級自由化思潮影響，中國內地發生了一場「政治風波」。1989 年 4 月 15 日，胡耀邦逝世，在中央舉行悼念胡耀邦活動期間，極少數人散步謠言，蠱惑羣眾示威遊行，結果北京發生聚眾衝擊中南海新華門等事件。該風波在某些西方及香港傳媒大肆渲染下，使香港人對中國內地的反感與恐懼感劇增。1989 年 5 月 20 日中央果斷採取措施控制北京局勢時，香港卻有 5 萬人上街遊行，翌日更出現歷史性 100 萬人遊行，5 月 27 日逾 200 名藝人舉行歷時 12 小時的所謂「民主歌聲獻中華」。當時的香港「民主派」（回歸後也稱為「反對派」）還成立了所謂「香港市民支持愛國民主運動聯合會」（簡稱「支聯會」），1989 年 5 月 28 日由支聯會發起的遊行約有 150 萬人參與，遊行人士持續達 8 小時，是當時香港破歷史記錄的最多人參與的遊行。6 月 4 日支聯會發起所謂「黑色大靜坐」，結果 20 萬人出席，隨後的大遊行也有 100 萬人出席。之後，由支聯會出面組織所謂「黃雀行動」協助「民運分子」出逃，當時港英政府甚至公開呼籲讓所謂「民運

---

1　劉炳峰：「1967 年香港『反英抗暴』的前前後後」，《黨史縱橫》2017 年第 8 期。

人士」到香港，而且得到西方國家的支持，因此半年多時間「黃雀行動」一共協助 133 名「民運分子」逃出內地，他們大多數移民歐美。這場「政治風波」在西方及某些香港傳媒大肆渲染下，對香港人的「國家認同」產生嚴重且深遠的負面影響。

一是使原本有所改善的對內地制度恐懼心態發生逆轉。隨着內地「文革」的結束，尤其是 1978 年開始實行改革開放，香港與內地關係日趨密切，港人對內地制度的恐懼已經有所改善，然而 1989 年的政治風波被西方及香港本地某些媒體大肆渲染後，使內地形象大跌，港人對內地制度看法逐漸改善的趨勢發生逆轉，即重新跌入恐懼的泥潭。此後香港支聯會每年均發起遊行集會，據支聯會數字，每年參與人數均不少，逢「十」或「五」人數更是大增，可見 1989 年的政治風波對香港人「國家認同」影響很大。

二是對中央政府落實「一國兩制」的信心大跌，將港人對回歸祖國的「恐懼感」再次調動起來。《中英聯合聲明》確立了回歸後的香港實行「一國兩制，港人治港」，使港人害怕回歸祖國的心態得到緩解，從而緩解了移民潮。1989 年的政治風波使港人對回歸後中央落實「一國兩制，港人治港」的信心出現大跌情況，因此出現新一輪移民潮。

三是使原本與中央政府關係良好的民主派或「民主回歸派」轉為「抗中派」，並加深了中產階級對中國內地的偏見。二十世紀八十年代初香港前途問題提出時，一批中產專業人士包括「專上學聯」最早站出來支持香港回歸祖國，時任英國首相的撒切爾夫人訪問香港時提出「三大條約有效論」，便遭遇學生會及專上學聯抗議。1989 年的政治風波改變了民主派或「民主回歸派」與中央政府關係，至今雙方關係都無法改善，而且不少香港中產階級及民主派支持者至今仍因「六四」政治風波而對內地制度懷有很深的偏見。

# 第二節　回歸後香港經濟發展放緩及民生問題嚴峻

回歸後，香港先後遭遇了亞洲金融危機、非典型肺炎襲擊、2008 年次貸危機等等，加上內外環境的變化，使香港經濟與回歸前相比，大幅放緩。與此同時，民生問題也越來越嚴峻，這些在港人眼中，無疑很容易在回歸前後對比中，更加懷念港英時期，因此增加了提升港人「國家認同」的難度。

## 一、與回歸前相比，回歸後香港經濟發展大幅放緩，且經濟地位下降

### 1. 回歸後香港經濟發展大幅放緩

二十世紀七十年代末開始香港經濟獲得了更快的發展，八九十年代更是高速發展，其中 1982 — 1997 年即香港回歸前的 15 年，香港 GDP 平均增長率高達 13%。回歸後，香港經濟遭遇金融風暴與疫病流行等一系列的衝擊，而且與周邊地區尤其是內地飛速發展相比，香港經濟結構不均衡、政府管治引領能力不足，以及與內地經濟互補性減低，使回歸後香港經濟增長波動較大，經濟發展遠比不上回歸前。回歸初期，1998 年經濟增長只有−4.8%，2000 年為 0.3%，2001 年為 0.6%，2002 年為 2.3%，2003 年香港又遭遇非典型肺炎的打擊，使香港經濟雪上加霜。之後，香港經濟仍然在低位徘徊，因此 1997 年至 2012 年的 15 年香港 GDP 平均增長率僅 3.5%。從圖 5-1 可見，回歸前的七十年代到 1997 年香港 GDP 增長絕大部分年份在 10% 以上，回歸後直至 2011 年沒有一個年份在 10% 以上，且多個年份為負增長。

2011 年後，情況沒有好轉甚至較 2011 年更差。圖 5-2 可見，2010 年至 2020 年香港 GDP 增長均在 4% 以下，而且只有 2011 及 2017 年的 GDP 是 4%。2019 年香港經濟多災多難，受貿易戰及本地暴力示威活動打擊，該年第四季本地生產總值跌幅擴大至 2.9%，全年則下跌 1.2%，是自 2009 年以來

首次錄得年度跌幅。2020 年受新型冠狀病毒肺炎疫情影響進一步拖累經濟表現，GDP 增長為−6.1%，創下自 1962 年有記錄以來最大年度跌幅，且是 2019 年與 2020 年連續兩年負增長。2021 年政府向市民派發消費券刺激了零售及餐飲業增長，加上外貿較為蓬勃，使 GDP 增長反彈至 6.3%。但是 2022 年受新一波新冠疫情影響，經濟再受衝擊，不少人認為香港經濟發展仍受到很多不利因素影響，尤其是國際環境巨變的影響，未來的挑戰仍然巨大。

圖 5-1：1962 年至 2011 年香港 GDP 年增長率變化

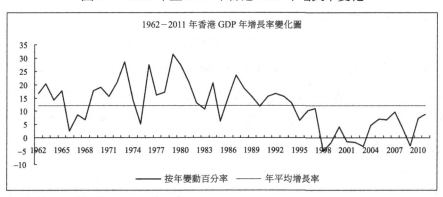

資料來源：香港政府特區統計局

圖 5-2：2011 年至 2020 年香港 GDP 年增長率變化

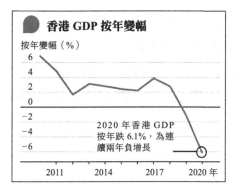

資料來源：香港政府特區統計局

### 2. 與內地主要城市及周邊國家相比，香港經濟地位明顯下降

二十世紀九十年代中國內地外貿份額的 60% 經香港處理，2010 年已跌至不足三成。香港曾多年雄踞全球港口集裝箱吞吐量之首，近些年，不僅被上海和深圳超越，而且被寧波舟山港後來居上，在全球的排名降至第五位，接着再被廣州港超前而再跌至第六位，到 2021 年香港港口吞吐量已經從世界第一跌到第七。隨着世界百年未有之大變局加快演變，全球和區域產業鏈、供應鏈展開重組，以及內地更多城市的港口拓展國際業務，可以預見香港貨櫃港在全球排名將進一步下滑。

過去很長一段時間，全球金融中心排名前三甲是倫敦、紐約、香港。但是 2020 年 3 月英國商業智庫 Z/Yen 與中國（深圳）綜合開發研究院聯合發表第 27 期「全球金融中心指數」，紐約與倫敦分別以 769 分及 742 分蟬聯頭兩位，而原本排名第三的香港，得分大跌 34 分至 737 分，被東京（741 分）、上海（740 分）及新加坡（738 分）超越，排名屈居第六。只是 2020 年 9 月同一評價發佈的第 28 期「全球金融中心指數」，香港上升一位至第五位，2021 年 3 月的第 29 期再升一位至第四位，2021 年 9 月第 30 期「全球金融中心指數」，香港總排名回覆至第三位。香港金融中心地位有升有降，有經濟學者直言，香港目前剩下資金出入自由及法律制度完善的優勢，若法治倒退，國際金融中心排名跌出十名以外只是時間問題。[1]

1990 年香港 GDP 相當於中國內地 GDP 的 25%，到了 2012 年已不足內地的 2%。香港 1997 年至 2012 年 GDP 增長只有 3.5%，同期廣東省 GDP 增長 13%，新加坡為 6%。香港名義 GDP 由 1997 年至 2012 年累計只有 48.6% 增長，遠遜新加坡的 134%，香港 1997 年的本地生產總值約

---

1 「港金融中心跌出三甲」，《東方日報》2020 年 3 月 28 日。

為新加坡的 1.78 倍，到了 2010 年已只是新加坡的 99.9%。與作為發達經濟體代表的美國相比，香港的生產總值 1997 年是美國的 2.1%，2010 年已下降到 1.5%。2003 年之前，香港一個城市的經濟規模大於廣東整個省，而僅僅過了 6 年，即到 2009 年時，只剩下廣東的 38%，到 2012 年更跌至 30% 以下。與中國內地的城市相比，2008 年香港仍是中國經濟規模最大的城市，2013 年已經被上海和北京超過，2018 年被深圳超過，2020 年被廣州和重慶超越。香港在全國的經濟規模排名，從第一漸次跌到第六，接着後來居上的將會是蘇州、天津，預計香港還將繼續下降，落在二線城市如天津、蘇州之後。

香港在全國的綜合排名跌出三甲至第九位。由國務院發起成立的公募基金中國發展研究基金會，與四大國際會計師事務所之一的普華永道 2020 年 9 月聯合發表名為《機遇之城 2020》的城市發展報告，顯示北京、上海、廣州、深圳已成為內地「超一線」城市，而香港則在報告涵蓋的四十二個城市中由 2019 年第三位，急跌六位至排名第九位，報告按十方面衡量被觀察城市的發展質量，綜合排名高於香港的前八位依次是北京、上海、廣州、深圳、成都、南京、杭州、武漢。香港在可持續發展、智力資本和創新等方面均落後，僅在首度加入的城市韌性方面中排首位。此外，香港在競爭力與人才等方面排名也呈現明顯下跌趨勢。

## 二、香港樓價 2011 年開始高居全球榜首，住房問題日趨嚴重

### 1. 回歸初期，香港住房一度大幅下跌，因此回歸後首十年住房問題不突出

自 1997 年中香港回歸祖國開始，先是經歷了 1997 年的東南亞金融危機，然後是席捲亞洲的金融危機，直到 2003 年非典型肺炎襲擊，在這 6 年中，香港樓價就從最高時的每平方英呎 1.3 萬港元下跌到每平方英呎約 5 千

元，平均下跌 65%，每年平均跌幅 16%。僅 1997 年到 2002 年的 5 年時間裏，香港房地產和股市總市值共損失約 8 萬億港元，香港平均每位業主損失 267 萬港元，十多萬業主成為負資產人士。

圖 5-3 可見，香港樓價見底後於 2004 年重回升軌，但是開始的回升幅度並不大，2008 年曾達到較高點，但是該年出現全球金融海嘯，因此出現下跌。可見 2009 年之前香港樓價問題還未突出出來。

圖 5-3：1994 年至 2018 年香港房價指數

注：CCI index：香港中原城市指數（每月）；與全港 -12MTH MA：全港 12 個月 CCI 指數的平均。

數據來源：http://hk.centadata.com/cci/cci.htm#tblCCIEstateInfo

## 2. 2010 年後香港樓價快速上升，2011 年開始高居全球榜首

上圖可見，香港樓價於 2004 年重回升軌，到 2010 年香港樓價史無前例地連升三個季度，到 2011 年香港房價已經接近回歸前的高位，問題開始變得棘手。據差餉物業估價署的數字，自 2003 年整體私人住宅單位售價指數由 61.6 飆升至 2013 年第三季的 245.6，十年中升幅高達 298%，而租金指數也受

樓價帶動，錄得 112% 的升幅。[1] 高緯環球 2013 年的研究報告指，銅鑼灣購物區一年的每呎租金為 3017 美元（折合約 2.33 萬港元），即每月呎租金近 2000 港元，創 25 年新高。[2] 世邦魏理士零售市場報告也指，香港核心區商鋪租金全球最貴，2013 年每月呎租金達 2800 元。[3] 住宅、寫字樓、商鋪、工廈，各類房產價格指數均由 2008 年的低位升至 2013 年的高位，升幅依次為：134%、175%、216%、242%。[4] 知名房地產代理和顧問服務公司萊坊 2013 年 4 月發表「全球樓價指數」，2009 年至 2013 年香港樓價大漲 120%，僅 2012 年升幅就達 23.6%，香港樓價已是美國芝加哥的 10 倍。[5] 2021 年底香港樓價指數更由 2003 年的 61.6 升至 392.7，以九龍區一個約 400 呎的單位計算，平均售價已從 83.5 萬元大幅飆升至 663.3 萬元，增幅高達七倍。[6]

根據香港立法會祕書處在 2021 年 3 月發表的《自置居所對香港社會經濟的影響》研究報告，香港樓價在 15 年內急升 391%，升幅接近 4 倍，但同期住戶月收入中位數只增加了 78%，反映港人的收入遠遠追不上樓價。美國顧問公司 Belleville 於 360 個國際城市進行調查，以該地區的住宅中位數除以家庭入息中位數計算，香港房價負擔比率從 2011 年以來，便已經是全球最難負擔的房地產市場榜首，其中 2013 年為 13.5 倍，2014 年升至 14.9 倍，2020 年已經高達 20.7 倍，即相當於不吃不喝 20.7 年才能買得起一個住宅單位，打破該報告 10 多年來最高紀錄，2020 年負擔比率更達亞太區競爭對手新加坡的 3

---

1 「430 呎以下單位 10 年樓價升逾 3 倍」，《文匯報》2013 年 4 月 29 日。

2 「全球最貴租金零售商鋪區香港銅鑼灣連續兩年第一」，《南方都市報（深圳版）》2013 年 11 月 22 日。

3 「地產大件事屋荒惹的禍」，《新報》2013 年 12 月 29 日。

4 「各類房產價格五年大比拚」，《頭條日報》2014 年 1 月 7 日。

5 「打工仔儲蓄 50 年才夠買樓」，《文匯報》2013 年 4 月 15 日。

6 林穎嫻：「房屋問題糾纏四分一世紀　樓市光怪陸離屢成國際焦點」，《香港 01》2022 年 6 月 30 日。

倍。該報告指出，如負擔比率超過 5.1 倍已屬「嚴重負擔不起」，要低於 3 倍才屬「能夠負擔」，因此港人距離該報告中能夠負擔買樓的指標距離巨大。[1] 國際調查機構 Demographia 的調查同樣顯示，2011 年香港樓價水平已是全球樓價最難負擔城市榜首，2021 年香港樓價中位數對家庭入息中位數比率更高達 23.2 倍。[2] 國際權威雜誌《經濟學人》發佈全球房價排名報告顯示，香港已成為世界上房價被高估最嚴重的經濟體之一。花旗銀行 2021 年中就香港市民置業意向進行調查，結果顯示在最近 10 年首次置業的受訪者當中，多達 67% 獲得家人資助，比率較 2011 年高 15%，平均資助金額高達 186 萬元，較 2011 年的 50 萬元急增 2.7 倍；在非業主受訪者當中，有信心未來 10 年可擁有自己物業的僅佔 18%。[3]

### 3. 2010 年後，住房問題極為嚴峻

受惠首任行政長官董建華的「八萬五建屋計劃」，一般家庭公屋輪候時間由 1998 年的 6.6 年跌至 2005 年的 1.8 年「谷底」，但金融風暴等因素影響下樓價暴跌，「八萬五」建屋計劃推出一年後便終止，結果合資格申請公屋的人士愈來愈多，而政府建公屋的數量遠遠跟不上輪候人數增長。到 2013 年 9 月公屋輪候冊上的申請宗數已經達到 24 萬，輪候者中非長者單身人士申請宗數達 11.89 萬宗，其中 50% 為 30 歲以下的單身青年。[4] 2021 年公屋輪候冊上宗數更升至 253400 人。公屋平均輪候時間在 2011 年時還只有 2 年，之後

---

1 「港最難置業 4 連冠全球」，《都市日報》2114 年 1 月 22 日。

2 「回歸 25 年 香港樓價爆升 1.3 倍 人工增幅能否追得上？」《香港經濟日報》2022 年 7 月 2 日。

3 「公屋輪候再創高位 父幹現象不容忽視」《信報》社評，2021 年 11 月 13 日。

4 「公屋平均輪候時間 2.9 年 非長者單身申請 12 萬首超一般家庭」，《大公報》2014 年 2 月 18 日。

輪候時間越來越長，房屋署曾承諾輪候者平均約 3 年可獲首次編配單位，然
而到梁振英卸任行政長官的 2017 年 7 月公屋平均輪候時間已經升至 4.6 年。
林鄭月娥任行政長官後，情況繼續惡化，到 2018/19 年度，獲安置入住房委
會公屋單位的一般申請者的平均輪候時間已經達到 5.5 年，到 2021 年 9 月
底更延長至 5.9 年。[1]2022 年 3 月再升至 6.1 年，創 23 年來的新高，而且仍
未「見頂」。房委會公佈過去 10 年公屋實質建屋數量，2019/2020 年度創自
2011/2012 年度以來的 10 年新低，僅建成 6261 個單位；而公營房屋實質建屋
量（公共租住房屋以及資助出售單位）也創 9 年新低，僅落成 11261 個單位。
據房委會和房協數據，2021 年公屋建屋量再創 6 年來新低，且 2021 年政府施
政報告表明未來 10 年公營房屋供應集中在後 5 年，由此前 5 年住房問題不會
改善。

而且據 2021 年 3 月劏房租務管制研究工作小組的調查，全港約 22.6 萬
人居住在劏房，其中三成即 7 萬住客為 25 歲以下青年。[2]香港市區劏房林立，
而且劏房已經不只是一個基層現象，甚至有中產化的現象。據立法會 2021 年
的數據，劏房人均居住面積只有 71 平方呎，比一個私家車車位還小。[3]「全港
關注劏房平台」在 2021 年 6 月至 10 月進行實地測量及親身訪問葵青、荃灣、
深水埗、觀塘、油尖旺及港島區共 60 戶劏房戶，發現劏房人均居住面積僅 48
平方呎，即只有一張乒乓球台的尺寸，是 2016 年開展這一調查以來最小。[4]
香港社區組織協會兒童權利關注會於 2021 年 1 月發表《民間兒童權利專員報
告》，選出 2021 年十大貧窮兒童關注政策進展，參與調查的 3000 多名兒童就

1　「公屋輪候再創高位 父幹現象不容忽視」《信報》社評，2021 年 11 月 13 日。

2　施麗珊：「新政府應如何處理跨代貧窮」，《明報》2022 年 7 月 11 日。

3　林穎嫻：「房屋問題糾纏四分一世紀　樓市光怪陸離釀成國際焦點」，《香港 01》
　　2022 年 6 月 30 日。

4　「調查：劏房人均居住面積如乒乓球台」，《東方日報》2021 年 11 月 15 日。

政府 2020 年 10 項兒童權利議題評分，排首位的「房屋」連續 10 年成為貧窮
兒童最關注事項。

## 三、回歸後，社會向上流動空間日趨狹窄

### 1. 香港晉升中產越來越難

回歸前尤其是二十世紀七八十年代，香港有大量工作及向上流動機會，
那時的經驗或傳統智慧是就業可以脫貧甚至成為中產，讀書途徑更有機會向
上流動，進而消除跨代貧窮。然而今天香港的殘酷現實卻是畢業等同就業不
穩，或者長久低薪就業。1997 年至 2009 年達大專或以上學歷者由 14.6% 增
加至 24.7%，同期政府統計處的數據顯示，無論經理和行政級人員還是專業
和輔助專業人員的就業人數均錄得穩步的增長，但是自視為社會中層者的比
例大幅萎縮，這階層的認同者由 42% 持續下滑至 32.3%。1997 年在自視為社
會下層和中下層的人士中，具大專學歷者分別只有 1.6% 和 10.9%，但 2009
年的相關比例倍增至 7.5% 和 22.7%。許多中產有「下流」焦慮的感覺，主要
是薪金、福利、工作穩定性降低。

表 5-1：按職業劃分的工作人口月收入數（港元）

| 職業 | 1996（平均數） | 2001（平均數） | 2006（平均數） | 2006 年該組別人口佔總人口 % | 2011（中位數） |
|---|---|---|---|---|---|
| 經理及行政人員 | 20000 | 26000 | 26000 | 10.75 | 30000 |
| 專業人員 | 24000 | 30000 | 25000 | 6.10 | 33000 |
| 輔助專業人員 | 14000 | 16000 | 15000 | 16.11 | 16000 |

注：數字不包括無酬家庭從業員
資料來源：香港特別行政區政府統計處《2006 年人口統計主要統計表》，香港特別行政區
　　　　　政府統計處《綜合住戶統計調查》

根據「新論壇及新青年論壇」發佈的《香港各世代大學生收入比較研究報告》，香港大學生的收入出現「下流」現象：學歷總體上升但個人收入卻降低。這份研究將 1967 年至 1996 年出生的人士，按 5 年劃分為一代，分成六個不同年代出生的青年組別，在 25 至 29 歲時擁有大學學歷的比例，由第一代青年（1967 — 1971 年出生）的不足 20%，飆升至第五代（1987 — 1991 年出生）的超過 50%，反映年輕世代教育水平創新高。然而新世代教育水平創新高，而整體大學學歷勞工收入不升反跌。整體勞工中位數收入在 1996 年至 2016 年間增幅近 30%，相反 1996 年的大學學歷中位數收入為 3 萬元，到 2016 年則下跌至 2.9 萬元，下跌約 5.5%，大學學歷勞工薪酬並沒有跟上整體上升趨勢。

之後向上流動空間狹窄的情況進一步惡化。新論壇及新青年論壇《香港各世代大學學歷勞工收入及住屋承擔能力比較》報告顯示，2021 年最新一代大學生初入職收入中位數為 14986 元，不及 30 年前即 1991 年大學生 16587 元的水平，新界一個約 430 呎單位的呎價佔新一代大學生月薪 81.5%，遠高於 30 年前即 1991 年大學生所面對的 19.1%。二十世紀八九十年代即使沒有大學學歷仍較容易向上流動，現時大學學歷青年也難以向上流動。

## 2. 產業結構不合理使向上流動空間日趨狹窄，向下流動機會反而增加

影響社會流動性的其中一個重要因素是取決於一個社會整體的經濟結構與受教育人口結構是否匹配。2012 年 7 月剛接任行政長官職位的梁振英舉自己的例子，二十世紀七十年代即梁振英畢業進入社會的年代，市民求職不是問題，每年工資基本有兩位數增長，兩年可升職，否則就跳槽。然而回歸後情況發生了很大變化，其中重要原因就是產業結構與受教育人口結構不匹配。在製造業北移及香港與內地經濟融合深化的背景下，香港服務業佔 93%、製造業只佔 1.6%，剩下 5% 左右是建築行業。較高層次的就業崗位需求多數產生於金融、會計、律師、建築師等生產性服務業，這些行業受惠於

中國內地經濟發展，具有強勁的國際競爭力，然而大多屬於精英行業，所能提供的就業崗位及創造的本地就業機會有限。香港八大公立院校保留大量工程學系，2019/20 年修讀工程科和科技科的畢業人數為 4058 人，佔畢業生人數 18.2%，但畢業後能成為全職工程師的僅有 1138 人，在全職就業的畢業生中僅佔 8.34%。可見大多數工程與科技專業大學生不得不轉行或不得不在本地低端行業就業，否則將面臨失業或到外地另謀出路。

佔 93% 所謂香港服務業，除了金融和地產兩大塊，其他傳統服務業如旅遊、貿易與物流、零售及餐飲，以低技能低增值勞動密集型行業為主。大量較低層次及中低收入的崗位集中在零售、餐飲等本地消費性服務業，這些行業受惠於內地旅客自由行，使香港失業率保持較低水平，但這些行業的就業者收入增長極為緩慢。因此產業結構的低層次化使向上流動機會明顯減少，社會流動階梯狹窄擁擠，大量的大學畢業生難以像其前輩那樣通過讀大學晉升中產行列。

### 3. 財團壟斷加劇向上流動空間日趨狹窄的趨勢

香港壟斷指數高居世界前列。香港經濟被稱為自由度最高，是指商品、資金、人流等等自由流動、企業經營自由以及政府對經濟的不干預主義，並非指香港企業自由競爭程度最高。事實上，香港各重要行業多由大財團操縱，大地產財團憑藉對土地、物業掌控權將壟斷延伸到煤氣、電力、超市、巴士服務等行業，集中程度已超過美國、歐洲主要國家所界定的壟斷標準，三大地產商約有 77% 市場佔有率，電力管制協議與燃氣業壟斷使電價、燃氣價均高於按成本計算合理數值。超市被惠康和百佳寡頭壟斷擠走國際連鎖巨頭和擠垮本地網絡直銷企業，即使家樂福這種國際零售企業也進入不了，小零售商家被排擠，甚至被斷了貨源。

回歸前各行業的壟斷沒有今天嚴重，營商條例較今天寬鬆，是個適合創

業的好地方。現今年輕人經常感歎，香港已不是一個適合基層年輕人創業的好地方，租金高，各行各業又為大財團所壟斷，日趨嚴苛的營商條例大大增加了創業的成本與困難，因此抑制了實業投資及個人創業的積極性，尤其是年輕人創業積極性。

回歸前，香港人最感自豪的是香港有公平環境，人人都有向上流動的機會，李嘉誠就是典型的從基層做起最後成為世界華人首富，因此那時港人都有夢想，拚搏精神成為香港核心價值。回歸後，財團壟斷損害了公平競爭環境，青年人通過創業向上流動機會大減，不少人畢業即失業。因此所謂「獅子山下」奮鬥精神前景變得暗淡。

## 四、回歸後貧窮及貧富懸殊問題日益嚴重

### 1. 香港貧窮家庭與人口不斷增加

香港政府統計處數據顯示，香港月入少於 4000 元的貧窮家庭，1997 年只有大約 9.4 萬戶，而到 2009 年首季已經增加至 17.7 萬戶，到 2010 年首季再上升至 19 萬戶。政府統計處數據還顯示，2001 年至 2011 年的 10 年間，香港家庭月收入 8000 元以下的基層比例維持 18.2% 的水平，但因人口的增長，8000 元以下收入的人口和家庭實際是增長了，即已經高達 120 萬人，而其中月入 4000 元以下的由 8% 增至 9.1%，達 21.4 萬戶；月入 2000 元至 4000 元的比率增加 0.7% 至 5.5%，達 12.9 萬戶；月入 2000 元以下的增加 0.4% 至 3.6%，達 8.5 萬戶。貧窮人口由 1986 年的 63 萬及回歸前的 1996 年 83.54 萬急升至 2011 年的 120 多萬人。

2013 年 9 月底時任政務司司長的林鄭月娥主持公佈的扶貧委員會香港首條「貧窮線」，將貧窮線定於家庭住戶每月入息中位數五成。政府公佈「貧窮線」的同時發表了《2012 年香港貧窮情況報告》，根據統計處 2012 年「綜

合住戶統計調查」顯示，以家庭每月入息中位數之五成，再按 2012 年數字推算，及扣除政府現金福利開支後，估計香港有 54.1 萬個入息在中位數一半以下的貧窮住戶，及 102 萬貧窮人口，貧窮率佔全港人口的 15.2%，即每 7 人就有 1 人是「貧窮」。其中每 5 名兒童及每 3 名長者中就有 1 人生活在「貧窮線」以下。到了 2019 年情況明顯進一步惡化，貧窮人口升至 149 萬人，貧窮率高達 21.4%；政策介入後仍有 109.8 萬，21% 人口仍在貧窮線下，創有記錄以來最高。

2021 年政府施政報告指出，2020/2021 年度社會福利的經常開支預算為 1057 億元，超過教育成為政府支出最多的政策範疇，但實際效果並不顯著。據《2020 年香港貧窮情況報告》，2020 年香港貧窮人口更高達 165.3 萬，貧窮率升至 23.6%，較 2019 年增加 16.2 萬人，創自 2009 年有紀錄以來新高。即使政策介入後（只計算恆常現金），2020 年貧窮人口仍高達 121.1 萬人，較 2019 年的 109.8 萬人增加 10 多萬人，貧窮率高達 17.3%，明顯較 2019 年的 15.8% 增加。[1] 在香港這個國際大都會、位列全球前列的富裕城市，竟然高達 4 個港人中就有一個窮人。[2] 顯示香港採用的「救濟式」「支援式」扶貧，只能產生短期效應，而不能解決實質問題，因此香港基層市民「返貧」情況嚴重。

### 2. 領取綜援金的家庭與人士增加，老年人與兒童貧困問題嚴重

香港沒有強制醫保，且缺乏退休保障等社會安全網，香港政府為貧困家庭與人士提供的社會福利主要是綜合社會保障援助計劃（簡稱「綜援」），前

---

1　何喜華：「以破格思維處理貧窮問題」，《信報》2022 年 7 月 9 日。

2　方靖之：「扶貧房屋民生問題　才是今屆立法會選舉焦點」，《大公報》2021 年 11 月 13 日。

身為 1993 年以前的公共援助計劃（簡稱「公援」），其是香港社會福利制度中的一項入息補助，作為經濟上無法自給自足的香港人的社會福利安全網，由香港社會福利署負責統籌。申請人需通過入息審查及資產審查，申請人的家庭總收入以及總資產不得超過指定規定限額。香港每年綜援開支約佔政府經常性開支 7%。

1996 年香港 65 歲或以上長者約每 4 人便有 1 人貧窮，回歸後情況惡化，到 2006 年已經每 3 名便有 1 人陷於貧窮困境。與發達國家長者貧窮率平均 13.3% 無法相比，在全球 97 個國家地區中位列最差的幾個地區之一。政府公佈的 2019 年貧窮數據，當中貧窮長者多達 54.9 萬人，較 2018 年大增 3.2 萬人，且是有紀錄以來新高，長者貧窮率高達 44.9%，幾乎 2 名長者便有一個貧窮。經過綜援及長者生活津貼等恆常現金政策介入後，貧窮長者仍達 39.1 萬人，貧窮率仍然高達 32%，即每 3 名長者有 1 個貧窮。香港社協在 2013 年 8 月至 12 月期間訪問了 95 名 60 歲或以上在職長者，約 8 成長者居住在劏房或板間房，此情況至今並未改善。

與此同時，香港兒童貧窮問題也較為嚴重。政府發表的《2019 年香港貧窮情況報告》顯示，2019 年貧窮兒童人口上升至 25.3 萬人，即每 4 名兒童便有一名生活在貧窮困境中。在政策介入後，貧窮兒童人口仍然高達 18.1 萬，兒童貧窮率仍然高達 24.9%。《2020 年香港貧窮情況報告》顯示，2020 年香港兒童貧窮人口更升至 27.4 萬人，屬 2015 年以來的最高位。為探討基層兒童照顧家庭情況，香港社區組織協會 2021 年底進行的調查，發現 81.6% 貧窮兒童需做家務和照顧家庭，每星期照顧家庭的時間平均為 10 小時，更有 32.9% 受訪兒童沒有餘錢外出活動。[1]

---

1　黃咏榆：「調查：逾八成貧窮兒童每周照顧家庭 10 小時，一成人需幫忙賣紙皮」，《香港 01》2021 年 11 月 14 日。

### 3. 勞工工資收入沒增加甚至減少

　　香港政府統計處公佈的人口普查結果顯示，2011 年香港的本地人均生產總值（GDP）由 2001 年的 193500 元增至 266026 元，增幅達 37.5%，同期通脹則是 12.5%，個別的項目如租金更上升了 40%，而香港工作人口的月入中位數僅增加 10%，家庭住戶每月收入中位數由 18710 元升至 20500 元，增幅僅 9.6%。香港最低工資在 2011 年 5 月 1 日實施，直到該日的研究發現有超過七成受訪勞工時薪低於最低工資的 28 元，其中一名受訪勞工時薪更只有 13 元，低於最低工資的一半。在這次研究中，時薪中位數為 25.97 元，[1] 比照政府統計處數字，2010 年全港僱員每小時工資中位數為 59.5 元，可見受訪勞工的時薪中位數只為全港僱員中位數的不足一半。2011 年 12 月梁振英接受《亞洲周刊》專訪時直言：「香港面對的問題，不僅是高低階層的工作收入差距擴大，而是在整體經濟增長不多的同時，工作收入最低的 30% 就業人口收入不斷下跌。這不是人比人，不如人的問題，而是自己比自己，一年不如一年的問題。」[2]

　　香港最低工資水平在 2011 年 5 月生效以來，每兩年檢討一次，由當年的 28 元，經過四次調整，加至 2019 年 5 月 1 日的 37.5 元。香港本地約有 2.12 萬低收入人士只掙取最低工資，約佔勞動人口 0.7%，因物價升幅超過最低工資升幅，維持最低工資使越來越多低收入在職家庭無法脫離貧窮線。最低工資是兩年一檢討，2020 年香港經濟深度衰退，失業率高企，因此政府決定 2021 年維持 2019 年最低工資水平每小時 37.5 元，是最低工資制度實施以來首次「凍薪」，也意味着勞工時薪 37.5 元 4 年不變，而且據最低工資委員

---

1　「七成酒店房務員屬散工」，《新報》2011 年 8 月 15 日；陳伊敏：「勞力何價？」《明報周刊》2012 年 10 月 20 日。

2　「梁振英香港特首之夢 迎接普選陽光」，《亞洲周刊》2011 年 12 月 18 日。

會歷年報告，最低工資受惠人數比例也從 2011 年的 6.4% 跌至 2022 年 5 月的 0.5%。據政府統計報告，2020 年香港就業人士的月薪中位數 1.9 萬元，有 45 萬人月入息低於 1 萬元。據《2018 年貧窮情況報告》，在職貧窮人口超過 25 萬人，《2019 年香港貧窮情況報告》，2019 年新增貧窮人口超過 7 萬，超過 35% 是在職住戶，有別於過去在職住戶貧窮人口每年呈下跌趨勢，2019 年在職住戶貧窮人口大幅增加。據《2020 年香港貧窮情況報告》，2020 年新增貧窮人口高達 16.2 萬人，其中在職家庭貧窮人口大幅增加，高達 80.5 萬，接近貧窮人口的 50%。[1]

### 4. 貧富差距持續擴大

2010 年 9 月樂施會發表的香港貧窮報告顯示，全港最貧窮的 10% 的家庭每月收入中位數是 3000 元，最富裕的 10% 家庭每月收入中位數為 8.09 萬元，是最貧窮 10% 家庭的 27 倍。政府統計處的《主題性報告：香港的住戶收入分佈》顯示，2011 年最低收入的 10% 住戶，每月收入中位數由 2001 年的 2760 元跌至 2070 元，即比 10 年前下跌 25%；最高收入的 10% 住戶，每月收入中位數卻由 2001 年的 79000 元，大幅上升 20% 至 2011 年的 95000 元，兩者差距由 2001 年的 27 倍擴大至 45 倍。據統計處 2019 年數據，全港最高月入的 10% 住戶的合計住戶入息，佔全港整體月收入的 37%。香港大學社會科學學院副院長葉兆輝表示，香港貧窮問題源於入息結構性問題，貧富差距愈來愈大，2022 年首季香港住戶最低及最高入息差距由 1992 年的約 12 倍升至逾 40 倍。[2] 衡量貧富差距的「基尼係數」從 0 到 1，數值越高，貧富差距越大，0.4 為警戒線。香港「基尼係數」由 1971 年的 0.43 升至 1996 年的 0.518，回歸後繼

---

1　「工聯冀李家超解決『在職貧窮』」，《華僑報》2022 年 5 月 21 日。

2　「貧富入息差距大 基層『有工返都窮』」，《大公報》2022 年 7 月 18 日。

續攀升，2001 年升至 0.525，2016 年已經高達 0.539（見表 5-2 及圖 5-4）。

表 5-2：香港基尼係數在 2010 年大幅上升

| 年 份 | 1971 | 1976 | 1981 | 1986 | 1991 | 1996 | 2001 | 2006 | **2010** | 2011 | 2016 |
|---|---|---|---|---|---|---|---|---|---|---|---|
| 基尼係數 | 0.43 | 0.41 | 0.45 | 0.45 | 0.476 | 0.518 | 0.525 | 0.533 | **0.535** | 0.537 | 0.539 |

圖 5-4：香港 1950 年至 2020 年基尼係數變化

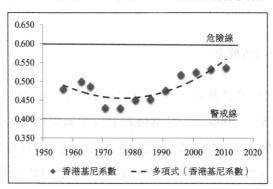

香港貧富差距情況位列世界前列，相比之下，德國的基尼係數僅 0.283、日本 0.249。瑞士洛桑國際管理學院發表的《世界競爭力年報》，2020 年的報告採用「稅前和福利轉移前」的基尼係數，在 64 個經濟體系中香港排第 60；2021 年改用「稅後和福利轉移後」的基尼係數，香港排第 48，仍屬貧富懸殊程度最高的三分之一地區。因此香港一直是「已開發經濟體」中貧富不均最嚴重的地區。2011 年中文大學亞太研究所聯同香港專業及資深行政人員協會針對香港貧富懸殊問題，做了前後相隔 6 個月的問卷調查研究，結果發現兩次研究的結果相近，76% 受訪者認為，香港貧富懸殊問題嚴重或非常嚴重。[1]

---

1 「中大調查指貧富懸殊嚴重 14% 港人認入不敷支」，《大公報》2011 年 12 月 2 日。

## 五、回歸後年輕人越來越看不到前景

　　青年的學業、就業、創業、置業以及向上流動均困難。香港公立大學只能為 20% 適齡青年提供入讀機會，其餘 80% 只能讀低人一等的副學士及職業導向高級文憑課程；青年失業率由 1997 年的 5% 增至 2003 年的 14.8%，2016 年香港青年失業率仍近雙位數（同期整體失業率為 3% 左右），2021 年新冠狀病毒疫情下，15 至 24 歲人士的失業率高達 15.6%（同期整體失業率為 7.2%），失業人數 35500 人，應屆畢業生約佔 10400 人。

　　15 — 24 歲青年的貧窮人口已由 2001 年的 14.4 萬增至 2010 年的 17.6 萬，2016 年青年貧窮率較成人及中年組高出逾一倍，2019 年 18 至 29 歲青年貧窮人口為 12.3 萬人，到 2021 年青年貧窮人口連升 4 年並創 10 年來新高。2021 年，22.6 萬港人居於劏房，其中三成即 7 萬住客為 25 歲以下青年。產業結構的單一與服務業化，以及壟斷的加劇及租金高漲，使年輕人向上流動空間狹窄，創業空間也被嚴重壓縮。許多年輕人感到無望，完全看不到前景。

## 第三節　「一國兩制」固化了兩地制度差異並使兩地權利和義務不同

　　「一國兩制」方針承諾保持香港原有的資本主義制度和生活方式 50 年不變。「50 年不變」的含義，可以有多種解釋，但接近其含義的就是延續回歸前的各項制度，所謂「原有社會制度和生活方式保持不變」，或形象地表達為「馬照跑，舞照跳」。

# 一、「一國兩制」固化了兩地制度差異，港人恐懼內地制度，與內地政治運動有關的港人更突出

### 1.「兩制」決定了香港回歸前後制度不變

「一國兩制」中的「兩制」即是「維持香港原有資本主義制度不變」，特區政制與港英政制均為資本主義政制，即是維護資本主義經濟等制度，為香港資本主義經濟服務。根據香港基本法，回歸前與回歸後相比較，具體的相同處或「不變」有以下幾個方面：

一是經濟制度基本維持不變。根據香港基本法的規定，回歸後的香港保持財政獨立，實行獨立的財政稅收制度；保持關稅獨立，實行原有的自由港經濟政策；保持港元獨立，實行原有的聯繫匯率制度。且特區政府基本沿用港英政府的積極不干預經濟政策。

二是社會與文化制度基本維持不變。根據基本法的規定，社會與文化方面基本保持原有制度，包括維持原有教育、醫療、體育、藝術等制度與政策，且維持新聞、學術、遊行示威、罷工等等自由。

三是香港特區政府行政系統的架構、制度、機制、功能等與港英行政系統基本一致。包括行政長官取代總督，仍為行政首腦，且保留其對立法、司法方面的大部分權力；行政局易名為行政會議，繼續作為行政首腦諮詢機構。行政系統的架構、權力、運作、制度等也基本維持不變。

四是立法機構基本維持不變。立法局易名為立法會，權力、功能與運作與回歸前基本一致，依照法定程序制定、修改和廢除法律，根據政府的提案，審核、通過財政預算，批准稅收和公共開支，聽取行政長官的施政報告並進行辯論，對政府的工作提出質詢，就任何有關公共利益的問題進行辯論。

五是司法獨立及司法系統的架構、運作等基本維持不變。原有的各級法

院架構、審判權限、審判程序及各項制度均維持不變,有所改變的只是成立香港終審法院取代英國樞密院。仍然實行普通法,司法仍然獨立於行政與立法系統之外,「法官獨立判案」維持不變。

六是政治架構中絕大部分成員回歸後繼續在原崗位工作。行政系統、立法系統、司法系統成員的待遇均與回歸前相同,享受高工資、高津貼,公務員繼續享受長俸等待遇。

## 2.「修例風波」顯示不少港人至今仍恐懼內地制度,「兩地制度差異」成為港人「國家認同」難提升的主要原因

香港前途問題談判時,港人對主權回歸祖國非常害怕,主要原因是害怕內地制度,正因為港人害怕「回歸」,才實行「一國兩制」,保持香港制度不變以安撫香港人心。現在內地各項制度已大幅改善,但始終與香港的不同,尤其是政治、法律與意識形態的差別仍然很大,「兩制」的差異主要體現在政治、法律與意識形態方面。

在第四章的分析中可見,2019 年的「修例風波」使港人「國家認同」大跌,其中主要原因是這次風波中,在反對派及其傳媒大肆攻擊下,內地制度尤其是法律制度被嚴重抹黑。當時發生了香港人陳同佳在台北殺害其香港女友後逃回香港,特區政府決定對《逃犯條例》進行修改,以便將陳同佳引渡到台灣受審,然而卻被反對派攻擊成「特區政府的目的在於允許今後將香港嫌犯移交中國內地」,因此修改《逃犯條例》也被污名為「送中條例」。內地與香港法制被形容為差異巨大,甚至被指司法水平有「天壤之別」。不少評論認為,因港人恐懼內地的司法制度,回歸後《逃犯條例》維持「與香港沒簽訂長期引渡條例的國家和地區可透過單次個案形式引渡疑犯,但不適用於中國內地(也不適用台灣與澳門)」的規定,即不與內地移交逃犯是中英兩國政府及港英政府「故意為之」。民主黨李柱銘指,二十世紀九十年代

初中國中央政府與港英政府曾商討移交逃犯問題，因「內地法制不公正及香港已廢除死刑」，因而未能制訂協議。不少反對派團體發聲明反對修改《逃犯條例》，其中「法政匯思」發聲明指，修例「威脅任何身處香港的人士的人身自由。」因為特區政府堅持要修訂《逃犯條例》，結果爆發香港有史以來最大規模的社運，其中連續爆發多次超百萬人的大遊行，且最終演變成持續近一年的暴亂。

因為反對將逃犯引渡到內地，便發生空前規模的大風波，這充分體現了港人對內地制度的恐懼程度與二十世紀七十年代末相比較，變化並不大。只要香港人對內地制度的偏見、歧視和恐懼不改變，港人的「國家認同」狀況就難以發生根本改變。

### 3. 不少港人與內地各次政治運動關係密切，他們是「國家認同」最難提升的羣體

1951 年以前，香港與中國內地之間人口往來自由，內地解放戰爭及新中國成立時期逃至香港的人口高達約 140 萬，他們既有上海、天津、廣州的資本家，南京、北京的達官貴人，也有躲避土改的地方豪紳，還有躲避戰火的普通百姓和國民黨敗兵，這些人多數對共產黨不滿甚至於仇視，或者對國共兩黨均不滿。1951 年港英政府設置邊境後，卻保留了抵壘政策，內地人只要成功偷渡入境並到達香港市區，就可在香港居留。因內地五十年代至改革開放前的系列政治運動及三年自然災害，逃至香港的內地人約 100 萬，其中 1960 至 1970 年就有 60 多萬，更出現 1952 年和 1962 年兩次大規模的「逃港潮」。這 100 萬人多數因為被政治運動或生存環境所迫而逃至香港，一些人為此付出極大代價甚是生命，因此在感情上受到較深的傷害，對共產黨和社會主義制度的不認同更多地與其所遭遇的艱難境遇有關。因此高達約 200 萬在內地出生的港人，他們或多或少對共產黨存在不滿，其中極為不滿的接近 100 萬。

香港屬於移民社會，早期大部分港人是內地出生的，1951 年港英政府在香港與內地邊界實施封關後，移民減少，由此香港本地出生的人口佔比有所增加，到 1961 年香港人口已經達到 316.81 萬人，其中 50.5% 的人出生在中國內地，47.7% 的人生於香港。到六十年代中後期尤其是七十年代，香港本地出生的人口已經超過內地出生的人口，到八十年代初本地出生者佔總人口六成以上。這些對共產黨不滿的港人，許多屬於內地出生港人的後代，他們受祖輩或父輩影響，對共產黨及新中國同樣存在不滿或仇視。

## 二、「一國兩制」下「港人」與「內地人」權利和義務完全不同

### 1. 基本法對「香港居民」的規定寬鬆

按照「一國兩制」原則，基本法賦予「港人」高度自治的權利，基本法所保護的權利主體是香港居民尤其是香港永久居民，而「香港居民」是居住地住民概念，不是與國家制度緊密相連的公民概念，基本法對「香港居民」也沒有明確提出國籍要求。其中基本法第 26 條規定香港永久居民享有選舉權和被選舉權，這只是把非永久居民排除在外，並沒有把外籍或擁有外國居留權的人排除在外。基本法對擔任特區重要公職的人員，包括特區行政長官、特區政府主要官員、行政會議成員、立法會主席、終審法院和高等法院首席法官等等，提出了「中國公民」的國籍要求，對其他一般公職人員也沒有明確的國籍要求。按照基本法第 67 條，非中國籍和擁有外國居留權的香港永久居民，也可以擔任立法會議員，只不過席位佔比不超過 20%。因此，在香港公務員為主的 18 萬公職人員中，基本法只對其中的 1000 多人提出了「中國公民」的國籍要求，對其餘公職人員並沒有提出明確的國籍要求，這裏的「其餘」是香港公職隊伍的主體。對於一個在香港擔任公職的外國人，最多只能提出效忠香港特區、忠於職守的要求，較難按「愛國愛港」的政治標準去要求和衡量他們。

**2. 許多制度對港人寬容和寬鬆，這種「區別對待」使港人將內地人看成是「他者」的心態被強化**

由於「兩制」安排在制度及操作慣例上豁免了香港人絕大多數的公民義務，也變相切斷了香港人通過「國家義務承擔」塑造「國家認同」的有效途徑。回歸後香港不僅實行獨立關稅區、港元獨立等制度，而且香港特區財稅也獨立，香港無需向國家繳納一分錢稅費，甚至香港駐軍的費用也是由中央財政承擔。實行獨立關稅區制度及港元獨立是「一國兩制」必須的安排，但是關於香港無需向國家繳納一分錢稅費以及中央承擔香港駐軍費用則並非必須，立法者的初衷是善意的，也想體現國家的大度和關懷，而不要香港承擔國家稅賦及駐軍經費責任，然而這些關懷與大度並未使港人因此而感恩或好感。實際上，公民向國家納稅，既是義務也是權利，無需向國家繳納一分錢稅費，這在客觀上就剪斷了港人對國家的這種權利義務關係，不利於港人建立自身與國家的聯繫，因此從法律上解除港人對國家的納稅責任，不利於培養港人的「公民意識」和「國民意識」。

港人無需履行「服兵役的義務」，這一安排使港人少了一個參與國家公共生活的渠道，對港人增強「國家認同」也不利。所有中國公民都有「服兵役的義務」，這既是公民履行保家衛國的光榮使命，也是樹立和強化公民「國家認同」的最直接和有效途徑。二十世紀八十年代末，中央希望香港實現平穩過渡，因此遵循平穩恢復香港主權的原則而在制度銜接時暫免港人「服兵役的義務」。然而這一暫時安排結果卻變成了慣例，使回歸後的香港人均無需履行「服兵役的義務」，可以說是香港人享受了「超國民待遇」。這種「超國民待遇」同樣不會讓港人感恩，反而不利於港人增強「國家認同」，他們甚至可以說是對他們的排斥和不信任。

回歸後，同為「中國人」，但是香港人的護照與內地人不一樣，內地人

持有的是中華人民共和國護照，香港人持有的是中華人民共和國香港特別行政區護照，國家將特區護照簽發權授予香港特區，但監控不到位，很容易導致特區享有「特權」的觀念。事實上，「特區護照」與「中國護照」在國際上享有互免簽證的待遇差距很大，香港特區護照免簽證的國家高達 100 多個，這也很容易造成一個較為強烈的暗示，即香港特區護照優於中國護照，香港特區就是有「特權」。

回歸後，香港人到內地投資仍然被當成外資，在內地居住、置業、就業、就學的港人被視作「境外人士」，按外資、外國人對待，未能享有同等的國民待遇。在內地城市工作和居住的港人，以及父母是內地人或其中一方是內地人而子女有香港出生證並有香港永久居民身份，這兩類人高達 30 萬。內地有關部門基本將他們視同外籍人員處理，在子女教育、勞動就業、醫療保險、退休保障等方面都不能享受國民待遇。「非國民待遇」無疑會強化港人的「非國人」意識，不利於培養和加強港人的「國家認同」。

### 3. 香港存在大量「雙重國籍」人士，他們「中國人」身份認同淡漠

中國國籍法不承認雙重國籍，中國人要加入外國國籍，必須先放棄中國國籍，一旦放棄了中國國籍，很難復籍。在香港，《國籍法》被列入香港基本法附件三，意味着香港特區必須執行這一法律的有關規定，不能有雙重國籍。然而許多香港人擁有雙重國籍或多個國家的居留權，且他根據需要可以聲明放棄某一外國國籍，目的達到後又可以復籍。因此香港人國籍複雜，包括居英權及回歸後大量港人拿到外國國籍後回流香港，因此許多港人並非中國國籍。

據相關數據，在香港的加拿大人高達 30 萬，歐盟人 24 萬，美國人 8.5 萬，擁有「居英權」的港人及其家屬約 30 萬，加上澳洲、日本、南亞、東南亞等地，約 100 多萬港人擁有外國國籍或居留權，因此雖然他們屬於香港永

久居民，但或者並非中國國籍，或者今後可能放棄中國國籍。持有 BNO（英國海外國民）護照的港人更高達 300 多萬，儘管過去持有 BNO 護照的港人無法到英國定居，但是 2020 年 7 月《港區國安法》實施後，英國宣佈放寬英國國民（海外）護照（BNO）的簽證計劃，這個計劃為 1997 年前出生的香港居民提供了五年後獲得公民身份的途徑。

## 第四節　西方文化在香港有深厚的土壤

港英時期，實行英式殖民教育，使港人西方價值觀念增強，而中華傳統價值觀念淡化。意識形態本身具有的相對獨立性，加上「一國兩制」的實施，香港原有制度維持不變，這就使港人已經形成的西方意識形態並不會隨着香港主權與治權的變化而變化。

### 一、英國殖民統治的早期，港英政府的教育政策及其影響

#### 1. 1840 至 1900 年西方教會在教育上發揮很大作用，西方教會重視傳教及傳授西方文化

英國佔領香港的初期並未將教育事業放在重要地位，香港教育由教會勢力掌管，主要由羅馬天主教會、英國倫敦傳道會及英國聖公會分別辦理，羅馬天主教 1841 年便在香港設立傳教區，1846 年定為教區，之後便開始辦學；1843 年基督教會便創辦香港最早的學校「英華書院」，1851 年聖公會創辦了「保羅書院」。教會企圖通過學校系統傳教，增加華人基督教信徒及鞏固英國殖民勢力，正如香港第二任總督戴維斯在給英國政府殖民地事務部的信中所說：「倘若這些學校將來能夠完全由受過新教的傳教士所薰陶的基督徒擔

任教員，那麼教導香港當地居民，使其皈依基督教便大有希望了」。[1] 初期港英政府對教育干預得不多，直到 1847 年 12 月 6 日才在《香港政府憲報》上公佈以每月 10 元的標準資助 3 所中文學塾，並成立「教育委員會」負責監督，即有意推動在中文學塾培養對歐洲籍人士的尊重，以便更好地管控華人。1851 年接受政府資助的學塾增加至 5 所，到 1854 年 5 所學塾完全由政府接管，時稱「皇家書館」，也稱「官立學校」。

十九世紀六十年代，中國內地戰亂頻仍，大量人口進入香港，而香港學塾的容納能力有限，教會學校也處於失控的困境，這促使港英政府開始加強對教育的控制，且香港教育也從宗教教育過渡到世俗教育。1860 年港英政府將「教育委員會」改組為教育局，成為專管「官立學校」的政府機構，1865 年教育局擴大為教育司，至此香港教育脫離英國國教會的控制，港府奪回了教育的主導權，並建立以基礎教育為主的教育體系，這時期為香港教育制度的奠基階段。與此同時，港英政府仍然積極支持教會辦學，1873 年港英立法局通過《補助書館計劃》，增加教育的財政支出，極力鼓勵教會辦學，港府對教會學校的補助與鼓勵，使基督教教會學校發展迅速，1879 年港英政府對補助計劃做出修訂，補充對宗教內容的認同，這促使天主教學校也踴躍加入受補助之列。到十九世紀末，接受政府補助的教會學校已達 101 所，這些學校多為中小學，也包括個別高等院校。

早期港英政府沒有明顯的「輕視中文」傾向，到 1878 年後開始轉向「重英輕中」。港英政府於 1854 年接管學塾，這些學校時稱「皇家書館」或官立學校，1859 年「皇家書館」或官立學校已經由 1854 年的 5 所增至 19 所，學生人數也由 102 人增至 937 人，這些官校開設的課程包括初級中文、中國經

---

1　Hong Kong Educational System，Imperial Education Conference Papers，1914，P.2.

典及英語等等。1862 年港府停辦位於維多利亞的各間「皇家書館」,將這些學校的全部學童集中於新成立的「中央書院」,課程包括中文、英文、地理、歷史等等。1878 年 2 月港英當局決定,改變「中央書院」原來每天中英文各學習 4 小時的制度,將每天英文學習時間延長至 5 小時、中文學習時間縮短至 2.5 小時。而且英文為必修課,中文為選修課,所有官立學校均被要求講授英文,正式確立「重英輕中」教育政策。1895 年還規定新設學校如果不以英語為教學語言便不能獲得政府資助,港府甚至停辦中文學校和學校的中文班,且直至 1902 年才准予恢復。

發展教育與其殖民利益是相關的,為的是培養華人親英勢力,1902 年香港教育委員會(1901 成立)的報告中這樣表達:「從大英帝國的利益着眼,值得向所有願意學習英語和西方知識的中國青年提供這方面的教育。⋯⋯本殖民地的額外支出微不足道,而英語的傳播,對我們大英帝國友好感情的傳播,使英國在華得到的收益將會遠遠超過這筆費用」。[1] 這就充分暴露了英國殖民者在香港早期資助學校和發展教育的目的是向華人青少年灌輸西方宗教理念、西方知識與西方價值理念,培植親英勢力,以方便管控華人和鞏固英國殖民勢力。

**2. 1900 至 1945 年港英教育體制逐漸發展,教育以灌輸西方文化與理念為主**

1900 年中國內地爆發的反帝國主義「義和團運動」,對港英政府起了震懾作用,使港府不得不調整教育政策。1901 年港英政府成立了教育委員會,對香港教育現狀及發展進行研究,1902 年教育委員會發表報告書,提出了兩

---

1　操太聖:「香港教育制度史研究(1840—1997)」,《華東師範大學學報(教育科學版)》1997 年第 2 期。

項具有深遠影響的教育政策：一是推行精英教育，二是強化英語教育。1903
年港府修改《教育補助條例》，以強化「精英教育與英語教育」，因此這之
後英文學校遠比中文學校獲得重視，並使英語學校得到了很大發展，中文學
校則被進一步邊緣化。「精英教育與強化英語教育」的主要對象是上層華人
子弟，目的是強化對華人子弟的英語及西方理念教育，培養對香港及中國內
地有深遠影響力的親英勢力，鞏固英國在香港的殖民統治。1912 年香港大學
的創辦是「推行精英教育與強化英語教育」政策的集中體現，香港大學是香
港第一所可頒發學位的高等學府，其仿照英國的大學模式建立，以英語為教
學語言。由此使香港的英語教育更加系統化，中文教育進一步邊緣化為「二
等語文」，同時「精英教育」也得到進一步強化。1911 年中國內地辛亥革命
後，民國政府一度大力支持香港的私立中文學校，港英政府為防止中文學校
過度發展影響其殖民統治，於 1913 年 8 月經立法局通過了《1913 年教育條
例》，這是香港有史以來首次由立法程序通過的教育法規，該法律規定，所有
津貼、補助、私立學校均須接受政府監督，必須向教育司署註冊，如不按照
規定做，便會被罰款和起訴。

　　1925 年省港大罷工之後，港英政府教育政策有所調整，儘管絕大多數學
校仍為英文學校，但是政府還是開始設立一些官立中文學校。1926 年 3 月 1
日便成立香港首間中文官立學校——官立漢文中學，並以漢文視學官兼任該
校校長。1927 年於香港大學設立了中文系，1928 年頒佈了《中小學中文課程
標準》，規定香港的中文學校與中國內地學校採用相同的「六三三」學制，以
便讓中文學校學生能夠銜接到中國內地的學校課程。但是港英加強了對中文
學校的監管和控制，二十世紀三十年代初中國內地南京政府發起的「新生活
運動」使得港英政府感受到統治危機，隨即設立「公民科」，使之成為學校科
目以加強對華人思想的「引導」和「控制」，以儘可能地使香港免受中國內地
的影響而保持所謂「相對的獨立」。

## 二、英國殖民統治中期適逢「冷戰時期」，加上港英「去中國化」教育，使港人價值觀念深受西方「冷戰思維」與香港「本土意識」影響

### 1. 美國視社會主義為敵對的所謂「邪惡力量」

1945 年蘇美英法中五國「倫敦外長會議」之後，美國對蘇聯的態度逐漸強硬，美蘇戰時合作關係逐漸瓦解。1946 年 2 月 22 日以代辦名義負責美國駐蘇使館的美國外交官喬治‧凱南給美國國務院發回一份長達 8000 字的電報，第一次全面分析了戰後初期蘇聯的「意圖、政策和做法」，並提出了遏制蘇聯的理論和對策。1946 年 3 月 5 日英國前首相丘吉爾在美國富爾頓發表「鐵幕演說」，隨後美國總統特別顧問克拉克向時任美國總統杜魯門提交了一份題為《美國與蘇聯的關係》報告，主張美國應準備與英國及其他西方國家聯合起來，並聯合一切反蘇力量。這些關於遏制蘇聯的戰略理論被美國決策層採納，成為美國冷戰政策的理論依據。1947 年 3 月 12 日杜魯門在美國國會兩院聯席會議上發表諮文稱：今日世界的所有國家都面臨着對兩種不同生活方式的選擇，一種是以大多數人的意志為基礎的自由制度，另一種是以強加於大多數人的意志為基礎的集權政體，而美國政策必須是支持那些自由國家與民族，即美國要承擔「自由世界」守護神的使命，充當世界憲兵的角色。這篇諮文的發表標誌着杜魯門主義的提出，是美國第一個具有全球戰略性質的對外戰略和安全戰略，標誌着冷戰正式開始。1949 年 4 月 4 日根據克拉克等人提出的「應與西方國家聯合起來」建議，美國、英國、法國、加拿大、意大利、荷蘭、比利時、盧森堡、挪威、葡萄牙、丹麥及冰島等 12 個國家簽署了《北大西洋公約》，同年 8 月 24 日北大西洋公約組織正式成立，1952 年 2 月希臘與土耳其加入，1955 年 5 月西德加入。

1955 年 5 月 14 日蘇聯、東德、波蘭、阿爾巴尼亞、捷克斯洛伐克、匈

牙利、羅馬尼亞、保加利亞 8 國在華沙簽署《八國友好合作互助條約》，簡稱《華沙條約》，標誌着美國與北大西洋公約組織為主的資本主義陣營，同蘇聯與華沙條約組織為主的社會主義陣營之間的鬥爭全面展開，構成了長達 40 多年、資本主義與社會主義兩種制度全面對抗、兩種意識形態嚴重對立的世界冷戰格局。當時的美蘇同為「超級大國」，為爭奪世界霸權，兩國及其盟國展開了激烈鬥爭，雖然衝突嚴重，但誰都不敢輕易動用武力來結束對方，雙方都盡力避免世界範圍的大規模戰爭（第三次世界大戰）爆發，通常通過局部代理人戰爭、科技和軍備競賽、太空競爭、外交競爭等「冷」方式進行，但是美蘇兩國都儲存了大量核彈頭。

在這樣的國際環境中，美國將社會主義國家描繪成專制主義、沒有人性、侵略擴張的邪惡國家，並自我標榜為維護與推進民主自由的先鋒。美國執政當局和主流媒體不斷將這種理念與意識灌輸給美國人民和其他西方國家的人民，以至在美國甚至西方國家形成了一種思維定式，即社會主義與共產主義是邪惡之源，其一舉一動都在消滅人類的良知，有損於美國甚至西方社會的利益。由此，冷戰時期決定着美國國家意識形態輸出的「冷戰思維」，不可避免深刻地影響着美國以至西方社會一般民眾的心理認知和思想觀念，使他們形成一種「冷戰意識」，支配或影響着他們用濃厚的意識形態眼光看待社會主義。因此美國及其他西方資本主義國家的民眾普遍認為，他們的制度優越，社會主義制度是人類的威脅，共產黨則是極權專制與獨裁的代表，因此他們認為應該毫不留情地消滅社會主義制度。這種「國家冷戰思維」加大了社會主義與資本主義兩種制度和意識形態的對立，進而加劇冷戰的態勢，由此進入一種惡性循環。在這種惡性循環中，社會主義與資本主義在意識形態上的分歧和對立不斷加劇。最終鬥爭的結局是蘇聯解體、東歐劇變，美國取得了這場鬥爭的勝利，冷戰也隨之結束。這場勝利使資本主義國家更加自信，更加堅定地認為資本主義制度是最完美的制度。這一結局，不僅對社會

主義國家造成巨大打擊，而且加劇國際社會普通民眾對社會主義制度的懷疑和否定。其中資本主義制度下的民眾更為突出，而原社會主義制度下的民眾包括東歐與前蘇聯國家也完全或基本接受了那些觀念。

### 2. 這時期港英推動「去中國化」與「去政治化」教育政策，使港人政治觀念淡漠和實用主義極度膨脹

二戰後香港人口的大量增加給香港教育體系帶來了較大壓力，為此港英政府不得不對舊的殖民地教育政策進行調整，改革教育體制，修正低限度承擔原則，以「普及教育」取代「精英教育」。港英政府的「普及教育」以「去中國化」與「去政治化」教育為主，只強調英文教育、淡化中國歷史文化教育和政治教育，扶植與培養在香港的親西方勢力。這時期，港英成立的中文研究委員會在處理基礎教育中中國語文與中國歷史的問題時，禁止教授任何有關中國近代史與當代中國文學的內容。因此大肆批捕在課堂上講中國歷史的教師，且不允許教師在課堂上涉及政治。1948 年由港督任主席的立法局發佈經修訂的《教育條例》，修訂後的《教育條例》規定，港英政府教育司有權拒絕或撤銷學校之註冊或拒絕學校主管者或教師施行有政治目的之教育。1950 年港英政府將在學校掛五星紅旗及唱中國國歌的香島中學校長驅逐出境，以表達教育必須「去中國化」與「去政治化」的強硬立場和達到鎮壓親中人士的政治目的。

這時期，國際冷戰政治環境的形成使香港處於經濟發展的有利時期，而二十世紀五六十年代香港高素質的勞動力資源日益稀缺，因此港英政府開始根據經濟社會發展的要求來改造舊的教育體系、制定一系列新的教育政策。「到了 1960 年代，由於經濟起飛、內地來港難民增加，以及 1966 年及 67 年兩次社會運動，港英政府將中學的『公民科』改為『經濟與公共事務』科，將小學的『公民科』改為『社會科』，課程內容以要求學生遵守法律、遵從政

府管治，效忠英國女王為主要內容，強調『香港是英國的殖民地』及香港的經濟成果，不鼓勵學生參加政治活動」。[1]「避談政治」導致港人關注點完全在經濟上，形成「香港夢」的主觀映像，即只要努力，就可以向上流動，這種價值觀推動了香港「本土意識」的形成與發展。加上香港和內地隔絕，尤其是中國內地政治運動不斷，這使中華文化即中國傳統文化對港人的影響減弱和減少，客觀上導致香港形成一個有利於「本土文化」誕生的獨立發展空間，有利於香港醞釀並形成「本土文化」。而且戰後出生的一代在港英教育體制培養下，認同為他們提供機會的香港，對中國本來就沒有歸屬感。在這種背景下形成的「大眾文化」，鼓吹享樂主義與消費主義，這些文化對塑造香港「本土意識和文化」起了很大作用。「香港夢」及「本土意識」均包含着類似的內容：由危機到富裕，由生存到自豪，由緬懷中國到心向香港。也就是認同自己是「香港人」，而對「中國人」的認同弱化，香港成了一個「無根」的地區。這時期的港人政治觀念淡漠，實用主義極度膨脹。

### 3. 港人的價值觀念深受西方國家「冷戰思維」與香港「本土意識」影響

美蘇冷戰格局形成後，中國內地屬於社會主義陣營，英國屬於資本主義陣營。香港當時作為英國殖民統治地區，自然而然成為資本主義陣營反對、圍剿、攻擊社會主義陣營的重要陣地。作為生活在資本主義制度下的香港人，其觀念與其他資本主義國家和地區的人民差別很小。冷戰結束並不意味着「冷戰思維」的消亡，社會主義陣營在東歐劇變與蘇聯解體後遭受重創，剩餘的社會主義國家已經很少，由此資本主義國家的政府與人民更歧視剩餘的少數社會主義國家，香港作為資本主義地區，自然不會例外。

---

1　梁韋諾：「解決香港教育問題，先要打破『非政治化』的信條」，《觀察者網》2020年 6 月 28 日。

港英政府「去中國化」「去政治化」教育也深刻地影響了回歸後的香港教育，造成回歸前夕香港人對中國歷史、中華文化知之甚少。與此同時，因1951 年開始的香港和內地的隔絕，使香港與中國內地的民間交流平台與渠道被阻斷，香港人獲取內地信息大多依靠香港媒體，而香港媒體傳達的多為敵視、醜化內地的信息。香港作為英國殖民統治地區而成為西方社會成員，以及港英政府的「去中國化」教育，二者共同作用，使西方國家「冷戰思維」與香港「本土意識」在香港處於主導地位，這些對回歸後的香港「國家認同」教育產生了極其嚴重的負面影響。

## 三、過渡期的港英教育政策及其影響

1984 年《中英聯合聲明》簽署後，香港正式進入過渡期。為適應將發生政治巨變的「香港回歸中國」，香港教育需要做出調整，其中學校公民教育成為港英政府、香港教育界和整個香港社會普遍關注對象。香港教聯會的楊耀忠指出：「社會上要求學校要推行公民教育，這是有鑒於當時《中英聯合聲明》已簽，香港將要回歸祖國，青年一代學子長期在殖民地教育培養下，對自己國家認識太少，不利回歸。」[1] 學校公民教育必須正視和解決好港英政府長期殖民教育帶來的「去中國化」意識的負面影響。

為適應香港人將發生的政治身份轉變，1985 年港英政府教育署頒佈了《學校公民教育指引》（簡稱《八五指引》）。《八五指引》由「序言」「緒論」「學校公民教育的宗旨和目標」「透過正規課程推行公民教育」「透過非正式課程推行公民教育」「透過校風推行公民教育」「學校公民教育的實施」「撮要」「香港課程發展委員會及香港考試局各科課程綱要中有關公民教育課題摘要」共九個部分組成。《八五指引》將學校公民教育界定為「一種既將個人培育成有

---

1　楊耀忠：「公民教育應成獨立科」，《聯合報》1995 年 4 月 19 日。

高尚道德又能促進個人與政府和社會關係的教育」。[1] 並且指出公民意識培養主要有三個方面：一是培養現代公民的政治意識和民族觀念；二是培養和增強學生對中華民族和中華文化的認同感；三是培育和踐行愛國主義思想。從歷史的角度看，《八五指引》在滲透式推動學校公民教育上產生了積極的效果，是一份開創性的文件。但是它也有不足之處，例如片面強調維持社會穩定，刻意迴避主權回歸等，未能充分顯示出社會、政治巨變的特點，未能真正擔負起過渡期學校公民教育的重任。

　　1996 年港英政府教育署頒發了新的《學校公民教育指引》（簡稱《九六指引》）。《九六指引》由「簡介」「宗旨和目標」「以學生為本的學校公民教育理念架構」「課程範圍建議」「推行策略」「統籌與評估」「資源及輔助服務」等部分組成。《九六指引》更加強調國家與民族教育，指出國家與民族教育主要有三個方面的內容：一是使學生確認新的中國公民的身份；二是培養學生的愛國主義精神；三是建立對中國及中華民族的歸屬感。相比《八五指引》，《九六指引》更加適合過渡期的香港教育，它特別強調了回歸後香港作為中華人民共和國特別行政區的新地位和新身份帶給香港學校公民教育的新變化。《九六指引》「標誌着香港學校公民教育新紀元的開始」。[2] 但是，它沒有在公民教育理念架構中突出強調對中國文化傳統的認同。1996 年香港教育統籌委員會發表《優質學校教育》，指明了優質學校教育的內容，並且提出學校教育基本目標之一是：「使每個學生接受學校教育後，都能履行公民責任及達致合乎社會標準的道德水平。」[3]《優質學校教育》在對香港學校公民教育的引導上具

---

1　香港教育署課程發展委員會：《學校公民教育指引》，香港政府印務局（香港）1985年出版。

2　李軍：「香港學校公民教育政策及九七後的對策」，《華東師範大學學報（教育科學版）》1997 年第 2 期。

3　香港教育統籌委員會：《優質學校教育》，香港政府印務局 1996 年出版。

有積極進步的一面，但是它未直接提及學校公民教育。

　　香港過渡期，不論是《八五指引》還是《九六指引》均未涉及英國侵略者通過鴉片戰爭侵略中國領土的史實，也未對 150 多年來的殖民教育進行徹底的清算，當然不可能指望港英政府徹底清算自己的教育政策。實際上二十世紀八十年代開始，港英政府大力推行香港「本土化」意識與「公民教育」，除了要讓香港人適應即將回歸中國的現實，另一重要目的是為了提高港人「公民意識」和「民主參政意識」，以配合英國人抵制「還政於中」的所謂「還政於民」，進而抗拒香港回歸中國。

第 **6** 章

# 2009 年之前港人「國家認同」
# 呈上升趨勢的原因

　　儘管香港的特殊性，使港人「國家認同」的提升難度大，但是並非不可能。社會意識隨着社會存在的變化而變化，回歸後香港主權與治權變化，會改變港人的社會意識，只要社會存在較回歸前好，社會意識便會向正面方向發展。香港回歸初期的十餘年，中國內地各方面高速發展，尤其是 2008 年成功舉辦奧運會，且汶川地震發生後全國團結一心抗震救災，祖國的正面形象突出。這時期香港社會存在基本朝着正面方向發展，而且在內地大力支持下，經濟在遭遇金融風暴及非典型肺炎等系列打擊後迅速走出反彈走勢。同時這時期，香港與內地各方面交流加強，教育也在提升「國家認同」方面發揮正面作用，因此能使香港人的「國家認同」朝着增強的方向發展。

## 第一節　這時期香港「意識形態」矛盾緩和，政治生態較好

　　香港回歸初期的十餘年，特區政府施政情況相對較好，尤其是原本預期的香港政治上會被收緊的預期沒有出現，港人對「一國兩制」的信心明顯增強，董建華第一任期是回歸後香港政治最為平靜的時期。2003 年發生基本法

二十三條立法風波，香港政治生態一度轉差，但是僅持續了一年多便開始好轉，尤其是曾蔭權上任後形勢明顯好轉。曾蔭權 2005 年 3 月上任至 2009 年是香港政治生態最好時期，因此 1997 年至 2009 年是香港特區政府支持率相對較高時期。

## 一、董建華第一任期內是回歸後香港政治最為平靜時期

### 1. 回歸初期，香港政治平靜

1984 年《中英聯合聲明》簽署至香港回歸祖國的過渡期，中英之間矛盾鬥爭便一直存在，到末代港督彭定康到任後，推出違反《中英聯合聲明》、違反與《基本法》相銜接的原則，以及違反中英雙方已達成的有關協議和諒解的「三違反」政改方案，使中英矛盾激化，香港社會明顯分裂為親中與親英兩大陣營，兩大陣營之間互相角力，爭拗不斷發生。親英派或民主派以「爭取民主」為號召，在 1991 年的立法局選舉的地區直選中大獲全勝，取得全部直選議席。1992 年中國中央政府堅決反對彭定康「三違反」的政改方案，但是民主派支持該政改方案，並最終促使彭定康政改方案在立法局通過，且在 1995 年按彭定康政改方案進行的立法局選舉中，再次大獲成功。而親中的政團與中國中央政府關係密切，受 1989 年「六四」政治風波影響，在 1991 年的立法局選舉的地區直選中未取得議席。1992 年親中政團反對彭定康的「三違反」政改方案，並在 1995 年按彭定康政改方案進行的立法局選舉中僅取得 2 個地區直選議席。這些說明臨近回歸的幾年，香港政治氣氛相對較以往濃厚，中英矛盾鬥爭較為激烈，因此這時期中英矛盾成為香港社會主要矛盾。

回歸前不少人預測，因為香港「一國兩制」是做給台灣人看的，因此中國中央政府會全力確保香港經濟發展和繁榮，而政治上則會收緊，包括支聯

會可能被取締，反動刊物也會被取締，民主派可能遭遇打擊，然而事實正好相反。英國撤出香港，香港實現平穩過渡，「港人治港」的香港特別行政區政府取代港英政府，中國中央政府嚴格履行《中英聯合聲明》中的承諾，嚴格落實《基本法》的規定，「一國兩制、港人治港、高度自治」在香港貫徹實施，香港經濟、政治、社會、文化各方面制度不變，「自由、法治」等制度優勢得以很好保持。民主派政黨包括民主黨、前線、民協等繼續參選立法機構，且民主黨繼續保持為立法機構第一大黨地位，香港人繼續上街遊行示威，且比回歸前還多，各類傳媒繼續罵政府甚至罵中央政府。所有這些都顯示，中國中央政府對香港政治並沒有收緊，這種情況下，港人對「九七」後「一國兩制、港人治港」能否落實的疑慮消除，對「一國兩制」信心大漲，國際社會也高度讚揚和評價香港的「一國兩制、港人治港、高度自治」。

因為回歸前香港人擔心「一國兩制」「港人治港」不能真正落實，因此他們需要民主派站出來替他們爭取，因此支持民主派的選民自然較多，當港人對中央政府貫徹落實「一國兩制」方針已不再懷疑時，以「民主」為口號的示威遊行便較難得到支持，2002 年第二屆行政長官選舉時，民主派成立「倒董大聯盟」及反對「小圈子」選舉，參加的港人就很少。因為政治趨於平靜，回歸前的主要矛盾逐漸退居次要地位或者消失。

**2. 社會主要矛盾由政治矛盾轉向經濟矛盾，政治矛盾淡化及平靜的政治形勢對香港正面作用大**

前面已經闡述，香港回歸初期經歷了亞洲金融風暴襲擊，股市與房地產暴跌、企業倒閉、失業率上升、市場蕭條，雖然 1999 年開始經濟復甦，但是 2003 年再經歷非典型肺炎襲擊，經濟再次陷入低迷，失業率超過 8%，市場持續蕭條，市民實質收入下降，生活、工作壓力大幅度增加。此種情況下香港經濟矛盾日漸突出，經濟低迷，勞工、基層人士壓力最大，中產階級則經

歷了資產縮水帶來的經濟損失，且許多中產階級第一次感到了失業的威脅，工商界則面臨商機減少、競爭力削弱甚至企業倒閉的威脅，因此香港各階層的注意力均轉向經濟。經濟低迷成為香港社會矛盾由政治矛盾為主轉向經濟矛盾為主的直接原因。

香港本來就是一經濟城市，從二次世界大戰後到二十世紀九十年代初彭定康到任前的 30 多年中，香港是一明顯的經濟矛盾為主要矛盾的城市，香港人專注於發展經濟，對政治關心較少，其中二十世紀七十年代之前港人更是對政治極為冷淡。港人專注於發展經濟的幾十年，使香港經濟取得翻天覆地的變化。回歸初期，香港社會矛盾迅速從政治矛盾為主轉向經濟矛盾為主，其產生的正面影響同樣很大。一是使香港不易成為各種政治勢力尤其是反華勢力活動的天堂，如民運分子、法輪功、各種分離主義等勢力在香港的活動很難得到廣大市民響應。二是對加強香港與中國內地關係極為有利，當時香港與內地經濟已極為密切，香港經濟矛盾成為社會主要矛盾後，要解決這一主要矛盾必須與內地進一步加強經濟合作，這也有利於香港人心儘快回歸祖國，推動了這時期港人的「國家認同」朝着正面方向發展。三是對於香港的愛國愛港政團及力量的發展有利，在中英矛盾為主的香港後過渡期，民主的爭拗和政治訴求對於民主派政團極有利，而對於愛國愛港政團很不利，而主要矛盾轉向經濟矛盾後，堅持基層工作、為市民解決實際困難的愛國愛港政團包括民建聯、工聯會等政團便佔據了有利地位，因此這時期親中團體發展很快。四是經濟矛盾成為主要矛盾和社會的關注焦點後，有利於經濟的長期發展，政府及社會各界均將主要精力放在經濟問題上，便於羣策羣力，制定出適應香港長遠發展的經濟戰略，且在齊心協力下，香港經濟便有機會快速發展。事實上，在沒有金融危機等因素影響的 2000 年，香港經濟增長率便高達 10.5%，顯示政治平靜對香港經濟發展的正面作用的確很大。

## 二、2003 年發生基本法二十三條立法風波，香港政治生態一度轉差

### 1. 基本法二十三條規定，香港特別行政區應自行制定《國家安全條例》

1990 年制定基本法時考慮到香港作為「一國兩制」地區，國家安全方面的法律需要根據香港實際情況制定，因此基本法充分尊重了香港的特殊情況，於基本法第二十三條規定，「香港特別行政區應自行立法禁止任何叛國、分裂國家、煽動叛亂、顛覆中央人民政府及竊取國家機密的行為，禁止外國的政治性組織或團體在香港特別行政區進行政治活動，禁止香港特別行政區的政治組織或團體與外國的政治組織或團體建立聯繫」。到 2002 年香港回歸已 5 年，特區政府也已進入第二屆，這時候二十三條立法工作是否應提上日程呢？ 2002 年 7 月 1 日香港回歸五周年慶典上，時任國家主席江澤民同志對香港人提出了三點希望，其中第一點便是香港人「應該不斷增強國家觀念和民族意識，自覺維護祖國的安全和統一，維護祖國和民族的整體利益」。之後時任國務院副總理的錢其琛同志和時任全國人大法工委副主任的喬曉陽同志均談到香港應盡快就基本法二十三條立法。此種情況下，基本法二十三條立法於 2002 年 7 月正式提上了香港特區政府議事日程。

### 2.《國家安全（立法條文）條例草案》內容寬鬆，但仍遇到阻力

前面已經闡述，港人「國家認同」薄弱，因此涉及「國家」或「一國」的議題均很敏感，爭拗是必然的，因此二十三條立法一開始便引發爭拗。在經過了從 2002 年 7 月到 9 月的 3 個月爭拗後，特區政府保安局局長於 9 月 24 日公佈二十三條立法諮詢文件並召開了記者會。諮詢文件的內容顯示，二十三條立法將相當寬鬆，對當時的香港法律中涉及二十三條中 5 條罪的規定改動不大，例如《社團條例》基本不改，《官方機密條例》中只增加中央政府與特區政府關係的機密未經授權不得泄密，顛覆及分裂國家罪的規定與

1996 年港英政府提出的《刑事罪行（修訂）條例草案》基本相同。顛覆罪指以武力或其他嚴重非法手段推翻中央政府，而針對中央政府的遊行示威、口號等等均不構成犯罪；分裂國家罪範圍僅指分裂行動。政治組織及外國政治組織範圍相當狹窄，比英美等國的法律還寬鬆，其中本地政治組織指參與立法會等政制架構選舉的組織或自稱為政黨的組織，而外國政治組織只指外國政府或代理及外國政黨，而英國法律中「國際特赦組織」也為政治組織。根據二十三條立法的諮詢文件，言論基本不會被判罪，只有「足以煽動危及國家安全行為」的言論才可判罪。世界上所有國家包括英美這些被香港反對派看成是最自由、民主的國家，也有《國家安全法》，不允許有人顛覆分裂其國家，因此自由不是絕對的。事實上二十三條立法也只是限制港人危害中華人民共和國安全的自由，與英美等國的做法無異，甚至於比這些國家還寬鬆。

民主派在回歸後變成政府反對派，對特區政府的政策主張尤其是涉及政治的政策主張基本持反對態度，因此回歸後也被稱為「反對派」。基本法二十三條立法，涉及國家安全，是典型的「一國」及「政治」議題，因此反對派基本持反對態度。但是，諮詢文件剛公佈時市民反應普遍較好，法律界反應也溫和，表示基本可以接受，因此就連一些反對派也無話可說，民主黨前主席李柱銘不得不承認，「今次包裝絕對漂亮」。然而隨着諮詢的展開，因反對派認為諮詢文件沒有細節，而他們認為魔鬼就在細節中，後來香港大律師公會提出政府在《二十三條立法諮詢文件》諮詢期結束後，應再發表有詳細條文的「白紙法律草案」，繼續諮詢市民意見。此建議得到反對派與不少中產階級的呼應，成為反對二十三條立法人士一致贊成的建議。在反對派的不斷宣傳下，民意發生了變化，反對二十三條立法的人開始增多。據有關抽樣調查，當時市民中反對二十三條立法的已超過 50%，一些傳媒認為反對的達 70%。負責二十三條立法諮詢工作的時任保安局局長葉劉淑儀的支持率下降 20% 至 30%。港人對香港法治、自由的信心均下降了 24%，對香港民主的

信心下降了 20%，對「一國兩制」的信心下降了 16%。到諮詢期快結束前的
2002 年 12 月 15 日，由「民間人權陣線」發起的反二十三條立法示威遊行活
動，竟然有近 6 萬人參加，成為回歸以來人數最多的一次示威遊行。

### 3. 在反對派宣傳與煽動下，爆發了大規模「七一」遊行

政府未接受「白紙法律草案」意見，而是根據在《二十三條立法諮詢文
件》諮詢期收集的意見制訂了《國家安全（立法條文）條例草案》，並交立法
會審議。反對派在立法會屬於少數派，只能通過在立法會「拉布」等策略拖
延和阻撓《國家安全（立法條文）條例草案》通過，但根本無法阻攔立法會
通過該條例草案，因此反對派希望通過煽動市民反對及發動社運達到目的。
反對派及親反對派傳媒將《國家安全（立法條文）條例草案》的部分內容誇
大其詞，反覆宣傳，讓不少市民逐漸接受了他們的觀點：立法會一旦通過《國
家安全（立法條文）條例草案》，必然壓制港人自由、人權，市民動輒就會觸
犯《國家安全條例》，被捕入獄，猶如白色恐怖。結果 2003 年 6 月底的各類
民意調查均顯示，因二十三條立法，港人對香港「自由」與「民主」的信心
均下降約 20%。

政府決定於 2003 年 7 月 9 日將《國家安全（立法條文）條例草案》交立
法會二讀和三讀通過，反對派則通過傳媒、標語等宣傳手段，全力呼籲市民
參與 7 月 1 日香港回歸紀念日的反二十三條立法大遊行。時任反對派立法會
議員李卓人在立法會提出「全民上街」動議，「民意不能夠通過議會伸張，就
只有通過市民用腳去投票，香港市民千祈、千祈、千祈，不要只知道投訴、
投訴、投訴，而是要上街、上街、上街……」。[1]在反對派的煽動下，引起香

---

1　「民主派全力煽動上街，多黨議員指責其恐嚇市民亂港」，《文匯報》2003 年 6 月 26
　　日；「保皇派 31 票擊敗民主派 19 票，立會否決全民上街」，《新報》2003 年 6 月 26 日。

港傳媒、學術、法律、宗教等界強烈反彈，數以百計的團體透過網際網絡與電話短訊，形成強大的民間動員「七一遊行」網絡，專業界多數發動組織了本界別人士參與，法律界的大律師公會與律師協會組織了 1000 多名成員參與，傳媒界的記者協會組織了 500 多名成員參與，學術界組織了不少大學教師參與，醫療界的公共醫療醫生協會組織了醫療人員參與，演藝界也加入遊行，專上學聯組織了上萬名大學生參與，中學二十三條關注組發動了 3000 多名中學生參與，天主教組織了數千天主教徒參與。最終將數十萬港人調動上街，因此 2003 年 7 月 1 日的遊行是回歸以來規模最大的遊行示威。

### 4.「七一遊行」使香港政治生態轉差

遊行發生後的第四天即 2003 年 7 月 5 日特區政府對《國家安全條例草案》最具爭議性、反對派最反對的三條做了大修改：刪除了「本地組織從屬於已經被中央禁止的內地組織」的有關條款；在有關「非法披露官方機密」的條文中，加入了公眾利益作為抗辯理由；刪除了「警方沒有法庭手令也可入屋行使緊急調查權力」的有關條文。但 7 月 6 日仍然發生了時任自由黨主席田北俊辭去行政會議（行政會議有「集體負責」規定）職務的事件，迫使政府不得不押後二十三條立法，因為自由黨在立法會有 8 個議席，加上反對派的 22 席正好是立法會議席的 50%，即已經達不到通過法案的人數。即使如此，7 月 9 日民間人權陣線仍在立法會大樓附近舉行了 5 萬人的集會，目的仍是反對二十三條立法。7 月 12 日香港民主發展網絡趁熱打鐵發起了據稱達 2 萬人參加的爭取民主集會。7 月 16 日兩位政府高官財政司司長梁錦松與保安局局長葉劉淑儀被迫辭職，7 月 17 日政府不得不宣佈就二十三條立法繼續諮詢民意，7 月 23 日宣佈於 9 月公佈諮詢文件，而 2003 年 9 月 5 日董建華宣佈，為消除社會對基本法二十三條立法的疑慮，決定撤回《國安條例草案》。標誌着這次基本法 23 條立法以失敗告終。

　　由此反對派完全達到了他們反對二十三條立法的目的，而且通過反二十三條提高了支持率，在該年底區議會選舉中大獲全勝。同時反對派成功地將反二十三條立法發展為爭取民主的運動，2004 年還爆發「元旦」及「七一」兩場「爭取民主普選」大遊行。最終時任行政長官的董建華於 2005 年 3 月辭去行政長官一職，可見基本法二十三條立法風波造成的影響很大，使原本平靜的香港政治生態明顯轉差。

## 三、曾蔭權第一任期至 2009 年是香港政治生態最好時期

### 1. 民望較高的時任政務司司長曾蔭權接替行政長官一職

　　2004 年反對派以為可以憑藉連續兩年的「七一大遊行」，一鼓作氣取得 2004 年 9 月的立法會選舉過半數議席，然而他們僅取得 60 席中的 25 席，距離過半數議席還有很大距離。這次選舉使反對派的囂張氣焰被壓下去，政治生態開始向好的方向發展。到 2005 年 3 月董建華辭去行政長官一職而由民望較高的時任政務司司長曾蔭權接替，政治生態更是快速向好的方向轉變。

　　在曾蔭權出任署理行政長官的兩個半月內，其堅持以下施政理念：政府要堅持謙虛謹慎、理性務實和果斷明快施政作風，加強和提升在政策研究、制定、協調和推行方面的能力，以開放、誠懇的態度爭取香港社會各方支持。2005 年 4 月曾蔭權對平等機會委員會（簡稱「平機會」）大換班，原任委員一個不留，大換班帶來新作風，使公信力受損的平機會形象得到改變。2005 年 5 月初突如其來的強風，「吹倒」政府部門協調機制，使市民蒙受九龍東大塞車之苦，曾蔭權指示時任環境運輸及工務局局長廖秀冬率政府六大部門首長代表政府向公眾致歉，挽回政府聲譽。某豪宅複式單位交易引發「造市」風波，有人質疑政府對樓市監管不力，在曾蔭權督促下，房屋及規劃地

政局邀請相關機構出席檢討會議，明確表示樓宇內部認購指引欠清晰並要求地產建設商會作出檢討，提供全面價目表及發放準確信息。當時曾蔭權施政顯得果斷明快，具強硬作風，施政風格贏得了讚譽，民望很高，並帶動弱勢政府逐漸過渡為較為強勢的政府。

在因董建華辭職而進行的行政長官補選中，曾蔭權以「強政勵治」為主調的參選政綱廣受歡迎，當時各項民調顯示，70% 至 80% 的市民屬意他擔任行政長官，結果 2005 年 5 月曾蔭權取得 90% 的選委提名而自動當選行政長官。曾蔭權憑藉典型的「通過個人奮鬥而從社會底層走向成功」的「香港故事」，以及經濟復甦與重視民意等，使政府威信得以明顯提高。2007 年 3 月在與反對派行政長官候選人梁家傑的競選中，曾蔭權憑藉 40 多年行政經驗、務實的政綱等，以 80% 多的民意支持、80% 多的提名率及得票率當選香港第三屆行政長官。

## 2. 2005 至 2008 年曾蔭權任特首期間，政府民望很高

曾蔭權從 2005 年任特首至 2008 年期間，政府民望是比較高的，而且其整個任期內也取得一些成績，正像曾蔭權自己所強調的，他任內完成了好幾項工作。上任初期，曾蔭權重視民生工作且民生工作做得較好，例如強迫免費教育從 9 年延長至 12 年，將公共醫療開支在政府總開支中所佔比重增至 2%，紓緩了公共醫療財政緊絀窘境。其任內，加強了與內地經濟合作，2006 年內地「十一五」經濟規劃公佈，首次提到香港，曾隨即在當年 9 月組織峰會作為一個討論平台，讓香港能充份利用內地商機來推動香港經濟發展。其後廣東省倡議「九加二」的泛珠江三角洲經濟合作計劃，曾蔭權政府也積極響應。就內地的「十二五」規劃，曾蔭權政府努力向中央政府進行遊說工作，爭取對香港有利的政策，特別是人民幣業務方面。其任內，還配合國家第十一及第十二個五年規劃，推動香港工商專業界進入內地，鞏固了香港國際

金融中心地位。其成功地應對 2008 年全球金融海嘯帶來的危機，在穩金融、
撐企業、保就業之餘捕捉機會發展六項優勢產業，完成了最低工資立法並確
定最低工資 28 元的標準，使全港僱員整體工資獲上調 8.5%，清潔、保安等
低薪行業加薪近 25%。且完成了《競爭法》立法，對緩解香港行業過度壟斷
起了一定作用，以及完成了《一手住宅物業銷售條例草案》立法，使一手、
二手樓的放盤資訊必須以實用面積計價，對保障購房者權益起到較大作用。
其任內還完成了《強積金修訂條例》，讓勞工可就自己供款部分自行選擇強積
金公司而毋須再由僱主指定，並設立法定的強積金中介人規管制度替代行政
規管安排。此外，2010 年 6 月立法會還通過政改方案，擴大 2012 年選舉民主
成分，在當時看來是為香港落實普選邁出了關鍵一步。

表 6-1：曾蔭權及其政府早期的高民望與高支持率

| 年　份 | 特區政府<br>滿意度 % | 特區政府<br>不滿意度 % | 特首民望<br>得分 | 特首<br>支持率 % | 特首<br>反對率 % | 民望<br>水平 |
|---|---|---|---|---|---|---|
| 2005 年 4 月 | 31 | 21 | 71.8 | 73 | 9 | 很高 |
| 2007 年 4 月 | 50 | 11 | 68.7 | 72 |  | 很高 |
| 2007 年 12 月 | 45 | 17 | 61.4 | 56 | 21 | 高 |
| 2008 年 6 月 |  |  | 60.8 | 57 | 24 | 高 |

數據來源：香港大學民意研究中心

## 四、1997 至 2009 年特區政府支持率相對較高

　　1997 年至 2010 年，經歷了兩任行政長官，儘管兩任都在管治後期支持
率明顯下跌，但是兩任行政長官都在管治前半段威信較高，後半段管治威信
也未至於太低，因此這時期屬於回歸後特區政府運作相對較好也是支持率相
對最高時期。

表 6-2：特區政府民望與支持率變化

| 項目<br>時間 | 特區<br>政府信<br>任度 % | 特區<br>政府滿<br>意度 % | 特區政府<br>不滿意度 % | 特首<br>民望<br>得分 | 特首<br>支持率<br>% | 特首<br>反對率<br>% | 民望<br>水平 | 民望總<br>趨勢 |
|---|---|---|---|---|---|---|---|---|
| 董建華任特首後 | | | | | | | | |
| 1997 年 7 月 | | 35 | | 62.3 | | | 高 | |
| 1998 年 9 月 | | 28 | | 56.4 | | | 較低 | |
| 2002 年 12 月 | 36 | 17 | 48 | 47 | | | 低 | 逐漸下降 |
| 2003 年 4 月 | 26.9 | | 60.8 | 39.5 | | | 低 | |
| 2003 年 7 月 | | 9 | 65 | 35 | | | 最低 | |
| 2004 年 4 月 | 28 | | | 43 | 15 | 67 | 很低 | |
| 2005 年 3 月 | 41 | | 39 | 47.9 | 18 | 69 | 很低 | |
| 曾蔭權任署理特首與任特首後 | | | | | | | | |
| 2005 年 4 月 | | 31 | 21 | 71.8 | 73 | 9 | 高 | |
| 2007 年 4 月 | 63 | 50 | 11 | 68.7 | 72 | | 很高 | |
| 2007 年 12 月 | 51 | 45 | 17 | 61.4 | 56 | 21 | 下降 | 逐漸下降 |
| 2008 年 9 月 | 45 | 25 | 30 | 51.8 | 41 | 41 | 低 | |
| 2010 年 5 月 | | 25 | 43 | 49 | 34 | 48 | 低 | |
| 2011 年 6 月 | | 21 | 43 | 48.2 | 27 | 57 | 很低 | |
| 2012 年 6 月 | | | 52 | 40.1 | 15 | 76 | 極低 | |

數據來源：香港大學民意研究中心

# 第二節 「意識形態矛盾」緩和，港人對「一國兩制」信心增強

香港政治生態與「意識形態鬥爭」關係密切，而「意識形態鬥爭」與港人對「一國兩制」信心關係密切。回歸最初的十來年，香港之所以政治生態

較好，重要原因是「法治、自由」得以很好維持，民主循序漸進發展，港人對香港「法治、自由」核心價值信心基本呈上升趨勢，進而「一國兩制」信心也基本呈上升趨勢。政治生態較好，又反過來可以提升港人對「一國兩制」的信心。在這種良性循環中，港人的「國家認同」得到提升，大量於回歸前移民海外的港人回流香港，而且移民海外情況很少。

## 一、「法治」與「自由」得到很好保持，民主循序漸進發展

### 1.「自由」得到很好保持，除了 2003 年二十三條立法風波期間，其餘時間港人對「自由」的評價呈上升趨勢

經濟上，香港仍然實行「自由港」經濟制度，保持為獨立關稅區，且財政獨立，因此香港連續多年被評為全球經濟最自由地區。政治上，回歸前本地和海外社會對香港回歸後能否享有新聞自由持有不同看法，其中以悲觀為多。香港過去成功之道與新聞自由有莫大關係，因此社會各界維持對新聞自由的高度關注。然而，回歸後報紙、雜誌、電台及電視運作同回歸前沒有大的變化，社會普遍認為，回歸後香港傳媒仍相當自由，甚至有人覺得是過分自由。因此英國議會在香港回歸中國後每年對香港新聞自由的檢查，都給予相當的肯定。無國界記者協會 2002 年的調查，也將香港新聞自由的排名列為一百多個國家和地區中的第 18 名，而美國也不過是第 17 名。

長期的民意調查顯示，香港社會所帶給民眾的感受，自由一直是民意調查中評價度最高的。[1]2006 年 10 月香港大學民意研究中心一項調查顯示，59%被訪市民滿意香港新聞自由度，73% 認為香港傳媒有充分發揮言論自由。該

---

1　香港大學民意研究計畫 2006 年 8 月在《港大民意網站》公佈的數據站 http://hkupop.hku.hk

中心 2009 年 1 月的調查顯示，市民對香港「新聞自由」「言論自由」評分顯著上升，其中「新聞自由」的評分更創自 1997 年開展該系列調查以來新高，有 7.66 分，較 2008 年 7 月的調查上升 0.26 分。回歸後港人遊行示威比回歸前明顯增加，平均每天都有幾起遊行示威，有人形容，香港已經成為示威之都，顯示香港人的集會、遊行「自由度」也很高。

### 2.「法治」得到很好保持

回歸後，香港司法體制除了設立了終審法院，其他都未變，仍然實行普通法，原有「法治」基本維持不變，包括司法獨立。司法獨立對整個法律制度的公平和正義起到很大作用，是法治的核心精神，故普通法視司法獨立為金科玉律，並透過不同的制度設計來保障司法獨立。香港受英國法律的影響，無論是制度本身或是民眾的看法，都視司法獨立為理所當然，並極力維護。

回歸初期的十多年，香港法治在國際上的排名一直靠前，在亞洲國家和地區中的排名更是高居前列。在香港的民調中也顯示港人滿意香港法治狀況。根據香港大學民意研究中心 2006 年 9 月公佈的數據，該調查以 10 分代表絕對公正，0 分代表絕對不公正，5 分代表一半半，港人對香港法庭公正程度評分是 7.01 分，而 1997 至 2006 年近 10 年的民意調查資料顯示，港人對香港的法庭公正程度評價一直保持於 6.4 — 7.2 之間。[1] 法庭公正程度的評分在眾多的社會與法治指標的評分中一直居於前列，而 2006 年的評分更是位居第三，僅次於自由與文明程度，且分數相差不遠，可見在港人心中，香港法庭基本是公正的。

對於香港社會法律制度公正與否的評價，很大程度上依賴對法官公正性和法官信任感的評價。2001 年香港社會指標調查中，曾對香港法官的公正

---

1　具體的調查方法、樣本資料、人口變項、調查問卷參見港大民意網站 http://hkupop. hku.hk.

性、對法官信任感及香港法律制度公正性做過調查，以交叉表列方式進行的
分析發現，港人對法律制度公正與否的看法，與對法官的信任感及對法官的
公正性有顯著相關性，在同意法官公正的人中有高達 68.6% 的人同意或是很
同意法律制度也是很公正的。而民眾對法官很信任的人當中，也有 63.4% 的
人很同意法律制度是公正的。對於司法制度的公平性，根據香港大學民意研
究中心 2006 年 9 月在港大民意網站公佈的數據，香港人對香港的司法制度的
公平程度的評分高達 6.72 分。而從 1997 年至 2006 年近 10 年的民意調查資料
顯示，港人對香港的司法制度公平程度的評價一直保持在 6 — 6.8 之間。[1] 司法
制度公平程度的評分在眾多的社會與法治指標的評分中一直居於中上位置。

### 3. 民主循序漸進發展，而且中央給出了普選時間表，使港人對「民主」的信心增強

回歸後最初十年，香港政制按照基本法的規定向着民主方向循序漸進發
展，只是之後的政制發展，需要經過行政長官提請人大批准香港進行政改，
然後政改方案需要立法會通過、行政長官批准及人大批准或備案等程序才可
落實。由此民主派最初爭取 2007 年普選行政長官與 2008 年普選立法會，人
大常委會於 2004 年作出決定，2007 年不能普選行政長官與 2008 年不能普選
立法會，但是 2007 年行政長官與 2008 年立法會選舉可以作出改革。2005 年
發生了關於「2007 年行政長官與 2008 年立法會的選舉改革」的爭拗，曾蔭權
政府推出的政政方案，儘管得到多數市民支持，但是反對派為了爭取所謂「普
選時間表與路線圖」，不惜發動大規模遊行企圖以民意壓政府，並最終在立法
會捆綁投票而否決了政府的政改方案，導致 2007 年行政長官選舉及 2008 年

---

1　具體的調查方法、樣本資料、人口變項、調查問卷參見港大民意網站 http://hkupop.
hku.hk.

立法會選舉原地踏步，即分別維持 2002 年與 2004 年的選舉方式。然而民主派接下來轉向爭取 2012 年雙普選，即爭取 2012 年的行政長官與立法會普選產生。全國人大常委會於 2007 年底作出決定，2012 年不能普選，但是 2017 年可以普選行政長官及隨後即 2020 年可以普選立法會。

2009 年，為爭取特區政府在公佈 2012 政改方案時一併提出所謂「普選路線圖」，公民黨與社民連合作搞「五區請辭，變相公投」即所謂「五區公投」，因民主黨等不參與「五區公投」並與政府談判，最終所謂「五區公投」並不成功，在 2010 年 5 月 16 日五大選區補選投票中，投票率僅 17.1%。而政府的政改方案支持率從開始的較高支持率到後來支持率越來越低，最後政府同意了民主黨的「改良方案」，即立法會新增的 5 席功能界議席，從政府提出的「由民選區議員互選產生」變成民主黨提出的「由民選區議員提名後再由 320 多萬非功能界選民選舉產生」。結果民主黨等溫和反對派議員在 2010 年 6 月立法會大會上對政改方案投下讚成票，使政改方案得到大比數讚成而獲通過，從而使行政長官與立法會選舉向着普選方向邁進了一步。

可見，回歸最初的十多年，香港政制是向着民主方向發展，尤其是 2012 年的政制改革方案獲得立法會通過，以及全國人大常委會於 2007 年底作出 2017 年可以普選行政長官及隨後即 2020 年可以普選立法會的決定，這些都使這時期港人對「香港民主」前途有信心。

## 二、港人對香港「自由、法治」核心價值的信心及「一國兩制」信心基本呈上升趨勢，意識形態矛盾相對緩和

因為大部分港人或多或少與半個世紀的中國內地政治有着不同程度的聯繫，港人或多或少恐懼內地的制度。回歸初期，中央嚴格履行「一國兩制」承諾，港人對香港變成內地一樣制度的憂慮緩解，「一國兩制」信心大增。中文大學香港亞太研究所對港人關於「一國兩制」是否落實的調查顯示，2001

年 6 月認為「落實」的受訪者高達 66.8%，之後有所下降，但是 2007 年已經回升至 50.3%。從表 6-3、表 6-4 及表 6-5 可見，回歸初期港人對「一國兩制」信心及對中央的好感度基本呈上升趨勢。

這時期港人對「一國兩制」的信心基本呈上升趨勢，這使這時期兩大意識形態陣營的矛盾相對緩和，其中 2003 年之前尤為明顯。原親英的民主派，回歸後在市民中的支持率明顯下降，2000 年 9 月的立法會選舉中，反對派最大黨民主黨選票大跌，這說明港人對「民主」等代表「兩制」的「核心價值」關注度下降。儘管 2003 年後意識形態矛盾有所激化，民主派在 2003 年區議會選舉獲勝後擬在 2004 年立法會選舉中奪取過半數議席，但是反對派以失敗告終，之後曾蔭權擔任行政長官，提升了政府民望，由此政治或意識形態矛盾再次出現逐漸緩和趨勢。因此這時期意識形態矛盾總體上相對較為緩和。

表 6-3：被問：「你認為中央有無落實一國兩制」的回答（%）

| 年　份 | 回答「有」 | 回答「沒有」 | 對中央印象轉好 | 對中央印象轉差 | 趨勢 |
|---|---|---|---|---|---|
| 2001 | 66.8 | 25.5 | | | 好 |
| 2002 | 58.3 | 14.2 | | | |
| 2003 | 46.5 | 19.5 | | | |
| 2004 | 39 | 22 | | | 較差 |
| 2005 | 43 | 17.9 | | | 較好 |
| 2006 | 42.6 | 13.7 | | | |
| 2007 | 50.3 | 8.4 | 58.2 | 4.3 | 最好 |
| 2008 | 46.5 | 10.1 | | | 好 |
| 2009 | 41.4 | 9.6 | | | |

資料來源：香港中文大學香港亞太研究所

表 6-4：中央在香港的民望及港人對「一國兩制」信心變化（%）

| 項目<br>時間 | 對「一國<br>兩制」信心 | 對中央政府<br>信任比例 | 對中央政府<br>不信任比例 | 對中國前途<br>有信心 | 民望<br>水平 | 趨勢 |
|---|---|---|---|---|---|---|
| 2003 年 4 月 | 52 | 31.6 | 35.6 | 74 | 最低 | |
| 2005 年 4 月 | 56 | 40 | 27 | 79 | 低 | |
| 2006 年 8 月 | 71 | 47 | | 87 | 高 | 穩定 |
| 2007 年 4 月 | 78 | 58 | | | 最高 | |
| 2008 年 8 月 | 74 | 49 | | 89 | 高 | |
| 2009 年 3 月 | 62 | 50 | 22 | 87 | 高 | |
| 2010 年 12 月 | 61 | 37 | 32 | 77 | 較低 | |
| 2011 年 9 月 | 58 | 35 | 33 | 73 | 低 | 下跌 |
| 2012 年 3 月 | 55 | 39 | 34 | 79 | 低 | |
| 2012 年 9 月 | 46 | 26 | 40 | 66 | 最低 | |

數據來源：香港大學民意研究中心

表 6-5：港人對中央的好感度變化

| 年 | 97 | 97 | 98 | 99 | 00 | 02 | 03 | 04 | 05 | 06 | 07 | 08 |
|---|---|---|---|---|---|---|---|---|---|---|---|---|
| 月 | 4 | 9 | 5 | 6 | 9 | 11 | 11 | 11 | 11 | 11 | 12 | 11 |
| % | 16.5 | 21.8 | 18.5 | 28.1 | 21.6 | 46.3 | 44.3 | 35 | 49.5 | 43.1 | 48.7 | 45.1 |

數據來源：香港大學民意研究中心

## 三、回歸初期，大量港人回流香港，且移民海外情況很少

回歸初期，港人對「一國兩制」信心大增條件下，不少回歸前擔心「一國兩制」不能落實的港人回流香港。早在二十世紀八十年代，香港的前途問

題觸發移民潮，但回歸初期，有統計發現，這批遠赴他鄉的港人約 35% 於香港回歸祖國初期選擇回流香港。澳洲統計局的人口普查結果顯示，於 1994 年至 2005 年共有 33905 名香港人移民到澳洲，但是幾年後從澳洲回流香港的人數卻多達 34248 人，顯示回流人數比移民人數略多。加拿大的相關統計部門研究報告也顯示，於 1996 年至 2006 年期間總共有 44710 名加籍港人回流香港。回歸初期的 10 多年，不僅大量回歸前移民海外的港人回流香港，而且這期間移民海外的人數也不多（見表 6-6）。

表 6-6：2011 年以前港人移民情況

| 年　份 | 1997 | 2000 | 2001 | 2006 | 2009 | 2011 |
|---|---|---|---|---|---|---|
| 港人移居外地人數估算 | | | 10600 | 10300 | 7200 | |
| 港澳居民定居台灣人數 | 1541 | 1185 | 726 | 481 | 568 | 540 |
| 港澳居民居留台灣人數 | 1839 | 1300 | 1200 | 1700 | 3109 | 2455 |
| 港人移民美國人數 | | | | 3500 | 2800 | 4000 |
| 港人移民澳洲人數 | | | | 2700 | 1900 | 1700 |
| 港人移民加拿大人數 | | | | 1600 | 700 | 700 |

## 第三節　這時期國家發展成就集中呈現

社會存在決定社會意識，國家社會存在的變化對港人國家觀念變化有決定性影響。2008 年前後中國各項事業均取得巨大成就，成功舉辦北京奧運會、殘奧會，圓滿完成神舟七號載人航天飛行任務，隆重紀念改革開放 30 周年，經濟保持較快增長，民生得到進一步改善，社會大局保持穩定，國際地位進一步提高，中國特色社會主義事業取得了新的偉大成就。這對提升港人「國家認同」起了巨大正面作用。

## 一、經濟上取得輝煌成就

從 1978 年到 2007 年，改革開放成就顯著，我國國內生產總值由 3645 億元增長到 24.95 萬億元，年均實際增長 9.8%，是同期世界經濟年均增長率的 3 倍多，經濟總量上升為世界第四；進出口總額從 206 億美元提高到 21737 億美元、躍居世界第三，外匯儲備躍居世界第一，對外投資大幅增長，實際使用外資額累計近 10000 億美元；全國城鎮居民人均可支配收入由 343 元增加到 13786 元，實際增長 6.5 倍；農民人均純收入由 134 元增加到 4140 元，實際增長 6.3 倍；農村貧困人口從 2.5 億減少到 1400 多萬。2008 年各方面的發展比 2007 年更上一層樓，2008 年國內生產總值超過 30 萬億元人民幣，比 2007 年增長 9%；財政收入 6.13 萬億元，增長 19.5%；進出口貿易總額 2.56 萬億美元，增長 17.8%；城鎮新增就業 1113 萬人，城鎮居民人均可支配收入 15781 元人民幣，農村居民人均純收入 4761 元，實際增長分別為 8.4% 和 8%。2008 年糧食連續五年增產，總產量 10570 億斤，創歷史最高水平。[1]

隨着社會經濟的迅猛發展和國家財力的增強，我國教育文化事業也取得很大發展，尤其是中央政府開始直面教育投入不足的問題。從 2006 年至 2008 年 3 年間政府堅定決心，加大投入，逐步完成了從農村到城市、從試點到推廣的全面免除城鄉義務教育學雜費的進程。1986 年通過《義務教育法》，2006 年農村義務教育實現全免費，2008 年秋城市義務教育實現全免費。對於實施了 20 多年的義務教育政策來說，這是一個里程碑，保障了義務教育的公益性質，保障了適齡兒童、少年平等接受義務教育的權利，為全面實現教育公平繪就了宏偉的藍圖。

外交上，自從 1971 年 10 月聯合國第二十六屆大會恢復我國在聯合國一

---

1　「統計局：1978 年以來我國經濟社會發展的巨大變化」，《人民日報》2013 年 11 月 6 日。

切合法權利，以及 1972 年 2 月中美簽署《中美聯合公報》並於 1978 年 12 月簽署《中美建交公報》後，與我國建交的國家越來越多，截止 2008 年 1 月 1 日，世界上 196 個國家中，共有 174 個國家與我國建立了外交關係，而且我國參加的國際性組織越來越多，且在各國際組織的地位越來越高。這些都顯示 2008 年前後我國在國際上的地位越來越高和越來越重要。

## 二、科技領域成就卓著

科技上，從神舟一號到神舟四號，我國飛船只經過了 4 次無人飛行試驗，2003 年 10 月 15 日神舟五號飛船進入預定軌道，楊利偉成了浩瀚太空迎來的第一位中國訪客，實現了中華民族千百年來飛天夢想。2005 年 10 月費俊龍、聶海勝乘坐神舟六號飛船，成功進行了穿越軌道艙與返回艙、工效學評價、醫學試驗、軌道艙飛船設備操作等一系列空間科學實驗，我國首次真正意義上有人參與的空間飛行試驗取得圓滿成功，這標誌着我國載人航天從此邁入了新的階段。2008 年 9 月 25 日「神舟七號」載人航天飛船發射升空，我國航天員首次太空漫步，雖然只有短短的 19 分 35 秒，但在我國航天歷史上留下了濃墨重彩的一筆——翟志剛首次真正把中國人的足跡留在了太空，在這個過程中，翟志剛在劉伯明的配合下順利完成了空間潤滑材料和太陽能電池極板的實驗項目，強大的地面測控系統全力保證「天地」聯繫暢通並提供必要的支持，通信設備、照明設備、操作界面、攝像機……每一個細節都無懈可擊。我國已經初步建成了比較完善的陸基和海基航天測控網，5 個國內測控站、4 個國外測控站、5 艘遠洋測量船參加了神舟七號飛行的測控。從神舟一號到神舟七號，從無人飛行試驗到載人飛行，從單人飛行到多人、多天飛行，再到首次太空行走，印證着我國綜合國力不斷提升的足跡，中華民族千年飛天的期盼終於變成了現實。

2007 年 10 月 24 日，我國在西昌衛星發射中心用「長征三號甲」運載火

箭將「嫦娥一號」衛星成功送入太空。「嫦娥一號」是我國自主研製的第一顆月球探測衛星，它的發射成功，標誌着我國實施繞月探測工程邁出重要一步。2008 年 4 月 25 日發射的我國首顆數據「中繼衛星」「天鏈一號」，為我國建設天基航天測控網提供了平台。享有「衛星的衛星」之譽的「中繼衛星」，可以為衛星及飛船等航天器提供數據中繼和測控服務，極大提高各類衛星的使用效益和應急能力。

### 三、2008 年中國成功申辦奧運並在奧運會上取得最好成績，而且汶川地震充分展現了國人的團結精神

歷經兩次申辦、七年籌措，2008 年 8 月 8 日中國北京終於迎來了奧林匹克盛會，全球 40 多億觀眾觀看了北京奧運會開幕式，這次奧運會促進了中國與世界的體育合作與交流，託起了中華民族體育大國的百年夢想。同時為中西方文化提供了一次充分交融機會，也充分展現了一個更加開放自信的中國，提升了中國的國際形象與政治經濟地位，成就了炎黃子孫前所未有的國家與民族自豪感。與此同時，中國在這一屆奧運會上所獲獎牌數首次達到 100 枚，其中獲得 51 枚金牌，首次位列夏季奧運會金牌榜第一名，翻開了中國奧運征程的嶄新篇章。奧運會後，金牌獲得者到香港，除了進行體操、跳水、羽毛球和乒乓球的四項公開表演，還在大球場進行大匯演。北京奧運會的舉辦及中國在奧運會取得佳績對香港同胞是一極大鼓舞，對激發他們的「民族自豪感」發揮了很大作用。

同樣是在 2008 年，中國發生了罕見的大地震。該年 5 月 12 日發生汶川大地震，數萬生命慘遭隕滅，直接經濟損失高達 8451 億，這不是中國第一次遭遇浩劫，但創下了許多第一次和充分展現國人團結精神。第一次公眾以志願者形式展示出巨大社會能量，「前所未有」的民間賑災捐款、自發獻血、自發救災；第一次最多的現代化兵種趕赴「前線」協同作戰，使中國軍人感天

動地的事跡傳遍各地；第一次將災難信息迅速傳遍全國，有力地促進和保證
了大災下的社會穩定；第一次舉國為黎民百姓的逝去默哀，汽笛嗚咽，警報
齊鳴，為這次地震中逝去的親人送行；第一次給逝者以最大的尊重，公安部
為難以識別身份的「5‧12」地震遇難人員設立 DNA 數據庫。這次地震充分
展示了內地人民在大災面前的團結一心和眾志成城，從而也深刻地感染了香
港同胞，使香港同胞的愛國熱情得以充分展示出來。

## 四、這時期港人對國家的認同感增強，與國家取得巨大成就關係 密切

「國家認同」的確需要國家各方面發展好，讓港人能夠感受到作為「中國
人」的榮耀，進而噴發出愛國熱情，並產生發自內心的「國家認同」。二十世
紀七十年代末、八十年代初，內地經濟落後，各項文化事業也極為落後，與
香港的差距非常大，那種條件下港人自然歧視內地，不僅缺乏「國家認同」，
甚至害怕回歸祖國。2007 年與 2008 年中國國力大幅提升，與改革開放初期已
經是天壤之別，而且這時期科技發展突飛猛進，中國迅速地從地區性大國變
為全球性大國，加上奧運會、抗震救災等展示了國人的團結，從而促使港人
「國家認同」大幅提升。

2007 年時任港區全國人大代表及香港立法會主席的范徐麗泰說：「港人
對國家的認同感不斷增強，與國家在外交、經濟、科技、體育等方面的巨大
成就分不開。國家的國際地位日益提高，港人倍感自豪。雅典奧運會內地獲
金牌運動員訪港，神五、神六上天，航天英雄楊利偉、費俊龍、聶海勝先後
訪問香港，都受到香港市民的熱烈歡迎，萬人空巷，爭睹他們的風采。」[1]不

---

1　「香港回歸 10 年：回國發展者增多　國家認同感上升」，《國際先驅導報》2006 年
　12 月 29 日。

少香港學者也指出，香港市民對中國的認同持續升高，主要原因是內地經濟高速發展，政治相對穩定，社會日趨進步。

## 第四節　這時期香港與內地融合正面效應突出

內地發展及香港與內地關係變化，對港人「國家認同」有重要影響。2009 年之前，儘管香港經濟與民生狀況不如回歸前，但是內地對香港經濟發展發揮強有力後盾作用，香港與內地經濟融合正面效應突出，對於香港經濟走出困境以及改善就業等民生問題發揮了巨大作用。

### 一、內地對香港國際金融中心地位給予了強有力支持

#### 1. 內地企業到港上市使香港成為世界上市招股融資總額排第一的地區

香港作為國際金融中心，有成熟的證券市場尤其是成熟發達的股票市場，中央支持內地企業到港上市。內地企業 1993 年首次赴港上市，截至 2008 年 4 月底，內地企業在香港上市數目達 443 家，當中的 140 多家更發行了 H 股，集資額超過 2.1 萬億港元。[1] 回歸後 H 股公司數量增速超過紅籌股增速，表明在香港上市的內地企業由原來以內地控股、境外註冊型企業為主轉向內地註冊的企業為主；在港上市的中資企業又以超大型公司佔主導地位，且基本集中於網絡通信、能源、金融和交通設施四大產業。

香港恆生指數服務公司自 1997 年 6 月 16 日起以 32 家香港中資企業股價變動為基準，推出「恆生香港中資企業指數」，掀起「中國概念股指數」的風潮，隨後里昂證券公司也宣佈推出反映中國概念股走勢的「大中華指數」。中

---

1　「截至 2008 年 4 月底共有 443 家內地企業在香港上市」，《新華網》2008 年 5 月 8 日。

資上市公司總市值由 1997 年回歸時的佔香港股市的 16%，發展為 2008 年佔香港股市的半壁江山。由於大量內地企業到港上市，早於 2006 年底香港股市市值就超過了多倫多和法蘭克福，成為全球第六大股票市場。除了中國內地企業積極到香港上市，也有很多國際企業通過到港上市開通往內地市場的門戶，使香港連續多年居「首次公開招股（IPO）」集資總額全球第一。內地企業在港上市，既為內地籌集資金發揮了極為重要作用，香港被認為是「中國的華爾街」，同時也為香港帶來了商機，有助於香港聚集大批國際金融機構和專才，對鞏固香港國際金融中心地位及穩定香港金融市場發揮了重要作用。

### 2. 人民幣國際化推動香港金融業發展

香港於 2004 年啟動人民幣業務，初期的離岸人民幣業務主要由銀行為個人客戶提供人民幣存款、兌換、匯款和銀行卡等服務，到 2011 年香港人民幣存款量已超過 4000 億元人民幣（見圖 6-1），香港獲准經營人民幣銀行業務的機構也達到一百多家。

圖 6-1：2004 年至 2011 年初香港人民幣存款額示意圖

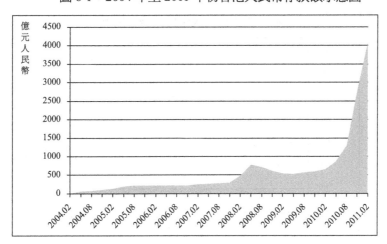

資料來源：香港統計年鑒

　　2007 年 6 月 27 日起國家開發銀行在香港發行 50 億元人民幣債券，這是境內金融機構在香港發行的第一支人民幣債券，之後發債體類別逐漸擴展至國家財政部、香港銀行在內地的附屬公司、本地與跨國公司，以及國際金融機構，透過發展人民幣債券、貸款和股票類產品，香港成為最大的離岸人民幣融資中心，香港人民幣債券發行公司的名單幾乎每周都在遞增，人民幣產品被超額認購，到 2011 年 2 月人民幣債券在香港累計發行量接近 1200 億（見圖 6-2）。2011 年 4 月香港第一支以人民幣為買賣單位的基金——匯賢房地產信託基金招股集資逾 100 億元，開創香港人民幣 IPO 先河。

　　2009 年內地開始跨境貿易人民幣結算試點，同時在香港推行了跨境人民幣貿易結算試點。2010 年香港金管局啟動 200 億元人民幣之貨幣互換以提供人民幣資金支持香港的人民幣貿易結算，同年內地與香港簽訂了備忘錄，允許人民幣如果不涉及跨境，可由香港根據當地法規和需求推動人民幣離岸市場發展。SWIFT（環球銀行金融電信協會）統計數據顯示，內地境外的離岸支付有八成是通過香港進出的。2011 年 11 月 22 日中國人民銀行與香港特區

圖 6-2：香港人民幣債券發行情況

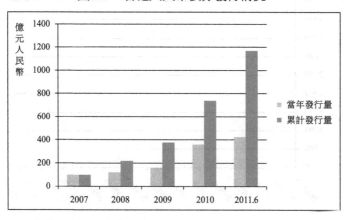

數據來源：香港金融管理局 http://www.hkma.gov.hk/eng/

金融管理局簽署為期 3 年的貨幣互換協議,規模達 4000 億元人民幣。自此香港離岸人民幣業務涵蓋了存款服務、貿易結算、財富管理、投融資等多元範疇。

2010 年香港人民幣即時清算系統每日運作 15 小時,連接歐洲市場交易時間,成為全球規模最大、效率最高的離岸人民幣業務樞紐,擁有全球最大的離岸人民幣資金池,2010 年 4 月香港人民幣外匯工具每日成交額已經達到 109 億美元。人民幣業務發展是香港與內地經濟互惠互利、創造雙贏的最佳例子。由於內地資本賬還未完全開放,香港提供了一個風險可控的測試平台,大力推動人民幣跨境使用,逐步成為國際貿易結算、投資及儲備的貨幣,同時也有利於香港金融業發展。

### 3. 在內地支持下香港保持了國際金融中心地位

儘管香港有東京和新加坡兩位強有力競爭者,但香港有內地強有力支持,使東京和新加坡這兩個強鄰無法取代香港的國際金融中心地位。由 Qatar 金融組織與倫敦金融市合作研究的全球金融中心指數,自 2007 年開始排名,該金融中心的評選標準由商業發展、稅率、人才流動性、金融內需建設和城市聲譽綜合評斷,2007 年至 2013 年每年前 3 名不變都是倫敦、紐約和香港。2010 年 11 月 4 日世界經濟論壇發佈「2010 金融發展排行榜」,香港在全球的排位也由第 5 位回升至第 3 位。金融業的發展不僅為香港經濟發展貢獻巨大,也為香港就業等帶來了很大貢獻,表 6-7 可見,金融業就業人數不斷上升,所佔就業人口比重也上升。

## 二、香港與內地保持互為最大貿易夥伴格局

### 1. 雙方商品貿易不斷發展

1997 年至 2009 年香港轉口貿易額從 12445.39 億港元增加到 24113.47 億

表 6-7：2007 年至 2011 年香港金融業從業人數情況

| 年　份 | 金融業從業人數（萬人） | 就業人口總數（萬人） | 金融就業人口／總就業人口（%） |
|---|---|---|---|
| 2007 | 45.3 | 320.7 | 14.13 |
| 2008 | 48.2 | 327.7 | 14.71 |
| 2009 | 50.6 | 334.1 | 15.15 |
| 2010 | 52.9 | 341 | 15.51 |
| 2011 | 54.8 | 349.5 | 15.68 |

數據來源：中經數據統計網 http：//db.cei.gov.cn/

港元，12 年間增長 93.75%，轉口貿易在總出口中所佔比重從 85.48% 上升到 97.66%；中國內地供應及吸納的轉口貨值在香港轉口貿易總值中所佔比重，從 93.79% 上升到 113.63%。香港與內地轉口貿易（包括外發加工貿易），回歸前後對比，無論絕對轉口貿易量還是相對轉口貿易水平都呈上升趨勢，其中在香港轉口貿易中與內地有關的貿易量均在 90% 以上，而 2002 年後的 5 年這個比重已經超過了 100%。香港轉口貿易發展迅速主要得益於內地經濟快速發展，內地進出口需求的增加直接促進了香港轉口貿易量的增長，在兩地貿易中佔據半壁江山的外發加工貿易增長也是兩地轉口貿易上升的重要原因。

但是香港的轉口貿易增長率到新世紀初就到達了頂峰，其後不斷滑落，1991 — 2000 年年均增長 12.9%，2001 — 2005 年 8.7%，2006 — 2011 年 7.5%。然而，2003 年 6 月「內地與香港更緊密經貿關係安排」（CEPA）簽署，香港對內地貨物出口實行零關稅，這使香港對內地貨物出口從 2003 年的 952 億美元激增到 2011 年的 2240 億美元，年均增長 11.3%，較香港同期整體出口的幅度多 8.5%。至 2012 年 3 月底，在 CEPA 項目下實現貿易總額便達到 49.6 億美元，累計關稅優惠達 28.4 億元人民幣；至 2013 年 7 月底，CEPA 讓香港

企業節省超過 36 億元人民幣、相當於 5.95 億美元的關稅。[1]

### 2. 雙方服務貿易不斷增加

2003 年簽署《內地與香港關於建立更緊密經貿關係的安排》（CEPA）後，CEPA 每年都簽署一份新的補充協議。至 2011 年 4 月底，香港特區政府已批准 1495 份「香港服務提供者證明書」，主要集中在運輸、物流、分銷、廣告及建築等行業。由於香港與內地在服務業尤其是專業服務業方面互補性很強，因此自 CEPA 實施以來，中國內地逐漸成為香港服務貿易輸出的最大市場。

表 6-8：香港服務貿易　　　　　　　（億港元）

| 年　份 | 出　口 | 進　口 | 總　額 | 出口淨額 |
|:---:|:---:|:---:|:---:|:---:|
| 1980 | 292 | 200 | 483 | 92 |
| 1985 | 626 | 435 | 1061 | 190 |
| 1990 | 1425 | 1008 | 2433 | 417 |
| 1995 | 2536 | 1806 | 4343 | 730 |
| 2003 | 3624 | 2034 | 5658 | 1590 |
| 2004 | 4296 | 2425 | 6721 | 1871 |
| 2005 | 4954 | 2642 | 7596 | 2312 |
| 2006 | 5651 | 2879 | 8530 | 2772 |
| 2007 | 6608 | 3322 | 9931 | 3286 |
| 2008 | 7186 | 3665 | 10851 | 3521 |
| 2009 | 6698 | 3406 | 10104 | 3292 |
| 2010 | 8248 | 3963 | 12210 | 4285 |
| 2011 | 9413 | 4349 | 13761 | 5064 |

數據來源：香港特區政府統計處

---

1　王建：「香港經濟增長能力長期衰退的現狀與原因」，《中國統計年鑑》，中國統計出版社 2015 年。

　　1999 至 2007 年專業服務出口基本呈增加趨勢，其中法律、會計、建築工程等技術服務出口均從 1999 年的不足 2 億港元上升至 2007 年的 10 多億港元，建築工程與其他技術服務出口更高達 19 億港元。2005 年至 2007 年更明顯，2005 年香港與內地有關的專業服務輸出金額已經佔到服務總輸出金額的約 5%。2007 年會計、法律、建築和相關工程服務出口值分別為 13 億港元、14 億港元及 19 億港元，比 2005 年大幅度增長，其中建築工程與其他技術服務增長近 2 倍，比 1999 年更是大增 7 至 23 倍。之後繼續發展，2011 年服務貿易總額比 2004 年翻了一番，增加到 2011 年的 13761 億港元，在世界上服務貿易的地位提升到第 10 位。

## 三、內地保持為香港最大遊客來源地，推動香港旅遊業不斷發展

　　回歸後的 1998 年 6 月，內地每日赴港旅客人數放寬三成，該年內地到港遊客 259 萬，佔全部訪港遊客的 27%（1997 年為 22%），2001 年元旦起取消了內地居民赴香港遊配額，2003 年 7 月開放內地居民赴港自由行，廣東中山、東莞、佛山、江門居民先行開放，8 月 20 日推廣至廣州、深圳、珠海，

圖 6-3：1986 年至 2011 年香港服務貿易輸入輸出與經濟增長

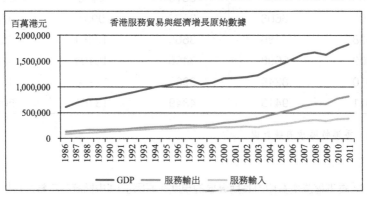

數據來源：香港特區政府統計處

之後推廣至北京與上海，2004 年 5 月 1 日推廣至廣東全省，之後繼續推廣到內地其他城市。因此訪港的內地旅客大增，由 2004 的 1225 萬人次上升至 2011 年的 2810 萬人次（見表 6-9），內地成為香港最大旅客來源地。

表 6-9：內地到港旅遊人次、佔比例與消費情況

| 年 份 | 人 次 | 佔總到港人數比 |
|---|---|---|
| 1996 | 2311184 | 19.7% |
| 1997 | 2364223 | 21% |
| 1998 | 2671628 | 26.3% |
| 1999 | 3206452 | 28.3% |
| 2000 | 3785845 | 29% |
| 2001 | 4448583 | 32.4% |
| 2002 | 6825199 | 41.2% |
| 2003 | 8467211 | 54.5% |
| 2004 | 12245862 | 56.1% |
| 2005 | 12541400 | 53.7% |
| 2007 | 15486000 | 55.0% |
| 2008 | 16862000 | 57.1% |
| 2009 | 17957000 | 60.7% |
| 2010 | 22684000 | 63% |
| 2011 | 28100000 | 67% |

數據來源：1997 — 2011 年《香港經濟年鑒》

　　內地旅客對香港經濟舉足輕重，到港過夜的內地客人均消費高於整體旅客，是香港本地酒店、零售業、餐飲及物流運輸的重要收入來源。有學者估算，內地旅客每年為香港帶來 1000 億至 1500 億元的經濟收益，2011 年香港

政府統計處統計數字顯示，至 2011 年底內地居民赴港個人遊累計達 7852 萬人次，給香港帶來約 3462 億港元直接旅遊收入，連同間接收益更高達 6300 億港元，並為 28 萬人提供了就業機會。

## 第五節　內地支持及政府處理危機得當緩解了經濟民生問題

這時期，香港與內地融合正面效應較為突出，而且特區政府施政或政策沒有明顯失誤，且應對金融風波得當等等，一定程度上緩解了香港經濟與民生問題，其中住房問題明顯還未突出出來。因此這時期香港經濟與民生問題對港人「國家認同」的影響不是很大。

### 一、2009 年之前，香港經濟與民生問題，因內地的支持而減輕

#### 1.「自由行」使香港經濟在遭受非典疫情的嚴重衝擊後迅速好轉

本章上一節已經闡述，2009 年之前內地與香港經濟融合對香港經濟發展正面效應突出，包括對維持香港國際金融中心、國際貿易中心地位及推動香港旅遊業行業發展都發揮了重要作用，從而對增加香港就業等民生也發揮了較大作用，其中廣東與香港經濟融合發揮的作用尤其突出。事實上，不僅兩地經濟融合對香港經濟與民生正面作用較大，而且中央還給予香港經濟很多經濟上的支持，尤其是在香港經濟遇到困難時，中央都會伸出援手，協助香港經濟走出困境。

2003 年 3 月 3 月香港暴發非典型肺炎，初期只是在酒店和醫院出現，但僅幾日時間便迅速擴散到社區，陶大花園感染人數直線上升，到 4 月中旬已擴展至香港各區 170 多幢居民大樓，人數達到 1200 多個。此次疫情被看成是百多年才一遇的世紀重大流行病和繼亞太區金融風暴後的又一重大事件。非

典型肺炎之前香港已經陷入經濟低迷、嚴重財赤、失業率高企、通縮持續的困境，經濟增長率僅 2.3%，財赤高達 700 億元，失業率高達 8.6%，內部消費萎縮 1.6%，零售收入減少 4.1%。2003 年的非典型肺炎使香港猶如雪上加霜，首當其衝的是旅遊業，2003 年 4 月初世界衛生組織發出避免到香港和廣東的勸喻及馬來西亞等國限制港人入境後，旅行社損失以億元計，生意下跌 80%。到港遊客的減少，使香港本來就疲弱的消費市場更加疲弱，香港酒店入住率跌幅達 20% — 30%，酒店入住率普遍只有 10 — 20%，不少酒店不得不停業或半停業，旅客及商務人士在香港的消費開支急跌 65%。香港最大航空公司國泰航空宣佈 2003 年 4 月起削減每星期共 155 班航班，相當於總運載量的 35%，而營運的航班每班班機運載旅客量只有 30 — 35%，因此每日損失達 300 萬美元，香港第二大航空公司港龍公司更減少航班 48%。[1]

非典型肺炎暴發且傳播開來後，在香港市民中還引起較大恐慌，本地市民消費萎縮 20%。大部分市民減少上街，商店、食肆客人急劇下跌，零售業生意跌幅達 30 — 80%，其中鐘錶珠寶生意跌 70%；飲食業損失達數十億元，且有千家食肆面臨倒閉危機，戲院、電影院生意則下跌 50%。一些銀行不得不停止營業，且非典型肺炎減弱銀行貸款需求，使銀行的風險明顯提高。航空、旅遊、飲食、零售、貿易、地產、銀行等行業的股票均遭拋售，相關股票普遍下跌，其中航空、地產股跌幅最大。[2]

在此困境下，中央決定 2003 年 7 月開放內地居民赴港自由行，並簽訂《內地與香港關於建立更緊密經貿關係的安排》（CEPA），在兩項政策尤其是「自由行」支持下，香港經濟迅速走出谷底並反彈，使 2003 年香港經濟呈現典型的 V 字型走勢，第一季度升 4.5%，第二季度跌 0.5%，第三季度彈升

---

1　「非典嚴重打擊了香港經濟」，《金融博覽》2003 年第 6 期。

2　「非典嚴重打擊了香港經濟」，《金融博覽》2003 年第 6 期。

4%，全年升幅達 3.2%，2004 年經濟增長率更高達到 8.1%。V 字的轉折點是「自由行」，自由行使香港旅遊業及相關行業迅速好轉，至 2007 年 5 月「內地居民赴港自由行」為香港帶來額外消費總計逾百億港元。《內地與香港關於建立更緊密經貿關係的安排》實施最初的兩年創造了 2.9 萬個工作機會。[1]

### 2. 內地因素和廣東因素對香港人均 GDP 增長有顯著的正向影響

中央於 2003 年開放內地人赴港自由行及簽訂《內地與香港關於建立更緊密經貿關係的安排》，以協助香港走出經濟困境之後，又繼續出台了不少挺港措施，其中包括：內地讓香港航空公司增加往來內地航線及增加班次，並開放第五航權；香港旅遊業可進入內地市場經營，加快基建協調，包括廣深港高速鐵路、港珠澳大橋建設；社保基金投資香港及 QDII 出台，允許香港增發人民幣債券；2009 年初出台《珠江三角洲地區改革發展規劃綱要 (2008 — 2020)》。這些措施與 CEPA、內地居民香港「自由行」、開辦個人人民幣業務等，成為香港經濟持續增長的重要因素。

有關研究數據分析顯示，內地因素和廣東因素對香港人均 GDP 增長均有顯著的正向影響。1997 年至 2008 年內地與香港之間的貿易額佔香港貿易總額的比重從 36% 上升至 47.5%，來自內地的轉口貿易增長率和粵港之間貿易總額增長率每提高一個百分點，能分別使香港人均 GDP 增長 0.322 和 0.047 個百分點，使香港的全要素生產率提高 0.327 和 0.039 個百分點。[2] 2004 年開展泛珠合作以來，至 2009 年 6 月在香港上市的泛珠省區企業增長約 60%。因此，內地成為香港經濟的強大後盾，香港與內地經濟合作成為香港經濟主要

---

1 「2003 年香港經濟：戰勝驚濤駭浪 重入復甦軌道」，《東方網》2003 年 12 月 21 日。

2 香港政府中央政策組研究報告：《就香港未來發展、鞏固和優化現有支柱產業及發展優勢產業的跟進研究》，第 14 — 15 頁，2009 年 6 月。

增長動力。

當時駐港日本學者倉田徹感歎：社會主義的祖國包容了資本主義的香港，香港這個世界上最資本主義的大都會，竟然是由社會主義的中國內地推動第二次經濟起飛。時任行政長官曾蔭權説：「國勢日強以及香港社會能夠意識到香港的發展跟國家的發展緊扣在一起，是國民教育最重要的基礎。」[1]

## 二、2009 年之前，香港經濟與民生問題並非政府施政不當引發，反而政府應對金融風暴措施得當

### 1. 特區政府成功擊退國際炒家，減低金融風暴對香港經濟的衝擊

1997 年在泰國首先爆發的金融風暴迅速席捲東南亞其他國家。該年 5 月下旬泰銖受投機者猛烈狙擊，菲律賓比索及馬來西亞元也受沽壓，菲律賓有關當局容許比索浮動，印尼及馬來西亞當局則讓印尼盾及馬幣貶值。8 月投機者再行狙擊，所有東盟國家的貨幣隨之下跌，泰銖、印尼盾及馬元大幅貶值。金融風暴席捲亞洲地區，亞洲區內證券交易所隨之進行重大調整。1997 年 10 月台灣當局決定不再保衛新台幣匯率，因此令新台幣即時大幅貶值 6.5%。金融風暴正面衝擊香港，1997 年 10 月國際炒家大舉沽空港元與港匯，金管局推出加息措施，最優惠利率由 8.75% 提至 9.5%，隔夜拆息率由 9% 升至 300%，成功穩定了匯率。[2] 當時適逢國際貨幣基金組織代表團在香港進行一年一度的第四次磋商，基金組織代表團在磋商報告的總結聲明中提到香港金管局捍衞港元的事宜時指出：香港政府強而有力的行動，緊縮貨幣屬

---

1 黃勝利：「香港人在回歸祖國後尋找身份認同」，《中國經濟時報》2007 年 06 月 27 日。
2 余永定：「香港特區政府同國際炒家的又一次較量」，《世界經濟與政治》1998 年第 10 期。

適當之舉，成功地表現出香港當局既有能力也有決心捍衛聯繫匯率制度。

1998 年國際炒家再次攻擊香港金融市場。國際炒家在市場上大手沽空恆生期指，並向銀行拆入大量長期資金或趁利率處於低位時囤積港元，一旦傳出對市場不利消息，立即衝擊港元聯繫匯率，即使外圍沒壞消息，也通過製造壞消息來沽空港元。此時，為維護港元匯率，市場資金將緊張，銀行同業拆借利率將上升。藉助拆借利率上升機會，國際炒家集中力量攻擊期貨市場，並在現貨市場上狂沽大市值股票，使恆指期現貨均下挫，從而實現獲利。面對國際炒家的洶湧來勢，香港特區政府於 1998 年 8 月 5 日大舉接納被拋售的港元、買進股市上的藍籌股和現貨月股指期貨，並買入了相當數量的期權作風險對衝，8 月 14 日首戰告捷。恆生指數當天大漲了 564 點，一舉收復了 7000 點關口，期指也出現勁升局面，8 月份期指收市回升到 7210 點，漲600 點。8 月 14 日時任財政司司長曾蔭權發表聲明指，香港金管局已在當天較早時候動用外匯基金，在匯市、股票及期貨市場採取行動，與投機商們開始了全面較量。通過不斷地運用上述各種策略，成功地將恆指現貨期貨市場穩步推高，在 14 日至 28 日的半個月中，恆生指數呈現大漲小回，步步為營的攀升狀態。[1]

## 2. 香港經濟結構轉型升級受制於客觀環境及高官的不配合

這時期，香港經濟結構轉型已經提上日程，時任行政長官董建華看到了這個問題，因此提出了發展「數碼港」與「中藥港」等計劃，且希望與深圳合作推動科技產業發展。但是受制於當時國際上不斷出現的大事件，先有亞洲金融風暴，後有美國發生的 9.11 恐怖襲擊，再有非典型肺炎襲擊，這些不

---

1　余永定：「香港特區政府同國際炒家的又一次較量」，《世界經濟與政治》1998 年第
　　10 期。

斷衝擊着香港經濟，加上時任政務司司長陳方安生反對與廣東加強合作。時任特區政府司長或局長，除了時任律政司司長的梁愛詩，其餘均是在回歸前夕由末代港督彭定康提拔的，中國中央政府為了實現香港平穩過渡，讓港英政府高官過渡為特區政府高官，並由董建華提名後中央政府任命。這些高官自然明白董建華只是表面上的「老闆」，實際「老闆」還是彭定康，因此他們並未很好地配合董建華的施政，因此董建華的有關發展數碼等科技產業計劃很難落實。

發展「數碼港」與「中藥港」，以及與深圳合作推動科技產業計劃，說明回歸初期董建華看到了解決產業轉型的重要性，表明其當時經濟發展決策的正確性，只是受制於當時的主客觀條件而未能落實。

### 3. 這時期政府住房等民生政策未出現明顯失誤，樓價反而跌得太多

這時期，民生問題明顯，但是以客觀原因為主，特區政府政策失誤不明顯，尤其是後來變為最嚴峻的樓價過高等住房問題並未出現。當時香港受到包括亞洲金融風暴等多重因素的衝擊，香港樓價下挫近七成，出現不少「負資產人士」，有評論認為，時任行政長官董建華宣佈「八萬五」房屋政策起了推波助瀾作用。因回歸前香港樓價暴漲，港人住房問題突出，因此董建華希望改善港人住房，提出「每年香港政府的房屋署必須修建八萬五千個公屋套間（九七前是每年二萬個套間），要讓那些低收入的居民申請公屋的輪候期限不能超過三年」，只是沒想到該計劃提出不久便爆發亞洲金融風暴。香港樓價暴跌主要原因是金融風暴影響，絕非董建華的「八萬五」建屋計劃。「八萬五」計劃其實正說明回歸初期，董建華看到了解決住房問題的重要性，表明其當時決策的正確性。

回歸後，的確 2001/02 年、2003/04 年、2004/05 年財政年度，私人住宅土地供應遠低於回歸前 1990/91 年度至 1996/97 年度的平均水平，但是這時

期正是房地產暴跌時期，減少賣地是為了緩解房地產暴跌問題，因此 1997 年至 2004 年香港樓價過高的情況並不存在。2004 年後，香港樓價開始走出谷底和反彈，負資產問題很快消失了。初期的反彈幅度並不大，加上 2008 年全球金融海嘯影響，香港樓市在該年還一度下跌，因此直至 2009 年樓價過高問題未突出出來。

## 第五節　中國傳統文化的保留與教育宣傳產生作用

社會意識有其相對獨立性，因此教育與宣傳等是促進或阻礙「社會意識」改變的手段，香港的教育與宣傳便在改變港人「國家認同」方面發揮了重要作用。回歸初期，香港特區政府按照《基本法》及香港法律的規定，擬定了較符合當時港情的提升港人「國家認同」的教育與宣傳政策。而且當時特區護照使赴海外港人享受到祖國幫助等等因素也對增強港人「國家認同」發揮了正面作用。

### 一、回歸前中國傳統文化在香港得以保留，有利於港人建立「國家認同」

#### 1. 英國政府在東南亞與香港的殖民統治都遵循一個大致的模式，儘量保留當地文化與傳統

儘管前面的分析中，分析了港英政府教育上輕視中文，且在英國殖民統治中期的冷戰時期，採取「去中國化」教育政策，不允許在課堂上講中國歷史，尤其不允許講鴉片戰爭後的中國歷史。但是對華人社會或華人「民間保留華人生活方式與文化傳統」，港英政府並沒有干預。英國政府在東南亞的殖民統治都遵循一個大致的模式，就是儘量保留當地文化與傳統，對香港也不

例外。英國人佔領香港、九龍以及強租新界後均曾發表文告表示「對原有華人習俗不予觸動」，例如佔領香港島時，義律便在 1841 年 2 月 1 日發佈告示稱，「凡有禮儀所關，鄉約律例，率准仍舊，亦無絲毫更改之議。」[1] 尤其是英國殖民統治早期，華洋社會固守各自風俗習慣，在文化傳統、倫理道德和生活習俗方面，華人與內地民眾血脈相連，營造的是具有濃郁嶺南風情的華人社會風俗。直到二十世紀五十年代，香港人仍然保持着中華傳統文化習俗，西方的生活方式雖已滲入，但香港仍處於華洋並處及中西混合的階段，直到二十世紀五十年代末香港社會的中華傳統文化特性依然鮮明，香港青年的生活也基本上是上一代生活方式的延續。因為港英政府重視英語及西方文化教育，到二十世紀六十年代後香港本地成長起來的新一代華人已經更願意接受西方文化而不再堅守父輩源自故鄉的生活方式和文化傳統，他們基本上崇洋，開始嘗試西方輸入的新奇事物，包括組織樂隊及舉辦舞會，且嘗試接受西方飲食及服飾文化等等。

　　儘管香港華人對西方風俗的認識經歷了從排斥到逐漸接受，但是香港華人始終珍藏和保留着對中華民族習俗的熱愛和崇敬，因此中國傳統文化在香港得到了較好的保留，甚至清朝流傳下來的習俗在香港也保留了較中國內地更長的時間。例如「一夫多妻」等制度，內地在 1949 年新中國成立後便取消了，而在香港直至 1972 年才在制度上廢除，新界地區很多習慣或舊制至今依然延續清朝的傳統。1988 年重陽節報章有評論指出：「香港是中國傳統的保衛者，以重九為例，此日街道上堆滿了男男女女手持鮮花的人，去天主教墳場的孝子賢孫絡繹於途。慎終追遠，是中國人的信條，不是現代文明所能洗脫的。」[2]

---

1　中國史學會編：《中國近代史資料叢刊》之《鴉片戰爭》第 4 冊，上海人民出版社 1962 年版，第 239 — 240 頁。

2　張徹：《回顧香港電影 30 年》，三聯書店（香港）有限公司 1998 年出版，第 156 頁。

因此英國殖民統治對香港華人作為炎黃子孫的身份認同並沒有太大影響。

中國內地經歷「文革」等系列政治鬥爭後，傳統文化中的儒家、道家與佛教文化，以及民族民俗文化等等均受到很大破壞，尤其是二十世紀七十年代的批林批孔，使儒家文化受到極大破壞。反而在香港這個華人佔95%的傳統華人社會，中華傳統文化包括儒家、道家與佛教文化，以及不少民間習俗，在這裏得到很好保留和傳承。儒家、道家與佛教文化在香港得到廣泛尊崇，甚至形成較深厚的儒教、道教與佛教文化，香港信奉儒教、道家與佛教的信徒高達兩百萬左右。因此中國傳統文化對港人思想觀念的影響深刻而廣泛。

**2. 香港保留了廣東的文化及習俗和傳承了「嶺南文化」傳統**

華人佔95%的香港社會，在港英百多年重視西方文化教育及西方文化滲透的影響下，逐漸接受了西方文化，成為中西文化匯聚地區，但是香港華人始終保留了與廣東人相同的傳統文化，不僅具有中華文化特徵，而且極富嶺南文化特色。香港極富地方特色的粵劇可謂是嶺南傳統文化的代表，粵劇館新光戲院有「粵劇界紅館」的美譽，是難得的舊式戲院。中秋節有美輪美奐的彩燈會，農曆新年春節有財神迎春納福，端午節有扒龍舟等節慶活動，此外還有傳統的舞龍、醒獅及巡遊表演。其中「飄色」巡遊是香港傳統習俗中的祈福儀式之一，相傳在清朝中葉，因瘟疫為患，居民為消除瘟疫而舉行「飄色」巡遊，後保留成為民間文化習俗。香港還有取材中國古典傳說和古典小說的《倩女幽魂》《梁祝》《青蛇》等影視作品，以及弘揚民族正氣、自強不息的「黃飛鴻系列」電影作品。

同時香港保留了許多嶺南文化習俗，例如在家中擺放神位和供奉關帝，為逝去的祖先焚香燒紙，並相信風水，與算命先生商議旅行、結婚和生意安排。春節期間，黃大仙祠、文武廟人頭湧湧，參拜的香客川流不息，敬香拜仙、拜佛的不僅有老人，更多的是新潮青年。而且香港人業餘生活或活動也

保留了廣東廣府人的生活方式，例如飲早茶、搓麻將、做道場、看粵劇、聽粵曲等等。

### 3. 中國傳統文化的保留有利於港人的「民族認同」與「文化認同」，並成為回歸最初十餘年港人「國家認同」向着增強方向發展的重要條件

「民族認同」依賴於體貌特徵、共同記憶、血緣關係和歷史文化傳統等等，是人們對「特定地域」自然及文化傾向的認可與共識；歷史上香港便是廣東的一部分，即屬於廣東珠江三角洲地區，且廣東廣府人或珠三角地區人約佔香港華人的 70%，香港人與廣東人有着共同的祖先，同宗同源，這使香港人基本保留了對「中華民族」的認同。「文化認同」是生活於同一「民族共同體」的人們熱愛本民族的文化傳統、認識本民族的歷史、對本民族的歷史文明和成就有自豪感。香港文化與廣東文化屬於同一種嶺南文化，共同的語言、共同的宗教、共同的習俗、共同的生活方式，使香港人保留了對「中華文化」的認同。

香港人之所以對「中華民族身份認同」較高，就是因為香港保留和傳承了中華文化，尤其是中華文化分支的嶺南文化。這些使得香港人與廣東人更容易產生情感和心理上的趨同，回歸前香港民眾爭取中國文化地位的社會運動以及「保釣行動」即是最好的例證。而這些也成為回歸最初的十餘年香港人「國家認同」向着增強方向發展的重要基礎和條件。

## 二、教育與宣傳產生作用

### 1. 回歸初期的十餘年，特區的國民教育政策基本符合當時的情況

1997 年 7 月 1 日香港特區首任行政長官董建華在就職典禮的講話中說：「由於香港在相當長的一段時間和祖國分離，香港同胞往往對國家缺乏了解。

在『一國兩制』的新環境下，我們將會有許多機會和充分條件，去認識國家，認識民族；去熱愛國家，熱愛民族。只有這樣，我們才能夠重新接上中華民族的根，『一國兩制』的事業才能成功。」[1]因此回歸後香港特區政府加強了在學校推動中國文化及國民教育。1997 年特區政府要求將中文作為官方語言並作為必修課進入課堂教學，而且特區政府第一份施政報告就指出：「若要維持香港在國際上的競爭優勢，我們必定要有中英兼擅的人才。我們的理想是所有中學畢業生都能書寫流暢的中文和英文，並有信心用廣東話、英語和普通話與人溝通。」[2]

1998 年開始，教育統籌委員會分三個階段分別就「二十一世紀教育目標」「改革教育制度的方向和整體構思」與「改革教育制度的方案」等進行了檢討。課程發展會議分別於 2001/2002 年度、2008/2009 年度公佈了學習課程發展路向等報告，表達了加強國民教育的思想。其中 2001/2002 年度推出的教育改革建議中，將「公民教育」改名為「德育及公民教育」並列作「關鍵項目」之一，2001 年 9 月起「德育與公民教育科」相繼在初中、小學和高中被作為獨立科目設立，成為中小學生的必修課。2002 年特區政府設立了「德育及公民教育專責委員會」，並頒佈《基礎教育課程指引》，明確「培養學生的國民身份認同」是「德育與公民教育」五個核心價值或宗旨之一，其餘四項核心價值分別為「堅毅」「尊重他人」「責任感」和「承擔精神」，並且在「德育及公民教育科」中加強了國民教育課程的設計力度。與此同時，政府也為學校推行國民教育提供了資源網站、專業培訓和資源津貼等。

2008/2009 年度特區政府推出《德育及公民教育課程架構（新修訂）》，

---

1　董建華：「追求卓越共享繁榮——中華人民共和國香港特別行政區成立慶典演辭」，《人民日報》1997 年 7 月 2 日。

2　香港政府一站通：https://www.policyaddress.gov.hk/pa97/chinese/pa97_c.htm。

要求學校在「德育及公民教育課程」中進一步加強國民教育，教育局的網頁也以「德育、公民及國民教育」作為分類項目。2008 年 4 月中旬香港教育局、國民教育中心等多個機構以「改革開放 30 年」為主題，開展了上百場國民教育活動，以多種方式向中小學生介紹過去 30 年國家在科技、環境、社會、文化等方面的發展成果。香港教育局教學資源網站還推出專題，提供最新數據，整合各科目的相關材料，在網站提供鏈接以方便教師講解及提供教學材料。以此為契機，有關方面還在中小學課程中增加了中國發展單元，讓學生系統認識祖國及其發展進程。[1]

## 2. 開展全社會的國民教育與宣傳

為了系統地推廣國民教育，2004 年特區政府成立了「國民教育中心」，同時成立「國民教育專責小組」，負責制定推廣校外國民教育的策略及計劃。同年 10 月國民教育專責小組首次推出「心繫家國」電視宣傳系列短片，各大電視台在播放晚間新聞前先播放 45 秒的「心繫家國」短片。其後的 4 年又分別推出以「志在四方」「承我薪火」「共耀中華」及「國家成就」等為主題的短片。

時任行政長官的曾蔭權在 2007/2008 年的《施政報告》中強調，「特區政府不遺餘力推行國民教育，尤其要重視對青年進行國民教育」，2007 年成立了「國民教育服務中心」，之後推出「薪火相傳：國民教育活動系列資助計劃」，包括青年內地交流團以及利用特殊紀念日開展愛國教育等等。香港教育署也開展了多項公民教育和國民教育的資助計劃和活動，如公民教育委員會每年推行公民教育活動，資助計劃主要資助非政府機構在地區舉辦的公民教育活動、資助大中小學生到內地交流、舉辦「赤子心、中華情」學習之旅、

---

1　武少民：「認知祖國改革開放 30 年」，《人民日報》2008 年 4 月 19 日。

香港教師內地交流計劃、國民教育種子計劃、青年國民教育資助計劃，以及西部開發人才資源計劃等等。2009 年中華人民共和國成立 60 周年之際，特區政府與社會各界攜手合作推出形式多樣的慶祝活動，包括「遠望六號」航天遠洋測量船首次訪港活動、粵港澳青年文化之旅、國慶萬眾同歡嘉年華、香港各界青少年萬人大巡遊及主題晚會等活動，讓香港市民見證國家的發展與成就。

與此同時，香港民間社團也開展了大量香港與內地交流活動。2006 年 5 月由 170 多位愛國愛港人士在中央駐港聯絡辦公室和特區政府有關部門支持下共同發起成立「國民教育促進會」，該會的宗旨為「推動國民教育，提高國民意識」。「國民教育促進會」成立後，開展了多項有利於青少年增加對祖國認識的活動，其中最為重要的是首創「香港青少年尋根之旅」，為香港青少年提供了生動活潑的國民教育平台和對中華民族血脈相承的感念機會。

### 3. 這時期，教育與傳媒的負面影響不明顯

這時期，無論內地還是香港，正面因素較負面因素多，中央政府與香港特區政府支持率較高，這使教育界與傳媒界要負面教育學生或負面報道香港與內地，並不容易。尤其是 2008 年港人「國家認同」甚至超過對香港的認同，這時候教師在課堂上大肆講授內地負面事件，可能引起學生的反感，傳媒大肆報道內地負面新聞也可能被認為是對內地的偏見。因此，這時期反而有不少正面教育與正面宣傳。

2008 年北京舉辦奧運會前後，國家各項事業取得很大發展，這時期學校課程如小學的「常識科」及中學的「通識科」都加入了更多國情教育的元素。傳媒也對北京奧運會及國家隊員取得每一塊獎牌進行詳細報道。汶川地震全國萬眾一心抗震救災，香港傳媒也進行了大量正面報道。因此，這時期教育與傳媒在港人「國家認同」提升方面發揮了一定積極作用。

## 三、「英國海外公民護照」與「特區護照」享有完全不同的待遇

### 1.英國只發給港人「沒有英國居留權，也不能自由進出英國」的「英國海外公民護照」

英國 1962 年就通過《聯邦移民法》否決了香港居民自由居住英國的權利，只是當時的香港人並沒有意識到問題的嚴重性。1976 年英國頒佈《國籍法》，將臣民分成三類：英國公民、英國屬土公民和英國海外公民。英國公民有英國居留權，英國屬土公民沒有英國居留權，但可以自由去英國；英國海外公民，沒有英國居留權，也不能自由進出英國。香港人就被劃為最後一種，這個改革方案使香港許多精英心生絕望，認為英國政府玩弄了他們對英國的忠誠，使得他們感到前路茫茫，有一種無家可歸的漂泊之感。1981 年《英國國籍法》正式通過，香港人喪失了移居英國或自由出入英國的權利，他們拿着英國護照卻不再受到英國的庇護。實際上早在戰後，隨着殖民地的紛紛獨立，英國就對原有的《國籍法》進行修訂，將英國臣民進行分類。尤其是當英國政府意識到香港將要回歸中國時，就開始啟動一系列修改《國籍法》和《移民法》的計劃，以限制香港居民移居英國。

### 2.「特區護照」使赴海外港人享受到祖國幫助

香港特區護照持有人享有免簽證入境待遇的國家和地區不斷增加，至 2007 年 7 月已獲得 134 個國家的免簽優惠，數量遠比英國國民海外護照 (BNO)100 餘個多，而且特區護照使赴海外港人享受到祖國實實在在的幫助。港人到海外旅行、工作，拿英國國民（海外）護照到英國使領館辦事，像二等公民般不受重視，拿着「中華人民共和國」特區護照到中國海外使領館，「像是回到家，處處可以感受到祖國的關懷和溫暖」。

中華人民共和國香港特別行政區護照 1997 年推出之初很少港人申請，

到 2007 年 4 月，持有中國特區護照的港人人數已累積 420 萬本。據駐港英國總領事館的數據，1997 年約有 270 萬港人換領了英國海外公民護照（BNO），但隨着護照 10 年期陸續屆滿，至 2007 年 7 月只有 150 萬本有效 BNO 仍在流通，2001 年仍有多達 17 萬人申領 BNO，到 2006 年只有 3 萬人申領。

# 第 7 章

# 2009 年至 2019 年港人「國家認同」掉頭向下的原因

香港的特殊性使港人「國家認同」難以提高，此條件下再加上社會存在或政治生態不能向好的方向變化，那麼香港人的「國家認同」只會呈下降趨勢，香港 2009 年後的情況正是如此。2010 年後「意識形態矛盾」逐漸被激化，香港政治生態轉差，2019 年形勢更是急劇惡化至最嚴峻狀態。加上 2010 年前後內地一些事件被大肆渲染，損害祖國在港人中的形象，香港與內地融合又超出香港承受力而產生負面效應。而且 2009 年後特區政府政策失誤，導致中學中國歷史課程出現倒退和通識課出現問題，加上特區政府施政無能致國民教育不進反退。這些因素均導致這時期港人的「國家認同」呈下降趨勢。

## 第一節　這時期「意識形態矛盾」加劇及政治生態轉差

曾蔭權任內後期即 2009 年政治生態開始轉差，2012 年梁振英在與唐英年惡性競爭下當選行政長官，任內「意識形態矛盾鬥爭」逐漸加劇，政治氣氛較濃厚。林鄭月娥上任初期一度改善政治環境，「意識形態矛盾鬥爭」出現

緩和，但是 2019 年形勢急劇惡化至最嚴峻態勢。因此 2009 年後特區政府支持率呈下降趨勢，到 2019 年更是呈大幅下降趨勢。

## 一、曾蔭權任內後期即 2009 年政治生態開始轉差

### 1. 曾蔭權任內後期，特區政府的政策被指「錯漏百出」，管治威信下降

2005 年 4 月曾蔭權署任行政長官，政府威信開始回升，由弱勢逐漸轉為強勢，到 2007 年 3 月曾蔭權爭取連任行政長官時，其支持度升至 78%。但是 2008 年 5 月發生「委任副局長風波」後，特區政府威信下跌。開始時並不明顯，但是越接近曾蔭權任期結束，曾蔭權及其政府威信下跌越明顯。

行政長官不能是政黨成員，可以連任一屆。這就使行政長官在第一任時因考慮爭取連任而較為進取，到第二任時已經沒有連任壓力，再遇上「泛政治化的畸形政治生態」及動輒被傳媒或反對派指責的境遇，往往使行政長官及其政府產生心灰意冷情緒，「勵志」會更減弱，於是更被指責，這是一種惡性循環，最後變為「不求有功，但求無過」，於是施政效率必定越來越低。曾蔭權上任初期支持率很高，尤其是其第一任及第二任前一年，第二任的中後期尤其是後期，其經常遭遇反對派批評，這種情況下曾蔭權及其政府的工作便懈怠了，支持率也開始下降。

2010 年「關於 2012 年行政長官與立法會選舉」的政改結束後，學者評價，政府的政策錯漏百出，沒一個政策範疇做成事、沒一個局不出事。新力量網絡的研究顯示，曾蔭權政府在第二任的 5 年立法議程中，合共提出了 134 條法案，當中 39 條法案被擱置或押後，比率高達 34.21%，而最終成功獲立法會通過的法案為 64 條，「立法成功率」只有 56.14%。雖然曾蔭權提出發展六大產業、推動經濟多元化，但六大產業是雷聲大、雨點少，經濟結構狹窄問題絲毫未見改善。2010 年 10 月 13 日立法會以 55 票的超高票通過廢除政府

「擴建將軍澳垃圾堆填區指令」，成為多年以來首次政府支持的立法建議成功被立法會推倒；2011 年 1 月 14 日立法會否決了香港申辦 2023 年亞運會的 60 億港元撥款申請；2011 年 2 月「鼓勵就業交通津貼計劃」被迫一再修訂後才獲立法會通過；同年 2 月底政府財政預算案被迫大幅修改，之後政府臨時撥款議案更史無前例地在立法會不獲通過。政府權威一再遭受打擊，之後再出現連串事件被反對派政治化，使政府民望再遭受嚴重打擊。

### 2. 2011 年發生香港「立法會議員辭職替補機制」立法風波

2010 年香港社民連與公民黨在立法會分區直選的五大選區各一位議員辭職，造成五大選區均需「補選」的局面，從而製造「變相公投」，而「變相公投」的議題則是「爭取『普選路線圖』及『廢除立法會功能組』」。當時便有建制派議員主張立法堵塞漏洞，使反對派無法再「通過辭去立法會議席造成議席補選」而策動「變相公投」。2010 年通過的政改方案使 2012 年產生的立法會新增 5 席超級區議會議席，因此 2012 年之後，民主派只要有一位取得超級區議會議席的議員辭職即要全港補選，大幅降低搞「變相公投」的門檻，因此 2012 年後「公投式補選」變得更容易，為此在制度上堵塞「變相公投」漏洞很有必要。然而當政府提出以「餘票替補」的「遞補機制」解決立法會議席空缺後，被反對派認為不符合香港相關法律，大律師公會與律師協會相繼發表聲明反對「遞補機制」，以至該年的「七一遊行」，不論是民間人權陣線評估的 21.8 萬人，抑或香港大學民調統計的 5.4 至 6.4 萬，都是曾蔭權任內最多人參與的「七一遊行」，最後迫使政府讓步，放棄「遞補機制」。

### 3. 2012 年特區政府「廉潔」受衝擊，政府管治威信降至曾蔭權任內最低水平

一直以來，香港人其中一個引以為傲的地方是擁有廉潔的政府。然而回

歸後尤其是曾蔭權任內香港深陷「官商勾結」的爭議裏，2012 年 2 月 21 日有報章指曾蔭權與富商坐豪華遊艇赴澳門，之後再被揭乘私家飛機外遊、地窖藏大量紅酒並租住富商黃楚標的深圳東海花園，結果曾蔭權被廉署立案調查。曾蔭權遂先後找來退休終審法院首席大法官及審計署檢討特首利益衝突及特首外訪安排，審計署於 2012 年 5 月 31 日就特首外訪安排發表報告，揭發曾蔭權在其第二任的五年中一共外訪 55 次，其中 49 晚的住宿費由政府承擔費用，當中竟有 41 晚是毫無理據下入住超豪酒店頂級套房。同日下午，防止及處理潛在利益衝突獨立檢討委員會也發表報告，指特首在接受利益方面全是自行決定，沒有制衡，「完全不恰當」，「行政長官不應凌駕於法律之上」。審計署及獨立檢討委員會發表的兩份報告均明言不存在刑事追究，但曾蔭權仍需面對廉署的刑事調查。2012 年有報道説，廉署已經一併調查曾蔭權家人有否利用他的關係謀私。至於審計署及獨立檢討委員會提出多項規管特首的建議，廉署發言人表示，如有需要，廉署防貪處樂意提供協助。2012 年6 月因為被揭發涉嫌貪腐致曾蔭權支持度進一步下跌至 15%。

## 二、梁振英在與唐英年惡性競爭下當選，任內香港政治氣氛較濃厚，意識形態矛盾明顯激化

### 1. 梁振英當選後，「西環治港」之説甚囂塵上

回歸以來，傳統左派及親中派，不僅無法做行政長官，甚至沒有機會參選行政長官。第一屆特首選舉 3 名候選人分別屬於商人和法官，第二任行政長官則是政府高官，傳統左派與親中派未能參選。因香港長期受西方理念影響，不少港人對內地制度很排斥，回歸前「親中」基本是一貶義詞，回歸後港人對內地制度的排斥變化不大，因此基本的評估是「親中行政長官不會被港人接受」。因此，中央考慮香港行政長官需要港人接受，就必須是中間立

場人士，而且要有政府工作經驗。因此中央從中間立場自由黨中物色了唐英年作為重點培養對象，讓其從行政會議成員、科技局局長、財政司司長、政務司司長，步步高升，積累豐富政府管治經驗以及民望。因此唐英年佔盡優勢，具有 20 年的從政經驗、10 年的政府工作經驗、立場中立，得到中央與港人認可，在港人中支持度較高。因此，一般估計，唐英年負責 2012 年後五年香港管治責任，應是確保香港平穩發展的最佳選擇。2012 年本來是最後一屆選委會選舉行政長官，作為親中人士，這屆都不能參選，普選條件下要當選行政長官可能會更加困難。而且多些競爭，也可以為 2017 年普選行政長官積累經驗，因此中央同意兩位建制派競選。

　　然而意想不到的是，出現了梁振英與唐英年兩位建制派候選人之間的惡性競爭，唐英年被爆出不少「醜聞」，其中對其形象打擊最大的是其住宅建有面積很大的「地下違章建築」，由此導致唐英年民望大跌。因擔心出現流選使香港社會出現不穩定，在無可選擇下只能選擇民望相對較高的梁振英，並努力確保梁振英當選。但是，行政長官選舉當日，多個團體近 2000 名市民分別在選舉場地的會展中心內外集會，以及到中聯辦示威抗議所謂「小圈子選舉」。當知道梁振英當選後，羣情更洶湧，大批示威者衝到會展入口，企圖衝入會場。當選的梁振英被記者問到其所得選票是否中聯辦協助他拉票所得，他說「不清楚」，有機會會向中聯辦了解。但是梁振英在當選後翌日即到中聯辦，似乎印證了中聯辦幫其拉票，其第一時間到中聯辦就是為了「謝票」，結果反對派紛紛表達不滿。

　　第四屆行政長官選舉時出現建制派候選人之間的惡性競爭，令建制派管治聯盟分裂從而力量削弱，即使傳統愛國陣營也不願被弱勢政府拖累政治前途，因此也不太願意支持政府。反對派則不僅不支持梁振英，更不斷要求其下台。2012 年 7 月 1 日梁振英正式上任之前，梁振英提出的政府由 3 司 12 局擴展至「3 司 2 副 14 局」的政府重組方案被民主派質疑涉及龐大開支卻沒有

諮詢公眾，因此民主派力阻方案在立法會通過。使 7 月 1 日梁振英正式上任時不得不以舊架構上任，而且直到 7 月中立法會結束也未通過議案，結果梁振英放棄重組方案，因此新政府甫開局即成弱勢政府。

**2. 梁振英在與唐英年惡性競爭下當選後，被揭住宅存在較多「僭建物」，誠信受到一定衝擊**

梁振英當選後，被揭發其住宅也有「違章建築」，因此被質疑涉嫌在行政長官選舉中誤導選委，因此反對派對行政長官選舉的公正性與合法性提出質疑。行政長官選舉參選人之一的時任民主黨主席何俊仁提出司法覆核與選舉呈請，指梁振英做失實聲明稱曾找專業人士檢查大宅發現並無「違章建築」，又在選舉期間就「違章建築」打擊對手唐英年誠信，最終勝出過程不公平，要求法庭頒佈選舉結果無效。2012 年 7 月 1 日，新特首上任第一天便遭遇據主辦單位所說達 40 萬人參與的大遊行，遊行訴求之一便是要新特首下台。有關梁振英的「違章建築風波」，中文大學傳播與民意調查中心於 2012 年 7 月 16 至 18 日民調，問市民是否滿意梁振英的解釋？表示「滿意」者 17%，「不滿意」的達 47%。

2012 年年底，特區政府屋宇署被捲進風波，被質疑偏袒梁振英。公民黨和工黨分別去信立法會內務委員會，要求以《權力及特權法》調查屋宇署是否包庇梁振英。民主黨還到申訴專員公署，要求公署對屋宇署署長就梁宅「違章建築」個案的處理方法主動作獨立調查。

**3. 2012 年發生導致「國民教育」大倒退的「國民教育科風波」**

這時期「意識形態矛盾鬥爭」加劇，在「國民教育科」風波中得到充分體現。特區政府決定於 2012 年在全港中小學推行「國民教育科」，原本並未引起太多反響，當時的學民思潮不斷炒作這件事，但社會關注度一直很低。

然而 2012 年 7 月 4 日一名任職教師的梁先生在 Facebook 上載一幀《中國模式國情專題教學手冊》照片，其中一版指中國模式內涵是「民本」，推行社會主義民主政治，以表現和考核為本設立官員遴選制，形成「進步、無私與團結的執政集團」，中國政府用人唯賢，有定期官員更替防止貪污及瀆職等，是社會科學所言的理想型制度，而且「中國尊重其他國家主權，卻常被批評」。有 2 頁以短文交代毒奶粉、動車追撞等爭議事件的反思，並以小欄目「政黨惡鬥，人民當災」指美國民主制度下民主與共和兩黨常為意氣之爭投票否決對方提出的議案使民生受到影響。手冊引發所謂「對學生『洗腦』的擔憂」，學民思潮藉機聯同多個民間團體發起 7 月 29 日遊行，並組成「民間反對國民教育大聯盟」，結果主辦團體表示，至少有 9 萬人參加遊行。8 月 30 日學民思潮一連 3 日至 9 月 1 日在政府總部紮營要求政府撤回「國民教育科」，其中 3 名成員發起絕食抗議。學民思潮的行動得到反對派聲援，進而得到反對派羣眾呼應，9 月 3 日下午主辦單位指有 1 萬人參加集會，9 月 6、7 日佔領政府總部人數據稱分別高達 12 萬及 10 萬，且社運老手加入絕食。結果政府不得不妥協，9 月 8 日政府宣佈取消三年「國民教育科」開展期，9 月 11 日宣佈將《國民教育指引》中的「正面宣傳」中國成就的「當代國情」部分抽掉。最終特區政府完全放棄中小學「國民教育科」。

**4. 2014 年發生了改變回歸後「合法」抗爭慣例並對港人「國家認同」影響深遠的「佔中」社運**

第四章已經述及「佔中」的原因及影響力，這裏將較詳細分析。2014 年爆發影響深遠的「佔中」社運，是「意識形態矛盾鬥爭」轉向激烈的反映。2007 年底全國人大作出了 2017 年香港可以普選行政長官的決定，2013 年初時任香港大學法學院副教授的戴耀廷撰文指，中央對給予香港「真普選」非常抗拒，大規模遊行及持續佔領政府總部不會讓中央讓步，只餘下「佔領中

環」（簡稱「佔中」）這個「大殺傷力武器」才能有籌碼與中央談判，否則便會被對方主導。2014 年 8 月 31 日人大常委會通過香港政改決定（被稱為「8.31 決定」），民主派認為，中央「對香港 2017 年行政長官普選落了三道閘」，封死了民主派成為行政長官候選人的可能，等於港人沒有真正選擇，是「假普選」。並認為若通過「假普選」方案，政府日後便會更加橫行無忌，且中央便不可能有誘因再推「真普選」。因此決定發動「佔中」等全面抗爭社運以爭取所謂「真普選」。

2014 年 9 月 22 日專上學聯發動 1.3 萬人出席的香港有史以來最大規模的大專罷課行動，9 月 26 日 3000 中學生參與添美道集會，罷課的中學生有 1500 人。同時 9 月 25 日專上學聯發動未經申請的遊行，4000 名學生及市民包圍行政長官官邸「禮賓府」，9 月 26 日晚則包圍政府總部，同日時任學民思潮召集人的黃之鋒號召學生重奪政府總部廣場，引發與警方衝突。擔心學運使正式「佔中」時社團難以協調集會，因此戴耀廷 9 月 28 日凌晨宣佈正式啟動「佔中」，使「佔中」與學運合流。9 月 28 日警察清場，使用了 87 枚催淚彈，市民蜂擁上街聲援，最終將「佔中」演變成佔領金鐘、銅鑼灣、旺角、尖沙咀的持續 79 天的佔領運動。其中 9 月 29 日多個地區有數以萬計身穿黑衣示威者聚集，晚上集會羣眾達 18 萬，9 月 30 日晚多地下起傾盆大雨，集會人士撐起雨傘堅持佔領。雨傘在「佔中」時頻繁出現，結果「佔中」被稱為「雨傘運動」。「佔中」因為持續時間長，對香港經濟、市民生活都造成極大負面影響，因此最後反對「佔中」的市民越來越多，最終由道路使用者向法院申請禁止令，再由執行吏拆除路障，並由警方配合清拆並清場，從而結束這場「佔中」。

這次社運，除了「佔中」，反對派還採用了其他抗爭形式，包括小範圍罷工、罷市、遲交稅費、懸掛「我要真普選」條幅、立法會拉布等等。但是反對派的這些抗爭行動不可能使中央及特區政府讓步，因此特區政府堅持在

人大「8.31」框架下制訂「普選方案」，政府及建制派均呼籲反對派「袋住先」，即先接受和通過這一普選方案，今後可以再討論和逐漸降低行政長官候選人「門檻」。但是反對派認為，這一方案儘管被他們認為是「假普選」，但是已經是普選方案，即已經落實基本法第 45 條的規定，今後中央不可能再改變這一方案。因此特區政府提出的普選方案遭遇反對派激烈反對，2015 年 6 月 18 日立法會表決政府的「政改方案（行政長官普選方案）」時，在 28 票反對派議員反對下遭否決。

應該説，反對派「佔中」社運完全失敗，但是「佔中」對香港政治生態的負面影響很大。「佔中」以所謂「公民抗命」為號召，也就是以「非法和平抗爭」為特點，因此其改變了回歸後較大規模社運均為「合法」抗爭的慣例，開啟了非法大規模抗爭的先例。因此其不僅大幅度提高了青年參與政治的積極性，而且為 2019 年發生持續暴亂埋下了「隱患」和「伏筆」。

### 5. 2016 年發生了改變回歸後「和平」抗爭慣例的嚴重「暴亂」事件

第四章提到了「旺角暴亂」，這裏詳述事件。「旺角暴亂」是「意識形態矛盾鬥爭」轉向激烈的又一反映。2016 年春節特區政府食環署打擊小販亂擺賣，本土民主前線（簡稱「本民前」）大年初一在網上號召勇武捍衛小販，並慫恿四散在旺角區內不同位置擺賣的小販集中到砵蘭街朗豪坊附近營業。晚上 9 時許當食環署人員巡經上址，即使未執法，「本民前」成員也主動出擊包圍對方並破口大罵。食環署人員報警，警方介入後，現場搞事者情緒變得高漲，不斷指罵警方及食環署人員。晚上 10 時一輛途經的士意外輾傷一名途人的腳，搞事者立即起鬨並包圍的士，警察接報處理，遭搞事者瘋狂爆粗，高峰期現場有逾 300 人。

深夜 11 時半砵蘭街靠近朗豪坊一帶約有 20 檔小販開檔，零時警方重回朗豪坊擬控制場面，十多名「本民前」成員從事先停放路邊客貨車上提取自

製盾牌等裝備後到路中心一字排開與警方對峙。「本民前」召集人黃台仰從客貨車頂跳下，拿起擴音器指揮手持盾牌成員擺陣，他一聲令下，人羣便衝向警方。同時加入的暴徒迅速增加，他們不斷向警方投擲玻璃瓶及花盆，砸毀警車，並利用垃圾桶及卡板製成路障，高峰期估計有 700 人參與。暴徒瘋狂追打落單的警察，在亞皆老街靠近上海街處，推倒一名正在指揮交通的警員並向他扔垃圾桶及用腳狂踢，附近 6 名交通警聞訊趕至增援，一人見情況失控，為救同袍拔槍向天鳴兩槍示警，沒料暴徒僅稍為退後又再衝上來。接着整個旺角變得更加混亂，暴徒佔據亞皆老街至雅蘭中心一段彌敦道，開始有組織地掘起地磚，再一箱箱運去西洋菜南街，供其他暴徒用來扔向警方，有人更拆去街上鐵欄衝擊警方防線，同時有人在多個路中心縱火，更將燒着的火棒擲向警方。凌晨三時兩隊機動部隊到場增援，暴徒仍不斷向警察扔磚頭。清晨 5 時約 50 名特別戰術小隊人員趕到，至早上 7 時半，暴徒有些被警察拘捕，有些四散逃走，歷時逾 9 小時的暴亂終告平息。

### 6. 其他風波：免費電視牌照風波、港大副校長委任風波及銅鑼灣書店風波

這時期「意識形態矛盾鬥爭」激烈還體現在其他涉及「一國兩制」的風波上。香港無線與亞洲電視兩間免費電視台並存近 40 年，因亞視被指長期處於苟延殘喘狀態，香港免費電視市場實際是「無線一台獨大」。收費電視則收費高，因此港人渴望有更多競爭者加入免費電視市場。當年以回撥長途電話的創意打破香港電話壟斷的王維基，旗下「香港電視網絡有限公司」（簡稱「港視」）2009 年底提出了免費電視牌照申請，有意成為第 3 家免費電視台。2013 年 10 月 15 日政府公佈，免費電視牌照給了兩家收費電視台，高調申請牌照的「港視」不獲發牌，變相否決了引入新的經營者，且政府以行政會議保密原則及資料涉及商業祕密為由不解釋原因。政府從「發三塊牌」變為「三選二」，被指不公平及損害法治，有違社會公義及損害香港商譽，不

解釋原因則被指黑箱作業。結果引發社會很大反彈，2013 年 10 月 15 日政府公佈結果的當日有大學生網民發起「萬人齊撐、快發牌給香港電視」的臉書（Facebook），「讚好」的幾天後高達 49.5 萬。10 月 16 日中文大學新聞及傳播學院發表聲明指，政府未能提出具說服力的理由，評審過程不透明，長遠影響香港資訊和言論自由。10 月 20 日數萬人參與遊行集會，10 月 21 日「港視」員工晚上在政府總部舉辦「上街看電視」集會活動，「港視」工會估計有 1 萬人出席，而且連續 7 天每晚有眾多市民自發參與集會。儘管最終未能達到目的即「港視」最終都未能取得免費電視牌照，但是風波對政府管治還是造成一定程度衝擊，進一步打擊政府民望。

　　2002 至 2014 年擔任香港大學法學院院長的陳文敏獲前終審法院首席法官李國能推薦出任港大「負責教員及資源」的副校長，港大遴選委員會於 2014 年底正式推薦陳文敏出任副校長。港大原預計 2015 年 2 月敲定 3 個副校長職位人選，結果負責最終做出任命決定的港大「校務委員會」（簡稱「校委會」）只討論了其中兩人的任命，因調查陳文敏在任法學院院長時「涉收取 30 萬元捐款有否違規的報告」2 月底才出爐，有關任命因而押後討論。同年 6 月 30 日校委會以 12 比 6 通過擱置審議陳文敏的副校長任命。時任行政長官梁振英被指阻撓港大聘任陳文敏任副校長，因此 2015 年 7 月 1 日一些港大校友就港大校委會拖延委任副校一事發起「捍衛港大尊嚴」聯署，聯署行動最後有 2000 餘名校友參與。同年 10 月 4 日港大畢業生發起在港大開心公園靜坐集會表達對校委會決定的不滿；10 月 6 日港大人文學院與政行系 4 位教授發起校內靜默遊行，結果有 2000 多港大師生參加。10 月 9 日晚港大學生會聯同香港大學教師及職員會、港大校友關注組以及 18 個民間團體在港大中山廣場舉行集會，有逾 4000 人出席。儘管陳文敏最終也未能成為副校長，但是事件演變為專上學聯聯同 8 間院校學生會於 2016 年 2 月在各校舉辦「大專修例公投」，以及各間大學校友都陸續成立校友關注組，關注及監督母校的「院校

自主與學術自由」狀況。

　　創辦於 1994 年的銅鑼灣書店以營銷中央政府與中國共產黨時政以及所謂「中央高層內幕」書籍著名，尤其是 2014 年桂民海和李波接手經營後，描寫所謂「中央高層內幕」的書籍大增，成為內地文化客到香港旅遊必去目的地之一，也是有關「中國內地違禁書」出版發行的重要平台。2015 年桂民海、總經理呂波、業務經理張志平、店長林榮基相繼失蹤，2016 年李波失蹤，李波妻子 6 月 4 日往警署報警後並接受《蘋果日報》記者專訪，從而引發風波。最後獲內地有關部門確認 5 人均在內地，其中 4 人因「非法經營罪」被刑事拘留，李波則屬協助調查。民主思路召集人湯家驊指，「一國兩制」正面臨最嚴峻的挑戰，「一國兩制」最大的基礎是香港的領域需實行香港的法律，不會實行內地的刑法，如公安在香港執法，並沒有「一國兩制」可言，這也是「一國兩制」最大的動搖。支聯會及泛民多個團體 2016 年 6 月 10 日下午發起遊行，要求立即釋放銅鑼灣書店股東李波等 5 人，支聯會稱有 6000 人參與遊行。這一風波顯見不少香港人對內地制度存在很深的誤解、歧視、恐懼與排斥。

## 三、林鄭月娥上任初期一度改善政治環境，「意識形態矛盾」一度緩和，但是 2019 年形勢急劇惡化至最嚴峻狀態

### 1. 林鄭月娥上任初期一度改善政治環境，「意識形態矛盾」一度緩和

　　林鄭月娥上任翌日即旋風式到訪港九新界，並向三司十三局的司局長下達指示，未來兩年每位司局長「最低」要走遍 18 區，每個區每月都要有司局長落區，且要同當區區議員談話一個小時以了解民生事務。林鄭月娥上任後即開設 Facebook 及 Instagram 專頁，於社交平台的發帖內容生活化，如大談宣誓當日所穿旗袍及髮型，其專頁由一名 80 後的新聞主任負責管理。而且其一上任便召開問責團隊「腦震盪」會議，一眾司局長出席，為日後工作進行

交流，增進問責班子相互了解和增加共識，以提升團隊合作能力。而且各政府官員分別約見各黨派人士，其中統籌與立法會聯繫的時任政務司司長張建宗，分別約見各個泛民黨派即反對派政黨，除了民主黨、公民黨，連激進派議員也收到張建宗約飯局的邀請。

林鄭月娥上任初期柔性治港，大打民生牌，處理危機出手迅速，財政預算案派糖，復加關愛基金加碼派錢。林鄭月娥於參選政綱及首份《施政報告》均提及「修補社會撕裂」，因此其堅持與不同黨派溝通，不少民生政策上接受泛民政黨的意見，且每月到立法會接受議員質詢，因此其屢獲不同陣營政黨或組織邀請出席晚宴，立法與行政關係得到明顯改善。2017/2018 年立法年度，立法會共審批 98 項財務建議，批出 2514 億元，是 2013 年至 2018 年最高水平；通過 27 項法案，比 2016/2017 年度 12 項多出一倍；林鄭月娥上任後的首兩份《施政報告》致謝議案均獲立法會大比數通過，其中 2017 年的第一份更是自 2008 年以來首次有致謝議案獲通過，更獲三名民主派議員支持。備受爭議的高鐵「一地兩檢」也於 2018 年 6 月 14 日在立法會通過，且高鐵於該年 9 月順利通車。各項民調顯示，特首及其政府民望明顯較過去幾年高（見表 7-1）。

### 2.「意識形態矛盾」緩和，社會氣氛較和諧

林鄭月娥積極「修補社會撕裂」，除積極與民主派溝通外，還刻意與中央駐港機構保持適度距離以突顯特區政府「獨立管治」，且重開在「國民教育科」風波後被封閉的政府總部廣場即「公民廣場」，並積極吸納青年進入建制，包括中央政策組改組為「政策創新與統籌辦事處」，積極吸納青年加入，由此使社會兩極對立狀況明顯得到緩和。反對派在 2018 年舉辦的各項遊行集會，參與人數均很少：2018 年「七一遊行」人數據警方的數據是 2003 年以來新低，該年 7 月 21 日的所謂「反對封殺香港民族黨」遊行，僅 600 人參與；

表 7-1：上任後林鄭月娥的民望大幅度上升（%）

| 時間 \ 項目 | 支持率 | 反對率 | 特首的民望得分 | 民望水平 | 趨勢 |
|---|---|---|---|---|---|
| 梁振英 | | | | | |
| 2012 年 7 月 | 41 | 45 | 51.2 | 較高 | |
| 2013 年 7 月 | 29 | 54 | 45.1 | 低 | |
| 2014 年 5 月 | 27 | 52 | 47.9 | 低 | |
| 2015 年 9 月 | 25 | 59 | 41.4 | 很低 | 下降 |
| 2016 年 7 月 | 19 | 63 | 40.1 | 很低 | |
| 2016 年 11 月 | 21 | 71 | 36.3 | 最低 | |
| 2017 年 5 月 | 25 | 68 | 41.7 | 很低 | |
| 2017 年 6 月 | 21 | 71 | 38.7 | 很低 | |
| 林鄭月娥 | | | | | |
| 2017 年 5 月 | 47 | 44 | 56.7 | 高 | |
| 2017 年 6 月 | 45 | 41 | 52.2 | 較高 | 上升 |
| 2017 年 7 月 | 52 | 34 | 63.7 | 最高 | |
| 2018 年 7 月 | 47 | 38 | 56.2 | 高 | |
| 2018 年 12 月 | 49 | 39 | 56.4 | 高 | |
| 2019 年 2 月 | 38 | 45 | 50 | 較高 | |
| 2019 年 8 月 | 17 | 76 | 24.6 | 極低 | |

資料來源：香港大學民意研究中心

9 月 28 日「佔中」周年紀念活動，據警方數據僅 430 人參與；民間人權陣線舉辦的主題為「拒絕危城」的國慶遊行，據民陣數據僅 1500 人參與；主題為「香港未完蛋，希望在民間」的 2019 年元旦遊行，據警方數據僅 3200 人參與。

　　林鄭月娥政府打擊激進反對派被指比梁振英政府更具策略性，包括嚴格
按程序及法律規定做，引起的社會反彈相對較小。「佔中」與「旺角暴亂」發
動者及主要參與者相繼被判刑入獄，尤其是 2018 年 6 月 11 日時任「本民前」
發言人的梁天琦因暴動罪被判囚 6 年；2018 年 7 月 17 日警方通知民族黨禁
止其運作，9 月 24 日政府憲報正式刊登公告，將香港民族黨正式列為非法組
織；周庭、劉小麗、朱凱迪等「本土自決派」相繼被取消參選立法會及村長
的資格。政府對「港獨及本土自決派」的系列打擊行動使公開支持「港獨與
自決」的人數大減，年輕人暴力衝擊政府總部等情況基本被遏止。戴耀廷的
區議會選舉「風雲計劃」也因戴被批宣揚「港獨」等原因而很少人參加相關
培訓，從而基本失敗。與此同時，因反對派議員宣誓違反基本法的規定失去
議席後的兩場立法會補選，反對派在九龍西兩場補選中均失敗，表明政治形
勢明顯向着有利於建制派的方向發展。當時有學者直言，民主派處於「政府
民望高企」的不利境況，中央「任用林鄭月娥」的策略奏效。

### 3. 2019 年《逃犯條例》修例使香港政治形勢與「意識形態矛盾」急劇惡化，並成為港人「國家認同」急劇下滑的重要原因

　　第四、五章已經對「修例風波」做了初步介紹，並述及該風波反映了香
港人對內地制度的排斥至今依舊未變。這裏將詳細分析。政府於 2019 年 2 月
提出《逃犯條例（修訂）草案》，被指目的在允許將香港嫌犯移交中國內地，
反對派堅決反對，特區政府決定繞過法案委員會於 6 月 12 日直接上立法會大
會恢復修例草案二讀與辯論。結果引發 6 月 9 日據稱有 100 多萬人參與的大
規模遊行及 6 月 12 日 2 萬人佔領立法會周圍並衝擊警方，只是政府仍堅持不
退讓。儘管 6 月 15 日林鄭月娥終於宣佈暫緩修例，但記者會上仍被指態度較
強硬，最終風波變成政治危機。6 月 16 日反對派再發動遊行，遊行的訴求為
「完全撤回修例、追究警方開槍責任、不檢控和釋放示威者、撤銷 6.12 示威暴

動定性，以及林鄭下台」，結果6月16日的遊行據稱人數高達200萬。由此政府從堅決不退讓到退讓並道歉，「承諾會以最有誠意、最謙卑的態度接受批評」。但這時反對派「得寸進尺」，堅持要政府回應6月16日發動遊行時的五大訴求。7月8日民間人權陣線的聲明更將5大訴求變為「完全撤回惡法、成立獨立調查委員會追究濫用武力警員、撤回暴動定性、不檢控示威者、落實雙普選。」9月4日政府宣佈「撤回修例」，但這時反對派堅持「五大訴求，缺一不可」，而且當時70%以上民意支持「成立獨立委員會調查警方有否濫權」，結果反對派似乎有了繼續抗爭的理由。

反對派的抗爭由遊行示威到罷課罷工罷市，再到組成人鏈、每晚10點叫口號、各校默站，以及唱《願榮光歸香港》這首為當時社運界創作的新歌曲，且暴力程度不斷升級，癱瘓機場、破壞港鐵，投擲汽油彈和縱火，抗爭還越來越頻繁指向有象徵意義的國旗與國徽。民間人權陣線8.31及9.15遊行集會被警方拒批，但8月31日市民遍佈銅鑼灣至上環主要幹道，9月15日「港島逛街」行動約10萬人參與，且均發生警民衝突。市民認為暴力升級的責任主要在警方，中文大學傳播與民意調查中心民調顯示，71.7%認為警方過度使用武力，尤其是7月21日所謂「警黑勾結」、8月31日所謂「警察打死人」，香港警察形象大跌，港人對警方信任程度評分為0的比率接近50%。這也是社會訴求轉向「成立獨立委員會調查警方有否濫權」的主因，由此市民對示威者暴力抗爭容忍度增加，對「和平非暴力原則」的支持度由80%跌至70%。

這次「修例風波」最終持續了近一年，直到新冠疫情爆發和政府決定限制人群聚集才緩和，但是並未結束，因為即使疫情影響仍有小規模暴亂發生。直到傳出中央將出手，由全國人大制定《港區國安法》，以及2020年7月1日《港區國安法》正式實施，風波才告結束。這場風波與暴亂之所以可以持續這麼久，美英等勢力在背後支持是極為重要原因，因此也明顯帶有「顏色革命」色彩。

## 四、2009 年至 2020 年特區政府支持率呈下降甚至大幅下降趨勢

### 1. 中文大學香港亞太研究所的民調顯示，2009 年後特區政府支持率呈下降甚至大幅下降趨勢

香港民研所於 2020 年 2 月的民調，林鄭月娥的評分為 18.2 分，給予特首 0 分的比率有 60%，支持率跌至 9%；特區政府的滿意率淨值為負 74%，反對率則高達 83%，信任淨值為負 62%，滿意率淨值和信任淨值分別創 1997 年和 1992 年有紀錄以來最低。民情指數（200 分為滿分）只有 38.5 分，也是 1992 年以來的新低。中文大學香港亞太研究所的民調也顯示，林鄭月娥任特首後，從支持率很高，到 2019 年「修例風波」後支持率暴跌。該所 2017 年 11 月的民調顯示，林鄭月娥的評分為 57.8 分，2019 年 5 月已經降至 48.1 分，首次跌穿 50 分的及格水平，2020 年 1 月，更大幅跌至 23.4 分，較 2019 年 1 月的 50.9 分下跌超過 26 分，較 2017 年 11 月的 57.8 分更是下跌超過 34 分，打破過去特首評分最低分的紀錄。表 7-3 與圖 7-1 可見 2017 年下半年林鄭月娥任特首後的評分變化，2017 年下半年是最高位，到修例風波前的 2019 年上半年基本保持平穩，2019 年下半年修例風波爆發後急劇下跌。

表 7-3：2017 年至 2021 年行政長官評分（100 分滿分）

| 年　份 | 所有受訪者 | 建制派 | 中間派／無政治取向 | 民主派 | 本土派 |
|---|---|---|---|---|---|
| 2017 年上半年 | 41.09 | 67.86 | 45.60 | 27.42 | 18.49 |
| 2017 年下半年 | 56.11 | 74.65 | 58.05 | 45.33 | 34.45 |
| 2019 年上半年 | 48.71 | 70.6 | 52.54 | 36.78 | 30.88 |
| 2019 年下半年 | 26.61 | 56.96 | 32.55 | 17.01 | 9.21 |
| 2021 年上半年 | 27.01 | 60.23 | 29.73 | 7.90 | 3.33 |

註：數據是半年平均數，2016 年下半年沒有相關數據，2021 年上半年只計 1 月至 4 月。
資料來源：香港中文大學香港亞太研究所

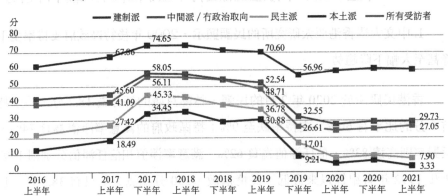

圖 7-1：2016 年至 2021 年行政長官評分（100 分滿分）

註：數據是半年平均數，2016 年下半年沒有相關數據，2021 年上半年只計 1 月至 4 月。
資料來源：中文大學香港亞太研究所

　　與此同時，特區政府的支持率也不斷下跌。中文大學香港亞太研究所 2017 年 11 月的民調顯示，受訪者對政府的不滿意率和不信任度分別為 40.5% 和 30.1%。2020 年 1 月，市民對政府滿意度大幅降至 11.4%，表示不滿意的人則大幅升至 67%，不信任政府的增至 57.7%。中文大學香港亞太研究所對施政報告進行的民意調查，市民對 2017 至 2020 年 4 份施政報告的不滿率分別為 17.5%、28.8%、57.8% 以及 58.9%，將 2020 年的施政報告與 2017 年的施政報告作比較，可見不滿的比例增加 30.1%，滿意的比例下降 25.7%。2020 年不滿率最高的是教育政策，有 63.6%，而表示滿意的受訪者佔 11.3%；緊隨其後是房屋及土地供應政策，不滿率也高達 54.9%，僅 6.4% 受訪者表示滿意；在落實「一國兩制」方面，16.8% 受訪者表示滿意，回答不滿的比例是 54.6%。

### 2. 民調顯示，2009 年至 2020 年特區政府支持率基本呈下降趨勢

　　從表 7 2 可見，2010 年 5 月之前，行政長官及其特區政府的支持率較高

的時間佔多數，尤其是 2005 年至 2009 年那段時間更是回歸後特區政府民望最高的時期。但是 2010 年 5 月之後，行政長官及其特區政府支持率高的時間相對較短，只有林鄭月娥上任初期一年多時間，其他時間處於支持率較低、很低及極低狀態。

表 7-2：特區政府民望與支持率變化

| 項目<br>時間 | 特區政府<br>信任度 % | 特區政府<br>滿意度 % | 特區政府<br>不滿意度% | 特首民<br>望得分 | 特首支<br>持率 % | 特首反<br>對率 % | 民望<br>水平 | 民望總<br>趨勢 |
|---|---|---|---|---|---|---|---|---|
| 董建華任特首後 | | | | | | | | |
| 1997 年 7 月 | | 35 | | 62.3 | | | 高 | 較高 |
| 1998 年 9 月 | | 28 | | 56.4 | | | 較高 | |
| 2002 年 12 月 | 36 | 17 | 48 | 47 | | | 較低 | 下降 |
| 2003 年 4 月 | 26.9 | | 60.8 | 39.5 | | | 低 | |
| 2003 年 7 月 | | 9 | 65 | 35 | | | 最低 | |
| 2004 年 4 月 | 28 | | | 43 | 15 | 67 | 低 | |
| 2005 年 3 月 | 41 | | 39 | 47.9 | 18 | 69 | 低 | |
| 平均分 | | | | 51.9 | | | | |
| 曾蔭權署理特首及任特首後 | | | | | | | | |
| 05 年 4 月 | | 31 | 21 | 71.8 | 73 | 9 | 高 | 較高 |
| 06 年 10 月 | 54 | | | 59.8 | 56 | 21 | 高 | |
| 07 年 4 月 | 63 | 50 | 11 | 68.7 | 72 | | 最高 | |
| 07 年 12 月 | 51 | 45 | 17 | 61.4 | 56 | 21 | 高 | |
| 08 年 6 月 | | | | 60.8 | 57 | 24 | 高 | |
| 08 年 9 月 | 45 | 25 | 30 | 51.8 | 41 | 41 | 較高 | |
| 2010 年 5 月 | | 25 | 43 | 49 | 34 | 48 | 下降 | |

續表

| 時間 | 特區政府信任度% | 特區政府滿意度% | 特區政府不滿意度% | 特首民望得分 | 特首支持率% | 特首反對率% | 民望水平 | 民望總趨勢 |
|---|---|---|---|---|---|---|---|---|
| 2011年6月 | | 21 | 43 | 48.2 | 27 | 57 | 低 | 下降 |
| 2011年11月 | | 25 | 45 | 49.8 | 24 | 67 | 低 | |
| 2012年2月 | | 20 | 53 | 46.6 | 29 | 64 | 很低 | |
| 2012年6月 | | | 52 | 40.1 | 15 | 76 | 極低 | |
| 平均分 | | | | 58.1 | | | | |
| 梁振英的支持率 | | | | | | | | |
| 2012年7月 | | 25 | 45 | 51.2 | 41 | 45 | 較高 | 較高 |
| 2012年11月 | | | | 53 | 42 | 45 | 較高 | |
| 2013年1月 | | | | 48.1 | 34 | 48 | 較低 | |
| 2013年8月 | | | | 45.7 | 26 | 57 | 較低 | |
| 2014年12月 | | | | 43.2 | 26 | 59 | 低 | 下降 |
| 2015年8月 | | 21 | 50 | 38.5 | | | 低 | |
| 2016年6月 | | 26 | 48 | 38.4 | 19 | 63 | 低 | |
| 2016年11月 | | | | 36.3 | 21 | 71 | 最低 | |
| 2017年6月 | | | | 38.7 | 21 | 71 | 低 | |
| 平均分 | | | | 43.6 | | | | |
| 林鄭月娥的支持率 | | | | | | | | |
| 2017年7月 | | | | 63.7 | 52 | 34 | 最高 | 高水平 |
| 2017年10月 | 52 | 45 | 29 | 62 | 53 | 33 | 最高 | |
| 2018年7月 | 46 | 32 | 43 | 56.2 | 47 | 38 | 高 | |
| 2018年12月 | | 42 | 36 | 56.4 | 49 | 39 | 高 | |
| 2019年2月 | | 28 | 46 | 50 | 38 | 45 | 較高 | |

續表

| 項目<br>時間 | 特區政府<br>信任度 % | 特區政府<br>滿意度 % | 特區政府<br>不滿意度 % | 特首民<br>望得分 | 特首支<br>持率 % | 特首反<br>對率 % | 民望<br>水平 | 民望總<br>趨勢 |
|---|---|---|---|---|---|---|---|---|
| 2019 年 8 月 | 27 | 14 | 77 | 24.6 | 17 | 76 | 很低 | |
| 2019 年 12 月 | 25 | 14 | 76 | 19.6 | 12 | 81 | 最低 | |
| 2020 年 4 月 | | 21 | 68 | 27.7 | 18 | 72 | 很低 | 維<br>持<br>很<br>低<br>水<br>平 |
| 2020 年 8 月 | | 20 | 65 | 26.8 | 24 | 70 | 很低 | |
| 2020 年 12 月 | 29 | 17 | 60 | 29.7 | 18 | 69 | 很低 | |
| 2021 年 2 月 | 36 | 23 | 56 | 33.9 | 23 | 67 | 低 | |
| 2021 年 4 月 | 32 | 19 | 59 | 32 | 18 | 68 | 低 | |
| 平均分 | | | | 39.1 | | | | |

資料來源：香港大學民意研究中心（現在為「香港民研所」）

## 第二節　「意識形態」矛盾激化，港人「一國兩制」信心下降

　　政治生態、「意識形態」鬥爭與港人「一國兩制」信心關係密切，因此這一節分析這期間港人「一國兩制」信心變化。上一節已經介紹 2012 年以後香港意識形態矛盾激化，發生了系列兩大意識形態矛盾鬥爭的風波，每一個風波都涉及所謂核心價值。2012 年親中人士當選行政長官，同年爆發國民教育風波，2013 年發生「免費電視發牌」風波，2014 — 2015 年政改爭拗與「佔中」風波，之後是港大副校長委任等風波，接二連三的事件與風波均涉及「一國」與「兩制」矛盾並導致矛盾不斷加深，由此催生並加劇了「本土思潮」及「港獨」意識。

# 一、梁振英任內被指未能「捍衛」香港「核心價值」,「兩制」或香港「核心價值」被認為削弱

## 1.「自由」被認為削弱

回歸初期,香港核心價值被認為得到很好保持,但 2012 年梁振英任特首後,香港核心價值包括「自由、法治」被認為不斷削弱。《信報》被認為敢於批評政府,但 2013 年中《信報》內部出現人事大調整,7 月行政總裁辭職,8 月執行總編輯辭職,10 月副社長及數碼媒體總裁辭職,副總編輯游清源帶領「獨眼香江」版全組人集體辭職,由此有些同行和讀者認為《信報》變質。《明報》同樣被認為敢於批評政府,但 2014 年初更換總編,員工擔心新總編不能維持原來的政治立場,因此組織了抗議活動並成立了關注組,2016 年其執行總編被辭並引發新聞界抗議。2014 年初《蘋果日報》及《am730》被指有商家暗中抽起廣告,同年 2 月商業電台烽煙節目主持人、常批評政府的李慧玲被解僱,兩事件被指是有人「干預傳媒政治立場」。無國界記者協會(RSF)2002 年的調查將香港新聞自由排名列為 180 個國家及地區的第 18 名,而 2011.2013.2014.2015 依次下跌至第 34.58.61 以及第 70 名。美國人權機構自由之家(Freedom House)全球新聞自由排名,香港在全球排名也下跌。

與此同時,香港大學前法學院院長陳文敏副校任命被校委會否決,時任港大校委會主席的李國章被質疑「揹着整頓港大政治目的空降港大校委會並被委任為校委會主席」,事件被看成是所謂「行政長官損害香港『院校自主與學術自由』」。2016 年 4 月 5 日前政務司司長陳方安生於美國一間大學演講指,面對言論、出版和學術自由不斷被削弱,香港政府不但視而不見、未有加以捍衛,更加反過來不斷討好中央。[1] 2016 年 3 月 24 日香港足球隊在世界

---

1 「陳方安生:信港人不支持港獨」,《明報》2016 年 4 月 5 日。

盃亞洲區外圍賽作客卡塔爾，結果以 0 比 2 不敵主隊。時任行政長官的梁振英及後在 Facebook 發表帖子談論此事，結果至 3 月 28 日梁振英帖子換來近 4 萬個「嬲（氣憤）」，原因在於港足的賽事挑起一些港人的「本土意識」，梁振英被反對派及其支持者認為不能捍衛香港利益，因此言行容易引致這些人反感。

### 2. 2015 年政改被否決後，本土派青年認為「民主回歸」希望破滅

2014 年以學生為主的持續 79 天的「佔中」結束，以及 2015 年人大「8.31」框架下的「普選方案」在立法會被否決後，各方表示何時再啟動政改是未知數，而且即使再啟動，人大「8.31」決定仍然有效。不少評論認為，這意味着傳統民主派「民主回歸」希望破滅。一些年輕人因此轉向激進立場，即認為爭取普選的所謂「民主回歸」已經不可能，唯有爭取與內地區隔甚至不惜爭取獨立，進而「自決」香港民主前途。《東方日報》評論文章認為，「香江本土激進分離意識、港獨意識的快速蔓延，也得益於傳統反對派爭取香港實現真普選的主張在朝廷那裏遭到完全的打壓，反對派的論述和相關行動讓人覺得完全無用、軟弱無力。所謂『和平佔中』『雨傘運動』把反對派的理念和爭取方法發揮到了極致，但依然無效，這種狀況就大大肥沃了本土分離激進勢力大肆瘋長的社會土壤。」[1] 時任行政會議召集人林煥光認為，現時本土意識抬頭甚至要求香港自決獨立與政制爭議有關。[2] 時任終審法院常任法官的包致金認為「港獨」是源於香港人不滿民主發展毫無寸進而轉生的意念，但如果從實際的角度出發，當香港人可以「自決」的話，應該是去延續「一國兩制」。《東方日報》評論文章認為，「中港（內地與香港）在政治問題上、普選問題上矛盾

---

1　「龍七公：強硬鬥爭肥毒草 分離主張起爐灶」，《東方日報》2016 年 3 月 23 日。
2　「林煥光：『港獨』死路一條」，《文匯報》2016 年 4 月 6 日。

難解，一拍兩散，更激出了年輕一代的分離、拆檔、港獨意識。」[1]

因此人大「8.31」框架下的「普選方案」被否決後，民主派轉向鞏固各領域的核心價值，但是青年尤其是激進青年則逐漸轉向爭取「公民自決」與「港獨」。香港教育大學方志恆撰文指，「『8·31 決定』的歷史意義，在於終結了 30 年來圍繞民主化的表象爭議。它毫不含糊地勾畫了北京心目中的『中港（內地與香港）權力關係』，將各方一直以來避而不談的問題，完完整整地揭示開來。而當潘多拉的盒子打開了，所有不甘於俯首稱臣的香港人，都要走上本土化之路，尋求各種擺脫北京框架的前途想像。這就是『自治』『自決』『建國』『獨立』等前途主張，在過去兩年由論述走向行動的時代背景。」[2]

**3. 港人「一國兩制」信心明顯下跌，不僅出現第二次信心危機，且有人認為『一國兩制』行將終結」**

「兩制」或香港核心價值被認為大幅削弱，使港人對「一國兩制」信心大跌。中文大學香港亞太研究所對港人關於「一國兩制」是否落實的調查顯示，受訪者 2007 年高達 50.3% 認為「落實」，從表 7-3 可見，2010 年認為「落實」的已經降至 35%，2017 年更降至 22.6%。從表 7-4 可見，香港大學民研中心的民調，港人對「一國兩制」表示有信心的比例，在 2007 年 4 月即曾蔭權在行政長官選舉中以高民望當選時達到最高水平的 78%，在 2014 年 9 月即「佔中」爆發時則跌至最低水平的 37.6%，2016 年 3 月即「旺角暴亂」後不久同樣很低水平。該民研中心的民調還發現，18 至 29 歲組羣對「一國兩制」的信心在 2008 年後更低，例如 2015 年 9 月，受訪市民對「一國兩制」有信心的

---

1　柳扶風：「龍吟虎嘯：一拍兩散激出分離意識」，《東方日報》2016 年 4 月 27 日。

2　方志恒：「重構中港權力關係 —— 8·31 決定兩年後的香港政治」，《明報》2016年 9 月 25 日。

表 7-3：被問「你認為中央有無落實一國兩制」，2010 年的回答顯著變差

| 年　份 | 回答「有」 | 回答「沒有」 | 對中央印象轉好 | 對中央印象轉差 | 趨勢 |
|---|---|---|---|---|---|
| 2008 | 46.5 | 10.1 | | | 好 |
| 2009 | 41.4 | 9.6 | | | |
| 2010 | 35 | 19 | | | 逐漸變差 |
| 2011 | 34.6 | 14.8 | | | |
| 2012 | 30.8 | | 36.3 | | |
| 2015 | 23.5 | 27.3 | 20.9 | 36.2 | 最差 |
| 2017 | 22.6 | 23.3 | | | |

資料來源：香港中文大學香港亞太研究所

表 7-4：中央在香港的民望及港人對「一國兩制」信心變化（%）

| 時間 ＼ 項目 | 對「一國兩制」信心 | 對中央政府信任比例 % | 對中央政府不信任比例 | 對中國前途有信心 | 民望水平 | 趨勢 |
|---|---|---|---|---|---|---|
| 2002 年 12 月 | | 45 | | 85 | 高 | 下跌 |
| 2003 年 4 月 | 52 | 31.6 | 35.6 | 74 | 低 | |
| 2005 年 4 月 | 56 | 40 | 27 | 79 | 低 | |
| 2006 年 8 月 | 71 | 47 | | 87 | 高 | |
| 2007 年 4 月 | 78 | 58 | | | 最高 | |
| 2008 年 8 月 | 74 | 49 | | 89 | 高 | |
| 2009 年 3 月 | 62 | 50 | 22 | 87 | 高 | |
| 2014 年 9 月 | 37.6 | 30 | 52 | | 最低 | |
| 2016 年 3 月 | 42 | 33 | 43 | 59 | 低 | |
| 2017 年 3 月 | 52 | 40 | 38 | | | |
| 2018 年 1 月 | | 37.8 | | | | |

數據來源：香港大學民意研究中心

比例為 43%，而 18 至 29 歲羣組僅為 27%。從表 7-4 還可見，受訪港人對中央政府信任在 2007 年 4 月也是最高的即高達 58%，2014 年 9 月也是最低的即只有 30%，到「佔中」時的 2016 年 9 月也只有 33%。該民研中心的民調還發現，18 至 29 歲組羣更突出，2015 年 9 月他們對中央政府信任的比例只有 12%，而不信任率則高達 73%，到 2016 年 3 月對中央政府表示信任的比例更跌至 10%。

二十世紀八十年代初香港前途問題提出時，港人對香港前景出現信心危機，中央政府承諾香港資本主義制度和生活方式「50 年不變」並被寫入基本法第一章第五條，其是香港順利回歸和平穩過渡的基石之一。在回歸 19 年之際的 2016 年，因香港大部分樓宇按揭期限最長 30 年，香港大部分土地使用期也是到 2047 年為止，因此港人開始為 2047 年後考慮。因為「一國兩制」信心大跌，港人普遍對 2047 年前途採取悲觀態度，社會充斥「2047 大限將至」的描述。2016 年不少學者及評論認為，因為內地實行社會主義制度，與香港的制度差異很大，尤其是政治與法律制度差異大，兩地在這些方面的差異沒有機會拉近，以至原先的「97 大限」很快將變成了「47 大限」，即 2047 年香港將內地化。

也有不少人認為，不到 2047 年香港便會失去「一國兩制」。民建聯葉國謙表示，「我觀察到近年香港年輕一代，對香港的政治實況存有不滿、對國家現有政權不信任，出現『一國兩制危機』的言論。」[1] 2016 年 4 月 5 日前政務司司長陳方安生於美國一間大學演講指，中英聯合聲明和《基本法》保障香港高度自治，「但每一日，我們見到的卻是中聯辦不斷干預香港內部事務的證據」。[2] 同一時間新思維主席狄志遠認為，「香港人對中央的不滿，也不無道

---

1　葉國謙：「直線式反射的『錯』？」《明報》2016 年 9 月 7 日。

2　「陳方安生：信港人不支持港獨」，《明報》2016 年 4 月 5 日。

理,因為中央近年處理香港的問題,過於強硬,太多干預。」[1]2016 年 11 月民
主思路召集人湯家驊指,中央關注焦點在港獨、宣誓風波等,中央不希望香
港成為「獨立圈子」一部分,而中央官員感到處理香港問題時「無從下手」,
有京官曾表示「你們不要『一國兩制』,那就『一國一制』囉」,「我恐怕五
年內香港就沒有了『一國兩制』」。[2]事實上認為香港「『一國兩制』行將終結」
的港人不在少數,電影《十年》反映的正是港人在這方面的擔憂。

## 二、2019 年「反修例風波」影響巨大,使港人「一國兩制」信心 大幅下跌

### 1.「法治」與「自由」被認為大幅度削弱

「反修例風波」作為回歸後規模最大、持續時間最長的社運,其對香港
的影響較「佔中」等社運影響也更大,其對香港經濟、社會與政治均造成極
大衝擊,因此對港人「一國兩制」信心的影響也最大。持續近一年的暴亂首
先是嚴重衝擊了社會秩序,並嚴重衝擊了香港法治,進而影響了港人對香港
「一國兩制」的信心。「民主思路」委託中文大學香港亞太研究所做「一國兩
制」指數調查,其中 2019 年 6 月、8 月、10 月、12 月以隨機抽樣電話各訪
問 1000 人,結果受訪市民對「一國兩制」的 9 個範疇,包括獨立司法權、獨
立立法權、民主政制發展、言論自由、港人治港、高度自治原則等等的評分
基本呈下降趨勢。其中 2019 年 12 月更是 9 個指標全部下跌且首次全部不合
格,最低分的 3 個範疇分別是「港人治港、高度自治原則」、全面落實「一國

---

1 「寧靜致遠:最受傷害是港人」,《東方日報》2016 年 1 月 19 日。

2 「湯家驊擔心香港前途,『恐五年內無一國兩制』,京官態度明顯變,只談港獨宣誓
釋法」,《星島日報》2016 年 11 月 1 日。

兩制」，以及對話協商解決矛盾。[1]

「修例風波」也衝擊了港人對「自由」的信心，其中的原因可能包括建制派支持者認為持續的暴亂與香港「過度」的「自由」有關，因此影響了他們對香港「自由」的信心。香港記者協會連續 8 年委託現在的香港民研所即過去的香港大學民意研究中心進行有關調查，民研所透過記協向各傳媒機構派發問卷，調查新聞從業員對「新聞自由」整體情況的看法，同時也以電話訪問一千餘名市民，調查並得出公眾對「新聞自由」整體情況的看法及相關指數。從圖 7-2 可見，調查得出的新聞從業員對「新聞自由」整體情況一直較公眾的評價負面，且指數從 2013 年以來基本呈下降趨勢，其中「修例風波」發生的 2019 年與 2020 年上半年是跌幅相對最大的時期。2020 年 2 月香港民研所對新聞從業員的調查顯示，新聞從業員評出的「新聞自由」指數僅為 32.1 分，較 2018 年大跌，公眾對「新聞自由」的評分雖然高於新聞從業人員，但是也呈明顯下降趨勢，其中 2019 年公眾評出的「新聞自由」指數跌至有紀錄以來最低的 31.9 分；2020 年 2 月為 32.6 分，較 2019 年略升 0.7 分，但 2020 年公眾部分有 3 項評分急跌 0.5 至 0.9 分，包括是否有足夠法例確保記者採訪時可獲取所需資訊、傳媒發揮的監察功效、傳媒立場取替的多元化程度（見圖 7-2）。無國界記者公佈的全球新聞自由排名，香港在「修例風波」後也是明顯下跌，由 2015 的第 70 名跌至 2021 年的第 80 名。

2019 年有關《全球學術自由指數報告》顯示，香港僅 0.348 分，較 2014 年跌 0.212 分。前身是香港大學民意研究中心的香港民研所 2020 年 7 月初的民調發現，以 0 至 10 分為評價，自由指標由 5.58 分跌至 4.84 分，包括學術研究、文藝創作、出版、言論、結社、新聞、罷工和遊行示威自由全數下跌，得分均低於 5 分，其中言論及遊行示威自由跌幅最大，分別只有 4.39 分

---

1 「香港民調指港人對一國兩制信心岌岌可危」，《美國之音》2020 年 2 月 19 日。

圖 7-2：2013 年至 2020 年香港新聞指數變化

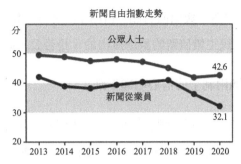

資料來源：香港民意研究所

及 3.31 分，也創下 1997 年有紀錄以來新低。當然，以上有關「新聞自由」及其他「自由」的評分指數和民調均是以西方自由價值觀的標準做出的，是否公平和客觀存在爭議。

### 2.「民主」被指明顯倒退

前身是香港大學民意研究中心的香港民研所民調發現，「民主」指數由 2017 年開始大幅下降，以 0 至 10 分為評價，2017 年 8 月「民主」得分仍有 6.39 分，到 2018 年 2 月已經跌至 5.74 分，而到 2020 年 8 月已經跌至 3.7 分，是「自由」「繁榮」「法治」「安定」和「民主」五項核心社會指標中最低分的。智庫《經濟學人》於 2021 年 2 月發表 2020 年全球民主指數，全球民主指數以「選舉過程」「政府運作」「政治參與」「政治文化」及「公民權利」五大範疇評分，以 10 分為滿分決定全球 167 個國家和地區排名。並根據總分高低，將不同地方民主狀況分成「完全民主」「具缺陷民主」「混合政體」和「獨裁」4 類。香港民主 2016 年整體分數 6.02 分，排名 68 位。2020 年香港在「選舉過程」及「政府運作」兩項評分均較差，分別僅 3.17 和 3.64 分；政治參與有 5 分，政治文化 7.5 分，公民權利 8.53 分。整體分跌至 5.57 分，跌至第 87

位。2015 年至 2020 年 5 年間跌了近 20 位，並失去「具缺陷民主」地位，降級成「混合政體」。當然，與前面有關「自由」的評分一樣，這裏有關「民主」的評分同樣是以西方民主價值觀的標準做出的，是否公平同樣存在很大爭議。

### 3. 港人對「一國兩制」的信心明顯下跌

2019 年後港人對「一國兩制」的信心繼續下跌，中文大學香港亞太研究所、香港民研所等機構的民調結果相似。「民主思路」委託中文大學香港亞太研究所做的有關「一國兩制」指數調查，該調查包括香港市民及國際社會評價，然後得出「整體一國兩制」指數。以 10 分為滿分，2019 年 6 月「一國兩制」指數為 6.23 分，經過「修例風波」後下跌至 2019 年 12 月的 5.7 分，是指數發佈以來的最低位，其中香港市民的民意調查指數，由 4.58 分下跌至 3.53 分，超過 45% 受訪者認為「一國兩制」出現矛盾時責任應歸咎於內地，11% 認為責任屬香港。[1] 香港民研所的調查顯示，2017 年 3 月香港市民對「一國兩制」的信心達到 52%，「修例風波」前的 2019 年 2 月也還有 41%，而到「修例風波」尾聲的 2020 年 2 月已經跌至 25%（見表 7-5）。

### 4. 2014 年後移民台灣人數有所增加，2019 年「修例風波」使移民台灣人數大幅增加

港人歧視、恐懼與排斥內地制度，尤其害怕內地制度影響香港。二十世紀八十年代初香港前途問題提出時不少港人移民海外，「一國兩制」提出後確認 1997 年後香港保持原有制度不變，由此使移民潮減緩。1989 年的政治風波導致港人對「一國兩制」信心大跌，再次出現移民潮，1990 至 1994 年約 30 萬人移民。回歸後，據環凱移民顧問資料，「反國教風波」「佔中」「旺角暴亂」

---

1 「香港民調指港人對一國兩制信心岌岌可危」，《美國之音》2020 年 2 月 19 日。

表 7-5：中央在香港的支持及港人對「一國兩制」信心下跌趨勢（%）

| 　項目　時間 | 對「一國兩制」信心 | | 對中央政府信任比例 % | | 對中央政府不信任比例 | | 趨勢與轉折 |
|---|---|---|---|---|---|---|---|
| | 市民 | 青年 | 市民 | 青年 | 市民 | 青年 | |
| 1993 年 | | | | | 59.1 | | |
| 2001 年 12 月 | 59 | | 51.5 | | 18.1 | | |
| 2002 年 7 月 | 56 | | 42 | | 25 | | |
| 2003 年 4 月 | 52 | | 31.6 | | 35.6 | | |
| 2005 年 4 月 | 56 | | 40 | | 27 | | |
| 2007 年 4 月 | 78 | | 58.4 | | | | 最高 |
| 2008 年 8 月 | 74 | | 49 | | 12.2 | | |
| 2009 年 3 月 | 62 | | 50 | | 22 | | |
| 2010 年 12 月 | 60 | | 37 | | 32 | | 轉折 |
| 2013 年 6 月 | 47 | | 25 | 10 | 45 | 67 | |
| 2014 年 9 月 | 37.6 | | 30 | | 52 | | 最低 |
| 2015 年 9 月 | 43 | 27 | 36 | 12 | 44 | 73 | |
| 2016 年 3 月 | 42 | 27 | 33 | 10 | 43 | 73 | |
| 2017 年 3 月 | 52 | 40 | 40 | 14 | 38 | 67 | |
| 2018 年 9 月 | | | 40 | | 40 | | |
| 2019 年 2 月 | 41 | | 33 | | 48 | | |
| 2020 年 2 月 | 25 | | 20 | | 63 | | 最低 |
| 2020 年 8 月 | 35 | | 28 | | 57 | | |
| 2021 年 2 月 | 45 | | 41 | | 43 | | |

資料來源：香港大學民研中心與香港民研所

使移民諮詢急增 30 — 40%，申請個案上升至少 20%。自 2014 年政改觸發「佔中」開始，部分港人對「一國兩制」信心明顯下降，感覺香港的政治環境逐漸收緊，開始尋求更多保障，有能力者會選擇移民，部分人也會選擇續領英國國民（海外）護照作為保障。根據英國政府數字，2016 年有逾 3.7 萬港人申請及成功續領英國國民（海外）護照，較 2015 年大增 44%。

表 7-6：獲許可居留台灣的港澳居民人數變化（以留學讀書為主）

| 年份 | 1997 | 2000 | 2001 | 2006 | 2007 | 2008 | 2009 | 2010 | 2011 | 2012 | 2013 | 2014 | 2016 |
|---|---|---|---|---|---|---|---|---|---|---|---|---|---|
| 人數 | 1839 | 1300 | 1200 | 1700 | 1950 | 2421 | 3109 | 2747 | 2455 | 3195 | 4624 | 7498 | 14376 |

　　台灣《港澳居民進入台灣地區及居留定居許可辦法》規定，港人可基於 16 種理由申請到台灣居留，包括直系血親或配偶在台灣有戶籍、有專業技能並已取得香港或澳門政府的執業證書，以及在台灣有超過 600 萬元新台幣的投資等等。港人只要在台灣連續居留滿一年，或連續居留滿兩年且每年在台居住逾 270 日，便可申請定居許可。表 7-6 可見，2014 年香港發生「佔中」風波後，獲許可居留台灣的港澳居民便迅速增加，2016 年較 2014 年激增一倍，2019 年「修例風波」後移民台灣的更是大增。根據台灣內政部移民署資料，香港 2019 年 6 月爆發反修訂《逃犯條例》運動後，僅 2019 年 9 月就有 882 名港人到台灣居留，10 月更增至 1243 人，11 月、12 月及 2020 年首季，每月赴台居留的港人都超過 600 名，均比過往同期多。[1] 2019 年全年香港居民赴台居留人數則高達到 5858，按年增加逾 41%，亦是移民署自 2016 年將香港及澳門赴台居留人數分開計算以來最多一年；同期有 1474 名港人獲台灣定居許可，按年增加超過 35%。至 2019 年底港澳人士設籍已達 1.1 萬人，年增

---

1　「近 6000 港人去年赴台居留創新高」，《成報》2020 年 5 月 24 日。

幅達 15.3%，成為設籍台灣成長最快速的地區。[1]

## 第三節　這時期內地一些事件被大肆渲染，損害了祖國形象

　　2009 年前後，隨着內地經濟發展，負面因素逐漸暴露出來，經濟領域的造假製假與產品質量下降等弊端不斷被揭發出來，由此維權事件也不斷出現，與此同時政治領域的腐敗問題也增加，加上香港一些傳媒大肆渲染和放大這些事件，藉以攻擊內地制度，這些都嚴重影響港人對國家的認同。

### 一、2009 年前後被香港傳媒大肆渲染的一些內地事件

**1. 在香港傳媒渲染下，2008 年地震災情嚴重被認為是因腐敗造成大量豆腐渣工程，且香港不少捐款被指去向不明**

　　隨着內地經濟發展，腐敗問題一度非常嚴重。此情況下，2008 年汶川地震後，被揭發之所以災情嚴重，涉及腐敗問題，而且大量捐款被指去向不明，因此也被懷疑有官員貪污。其中港人踴躍向汶川地震災區捐款，但是後來據傳媒報道，之所以災情嚴重是因為腐敗造成大量豆腐渣房屋尤其是豆腐渣校舍。2008 年 6 月 25 日《成都日報》一篇題為「地震是毀房罪魁 倖存者應理性看未來」的文章引述專家的觀點認為，「設防標準低於地震烈度是建築物倒塌的主要原因，不能簡單認為倒塌的建築物一定存在質量問題。」但是仍然有不少人認為，地震所暴露出來的建築質量問題可能牽涉官員的腐敗行為。

---

1　「港澳人士在台設籍 1.1 萬人 史上新高 最愛落戶新北市」，《工商時報》2020 年 5 月 20 日。

　　而且包括香港捐款在內的大量捐款被質疑不知去向，甚至被指有些被貪官貪污。據民政局資料，僅地震後半年內全國募集款物762.14億元，其中捐款652億元，超過了1996年至2007年全國接收的救災捐贈款物的總和，打破了中國捐贈史上的紀錄。然而包括香港的230億在內的652億巨額捐款大部分去向未公開或去向不明，香港援建工程多係豆腐渣工程、爛尾工程；捐建小學淪為廢品收購站甚至被發展商拆卸改建為豪華商業廣場；援助資金被亂用，建造奢華政府辦公樓、購買豪車，援助物資被擱置，在倉庫裏堆積如山，慢慢過期、變質腐爛。在香港特區援建四川的項目中，曾經發生過一起慈善負面新聞，由香港教聯會出資200萬港元負責援建的綿陽民族中學，在建成不足一年，且在沒有知會香港方面的情況下，突然被拆並改建為商場。特區政府後來收回所捐200萬港元，事件雖得到妥善解決，但事件背後所反映的慈善機制不健全、不透明卻發人深省。面對如此之大的捐款數額，賬目不公開，監督機制不清不楚，民眾和媒體無論如何懷疑都有充分理由。

　　2013年4月20日四川雅安蘆山縣發生7級大地震，22日時任香港特首梁振英宣佈擬撥款一億港元向四川雅安地震災民提供緊急救援，24日香港特區立法會財務委員會就此提案召開特別會議，經過兩個小時的激烈辯論，該提案由於與會議員之間意見分歧較大一度流產，最終於5月3日才在香港立法會財務委員會以37票同意、23票反對、1票棄權獲通過。與此同時，在香港街頭也有民眾發起「一毫子都不捐」運動，意在擔心香港特區政府「慷港人之慨」，善款被挪用，難以確實到達災民手中。此處的一毫子即10分錢，是香港最小的貨幣單位，由此也可看出運動發起人對待此事的堅決態度。雖然截至2013年4月22日，香港各界已向地震災區捐款超過5500萬港幣，但與2008年汶川地震後香港政府緊急撥款3.5億港元及民間捐款高達130億港元的情形相比，無論是捐款數目，還是主流民意、人心向背，其變化和差別都不言而喻。

抗捐運動的依據並不充分。儘管 2008 年地震捐款存在賬目不公開、不透明等問題，但是香港特區政府 2008 年援助汶川的 100 億港元款項去向還是清晰的，每筆款項都受到嚴格的監管。特區政府為此專門成立了「支援四川地震災區重建工作信託基金」，依照項目不同階段的進度，分期從「基金」轉發所需的資金；四川省也專門成立了港澳援川重建領導小組，組成由國務院發改委牽頭，會同交通、監察、審計、建設等部門的協調機制，四川省審計廳全程參與審計資金的使用，最後由特區政府驗收。根據特區政府 2012 年 11 月發佈的《四川地震災後恢復重建工作進展報告》，從審計的結果來看，截至 2012 年 11 月底，特區政府在四川負責援建 151 個項目，共撥付 67.98 億港元，沒有出現資金挪用的情況。[1] 香港報業公會會長李祖澤認為，香港 2013 年的「抗捐事件」影響力頗大，甚至擴大到特區政府和立法會，根本上説反映了社會對內地慈善機制和救災機制缺乏信心，特別是對貪腐情況的憂慮。[2]

**2. 在香港傳媒渲染下，2009 年為三聚氰胺奶粉患兒家長維權的趙連海「被判監」引發港人極大關注**

隨着內地經濟發展，經濟領域的造假製假與產品質量下降等弊端不斷被揭發出來，其中「毒奶粉」事件便不斷被揭發出來，甚至造成一些「大頭娃娃」，由此維權事件也不斷出現，因此也改變了港人尤其是青年對國家的看法。據報道，2009 年 11 月為三聚氰胺奶粉患兒家長維權的趙連海被以涉嫌尋釁滋事罪刑事拘留，之後北京法院以「尋釁滋事罪」判處監禁兩年半。事件在香港引起很大震動，除了反對派舉行遊行示威及在立法會提出動議，抗議有關判決及要求釋放趙連海，建制派也紛紛表達不滿。時任全國政協委員劉

---

1　「香港通過向雅安捐款 1 億港元決議」，《人民日報》2013 年 5 月 4 日。

2　「香港通過向雅安捐款 1 億港元決議」，《人民日報》2013 年 5 月 4 日。

夢熊 2009 年 11 月 12 日於香港多家報刊全版刊登「非法的法、無罪的罪」一文，形容事件是「非法的法、無罪的罪」，是「對中國公民憲制權利的踐踏」，是「以司法腐敗壓制民眾合理訴求來掩蓋行政腐敗」，中央若連一個見義勇為的人也容不下，只會激發有良知的市民反抗。時任港區全國人大代表、立法會議員的葉國謙去信內地最高人民法院關注事件，指趙連海作為受害結石寶寶家長，多年奔波爭取賠償，只是受害家長的基本要求，希望法院院長能確保趙的上訴得到公平及公正的審判。港區人大代表羅范椒芬發起人大代表聯署行動，促請內地當局儘快釋放趙連海，27 名港區全國人大代表包括香港當時唯一一名全國人大常委范徐麗泰簽名支持聯署。時任基本法委員會副主任梁愛詩指港區人大的聯署行動是好事，更稱「我不是人大代表，如果我是，我都會簽名支持」。建制派專業會議立法會議員聯署去信最高人民法院，要求輕判趙連海。立法會更休會辯論該案，打破香港建制派不公開議論內地政府施政的慣例。趙連海事件對內地司法形象產生了非常負面的影響，使港人對國家的看法發生很大改變，甚至有評論員認為，「趙連海重判改變香港政治生態」。[1]

### 3. 在香港傳媒渲染下，其他引起港人關注的事件以及這類事件對國家在港人中形象的影響

除了腐敗與造假製假問題，這時期還發生了其他一些容易引起港人關注的涉及所謂「人權」的事件。2010 年 10 月 8 日「諾貝爾和平獎」被頒給了已經因顛覆國家罪被判刑的劉曉波，使該獎成為了西方反華勢力的政治工具。2010 年 11 月所謂「維權藝術家」艾未未工作室被拆，以及艾未未在 2011 年 4 月因涉及經濟罪被扣留，結果在香港引發關注，且在反對派及其傳媒宣傳

---

1 紀碩鳴：「趙連海重判改變香港政治生態」，《道客巴巴在線分享文檔平台》，2012 年 4 月 21 日。

下，使內地形象再受打擊。2010 年反對派利用「趙連海維權」「劉曉波獲諾貝爾和平獎」以及「艾未未被扣押」等事大做文章，結果 2010 年「六四」燭光晚會參與人數竟然高達 11 萬，是歷來「六四」燭光晚會參與人數最多的（見表 7-7）。中文大學亞太研究所 2011 年 4 月底的民調顯示，信任中央的受訪者只有 26%，較 2011 年 3 月大跌 7.3%，而不信任中央的比率則達 28%，較 3 月升 4.5%，也是 2011 年四次同類調查中第三次出現不信任比信任多的情況。港人國民身份自豪感及對中央的香港政策評價也大幅度下跌，這些無疑與劉曉波、趙連海、艾未未等事件有關。

表 7-7：香港參與「六四」燭光晚會人數在 2010 年達到最高峰（單位：萬人）

| 年　份 | 支聯會數據 | 警方數據 | 歷來規模排名 |
|---|---|---|---|
| 1990 | 15 | 8 | 第四 |
| 1993 | 4 | 1.2 | 最少 |
| 1994 | 4 | 1.2 | 最少 |
| 2009 | 15 | 6.8 | 第六 |
| 2010 | 20 | 11.3 | **第一** |
| 2011 | 15 | 7.7 | 第五 |
| 2012 | 18 | 8.5 | 第三 |
| 2013 | 15 | 5.4 | 第七 |
| 2014 | 18 | 9.95 | 第二 |

　　2012 年前後內地的貪污腐敗問題成為內地民眾對政府最不滿意的問題，自然也成為影響港人「國家認同」的最重要因素之一，更成為削弱港人尤其是香港青少年對國家好感的最重要因素。2014 年共青團中央一項調查資料顯示：問及當下國家發展中的哪些因素最可能削弱香港青少年對國家的好感？

統計結果表明，前 4 項依次是：腐敗（42.3%）、民主（15.3%）、治安（香港11%）和食品安全（6.7%）。[1] 可見，內地的腐敗問題成為削弱香港青少年對國家好感的最大的因素。

## 二、香港傳媒大肆渲染，加劇港人對內地的反感

### 1. 2009 年前後主要宣傳內地製假造假、維權以及腐敗

香港傳媒被指是香港除行政、立法、司法之外的「第四權」，即以監督政府為己任，尤其是在政府施政出現問題或民望低迷時監督政府功能會更突出。而且香港傳媒以市場為導向，傳媒要生存就要爭取到讀者或觀眾，否則難以生存。無論是從監督政府角度看，還是從市場角度看，香港傳媒在報道時都會以問題或負面事件為主，在政府施政出現問題或民望低迷時更會以報道或評論負面事件為主。因此除了中資報紙與親中網媒以及政府民望高企時期，一般情況下香港多數傳媒在報道或評論中國內地與香港事件時會以負面新聞或事件為主。其中《蘋果日報》《立場新聞》《眾新聞》《香港獨立媒體》等等香港反對派傾向傳媒，在報道與評論上主打所謂「民主」「自由」和「普世價值」等招牌，一直以來以針對內地和香港負面新聞與事件的報道和評論為主。

而 2009 年前後內地的確出現不少負面事件，因此這時期香港傳媒主要報道內地經濟領域的造假製假、產品質量下降、維權事件，以及政治領域的腐敗問題，他們在報道時往往添油加醋，使港人對內地的反感不斷增強。例如「趙連海、劉曉波、艾未未、李旺陽」等事件，之所以在香港影響非常大，主要是傳媒大肆報道和渲染事件，引起港人廣泛關注，進而產生或增加對內地制度的反感。

---

1　涂敏霞等：「港澳青少年國家認同研究」，《青年探索》2014 年第 2 期。

**2. 近年內地反腐取得成效未能在香港得到廣泛宣傳，諸如新疆違反人權等扭曲事實反而被廣泛報道**

近年中國內地大力反腐和打擊造假製假，並取得很大成效，腐敗已經大幅減少，腐敗溫牀的制度漏洞也已經大量被堵，製假造假也已經明顯減少，社會風氣更是明顯好轉，執政黨中國共產黨及內地各級政府在民眾中的形象和支持度大幅飆升。然而這些正面因素，不僅香港媒體不報道或極少報道，而且海外媒體也不報道，因此未能在境外得到廣泛宣傳。

而諸如所謂新疆設有「再教育營」，「強迫」維吾爾族人勞動以及所謂「違反人權」等等扭曲的事實，通過西方國家政府的言論在西方國家被廣泛宣傳與報道，之後再通過香港傳媒在香港被廣泛報道，從而深刻地影響着香港人。儘管我國政府一再強調，新疆依法設立職業技能教育培訓中心，是為了預防性反恐和去極端化而採取的有益嘗試和積極探索，與世界上許多國家的做法並沒有區別，根本不存在所謂的「再教育營」。但是西方國家政府完全無視這些事實，繼續炒作所謂「再教育營」和「強迫勞動」。受這些扭曲事實等負面因素影響，無疑使港人很難改變對內地制度的負面觀感，進而無法提升「國家認同」。

**3. 針對內地與香港民間衝突作誇大報道，並以負面態度解讀內地媒體內容**

香港一些媒體專門挖掘內地負面事件，然後加以誇大，以此不斷貶損內地制度。例如，對內地與香港民間衝突作誇大甚至失實的報道，或者對中央政府作針對性批評，藉此分化香港市民與內地同胞的關係，並逐漸動搖中央政府在香港人心中的權威。其中《蘋果日報》最為明顯，其所作報道其中就有：「內地的食品安全影響香港」「內地水貨客來港搶購奶粉」「自由行旅客在香港的不文明行為」等等，並帶「有色眼鏡」引用或以負面態度重新解讀中央媒體的內容，如 2017 年 11 月 16 日發表《一帶一路受挫，尼泊爾取消 195

億水電站計劃》、2017 年 10 月 18 日發表《新華社「震撼大片」捧習》、2017 年 11 月 9 日發表《誰是習近平治港的攔路虎？》等等，這不僅可以吸引讀者眼球，更可以令港人尤其是青年對中央政府及內地人產生反感。

### 三、這時期港人對國家的認同感下降，與國家形象受到損害關係密切

「國家形象」是人民認同「國家」的最基本元素，「國家形象」越正面，人民對「國家」越認同，反之「國家形象」越負面，人民自然會對「國家」認同程度越低。當然「國家形象」對不同地區的人民的影響有差別，這是由不同地區的人民「國家」觀念及社會意識差異決定的。中國內地的民眾與香港市民國家觀念與社會意識均存在很大差異，因此「國家形象」對內地人的影響沒有對香港人的影響大。香港人國家觀念相對薄弱，且長期受西方價值觀念影響，社會主義的中國內地形象或「國家形象」對香港人的「國家認同」影響才會非常大。

正如同 2008 年前後國家正面形象集中顯現，成為港人國家認同增強的最重要原因之一。影響「國家形象」的因素很多，影響程度也不同，有時可能一個單一事件便能損害「國家形象」，例如 2009 年底內地發生的「趙連海事件」。而負面事件集中出現，對「國家形象」更會構成嚴重損害。2009 年底至 2013 年前後這段時間內地接連出現的負面事件，加上傳媒的大肆渲染，使國家形象嚴重受損，這對本來國家觀念就不強的港人來說，無疑影響非常大，成為這時期港人「國家認同」呈下降趨勢的最重要原因之一。

### 第四節　內地對香港經濟作用減弱，「自由行」負面影響顯現

這時期，香港與內地經濟上的互補性降低，使內地對香港經濟後盾作用明顯下降。在缺乏政治結構強力引導情況下，族羣流動的加快會加劇小族羣

的「族羣排外主義」。早已有學者指出，當跨疆越界的人口移動加速，弱小族羣對抗不了時，他們需要劃清「我們」和「他們」的邊界，當小族羣感受到強大族羣可能對其帶來衝擊甚至改變時，族羣排外主義就發生了。內地人赴港自由行便是如此，當太多作為「強大族羣」的內地人湧進香港，便超出了香港承受力，港人作為「小族羣」就對內地人產生了「敵意」，因此爆發了2011 — 2015 年多次衝突。

## 一、香港與內地互補性與依存性降低，內地對香港經濟支持作用減弱

### 1. 香港本地製造業萎縮及在珠三角的製造業競爭力下降，成為香港經濟放緩重要原因

香港在向珠三角地區轉移了自己的輕型產業後，沒有像其他「三小龍」那樣繼續本地製造業的產業升級步伐，而是直接邁向服務業尤其是地產業和金融業，以此實現產業結構升級。由此本地製造業便不斷萎縮，製造業佔本地生產總值的比重不斷下跌，回歸後香港本地製造業持續萎縮，二十一世紀初期香港本地出口產品的附加值率是 40%，轉口的附加值率是 20%，離岸貿易只有不足 8%。2018 年香港服務業增加值佔 GDP 比例為 88.8%，而製造業的佔比僅為 1%，同年製造業從業人數佔總就業人數僅 2.4%。

製造業這個高附加值產業長期持續萎縮的同時，香港在珠三角的製造業也面對珠三角土地、勞動力成本不斷上升以及珠三角產業升級壓力，出現發展受阻的情況。2001 年《廣東省工業產業機構調整方案》開始實施，此後珠三角各地又相繼出台了一系列的產業升級和產業轉移等政策，如 2008 年推行的「雙轉移」戰略，珠三角地區通過政府間合作建立產業轉移工業園區的方式，將勞動密集型製造業向惠州、肇慶以及珠三角周邊經濟相對落後的地區轉移，廣州與深圳等特大城市則開始通過引入外資、技術，加大研發投入

等方式，轉向發展資本和技術密集型的製造業以加快產業升級。不少港資製造企業指，珠三角勞工成本及人民幣匯率持續上升。勞工成本方面，1993 年廣東省製造業平均工資為 5482 元／年，到 2018 年製造業平均工資上漲到了 74030 元／年，25 年間上漲了 13.5 倍。使港商面對越來越大壓力，因此不少商家只能另覓生產地，包括緬甸、越南和印度等均是考慮對象。部分行業甚至考慮集體遷廠，甚至回流香港。自 2002 年起香港工業總會每年定期對珠三角進行調研，據其 2015 年 2 月的調研報告，2007 年港資企業佔珠三角全部外資企業的 72%，珠三角有半數的製造企業屬於港資或有港資參與，這批企業共開設工廠約 5.7 萬家，但是 2013 年底已經降至約 3.2 萬家。[1] 香港本地製造業的萎縮與香港在珠三角的製造業下滑，意味着香港實體經濟的日益萎縮，這使香港服務業對象不確定性增加，對香港整體經濟造成很大困難，並成為香港經濟發展放緩的重要原因。

### 2. 香港產業結構與內地尤其是廣東產業結構互補性不斷下降

改革開放初期內地輕工業高速發展，1978 年改革開放前夕重工業比重佔工業總產出近 80%，到二十世紀八十年代中期便降至 45% 以下，輕工業所佔比重則不斷上升。輕型工業發展到一定時期，一方面市場飽和，另方面居民消費要求會提高，因此自二十世紀九十年代初期中國內地經濟結構已經開始醞釀轉型。1994 年內地的機電產品出口便超過傳統輕紡產品出口，成為拉動中國經濟向重工業發展的重要動力，到 2011 年機電產品出口額已是輕紡產品出口額的 3 倍，佔出口比重從 1994 年的近 2 成上升到近 5 成。二十世紀九十年代後期中共「十五大」推動中國內地經濟改革深入發展，主要向產權層面

---

1　「半數港商出走東莞：離開並不容易 製造業已多風雨」，《搜狐資訊》2015 年 11 月 23 日。

發展，部分先富起來的城市居民已具備購買住房與汽車能力，因此 1998 年政府開始推動住房制度改革。由此中國內地逐漸出現了對住房與汽車的需求，2002 年下半年開始出現了居民對住房與汽車的爆發性需求。住房與汽車的生產需要重工業支撐，一台汽車至少需要一噸鋼，十層以下住宅每平方米需要 30 公斤鋼，這便推動了中國內地的工業產出結構「由輕型向重型」轉化。二十世紀八十年代中期，內地重工業佔工業總產值 45% 以下，而到 1990 年便回升到 50%，到 2010 年已經上升到 71.4%。

先富起來的廣東尤其是珠三角地區，重工業比重變化也很快，1993 年輕工業比重高達 2/3，到 2000 年重工業與輕工業已經各佔 50%，到 2013 年重工業比重超過了 60%。2018 年珠三角地區製造業分行業產值前三位的分別是計算機、通信和其他電子設備製造業、電氣機械和汽車製造。而香港自二十世紀八十年代開始產業結構向服務業為主轉化，到回歸初期這一結構已經面臨轉型壓力，然而回歸 20 多年，董建華時期便希望推動產業升級，希望發展數碼港、中藥港及高科技產業，到曾蔭權時期希望發展六大新興產業，然而結果都未成功，至今香港產業結構已經高度服務業化，並且金融與地產比重已經過高。這種情況下，香港的產業結構與中國內地產業結構互補性已經明顯降低。香港缺乏重工業技術人才及相應技術，也缺乏汽車等高科技人才及高科技技術，因此無法參與到內地鋼鐵工業等其他建材工業以及內地機電、汽車等科技含量高的工業中去，因此香港難以繼續從內地經濟發展中獲得產業升級的動力。

### 3. 內地產業結構變化帶來經濟中心變化，對香港服務業發展不利

內地改革開放的前 10 多年即 1995 年以前，屬於中國內地改革開放前期，全國對輕工業消費品需求市場巨大，廣東作為改革開放先行及與香港接壤地區，促使香港輕型製造業向廣東尤其是珠三角地區轉移，香港與廣東經

濟互補互利，脣齒相依，推動雙方共同發展，使粵港地區成為經濟高速發展極。並促使內地需求集中指向了廣東尤其是珠三角地區，因此廣東省的經濟增長得以長期領先全國。

然而，進入二十世紀九十年代中後期，隨着中國內地產業結構朝重化工業發展，需求重心開始向珠三角以北地區轉移。儘管廣東省 GDP 總值仍然居全國第一，但因廣東是人口大省，人均 GDP 早被江浙超過，甚至在 2011 年被內地重工業最發達的遼寧追上，儘管之後在人均 GDP 上各省仍有爭持。內地「經濟增長極北移」，工業、貿易與投資活動不斷向珠三角以北的東部沿海地帶尤其是長三角轉移，導致珠三角地區在內地東部沿海發達地區經濟比重顯著下降。廣東在全國貿易所佔比重已從 1997 年的 49.2% 下降到 2010 年的 32.4%，外商直接投資比重則從 1997 年的 39.% 降到 2010 年的 21%。就工業總產值看，2010 年廣東是 8.6 萬億元，江蘇已是 9.2 萬億元，工業規模方面，廣東也被江蘇超過。[1] 由於重工業是高附加值的資本與技術密集型產業，而輕工業是低附加值的勞動密集型產業，因此重工業比重高的地區，其人均附加值也高於輕工業比重高的地區。2011 年江蘇重工業比重是 73.4%，而廣東僅 61.5%，因此江蘇人均工業產值比廣東高出 46%，人均 GDP 比廣東高出了 22.6%。[2] 之後廣東加強工業發展戰略，2015 年啟動工業轉型升級攻堅戰三年行動，2017 年發佈《廣東省戰略性新興產業發展「十三五」規劃》，2018 年打造產業新支柱及建設世界級先進製造業集羣。由此推動廣東工業快速發展，形成電子信息、電氣機械等七大超千億元級新興產業集羣，工業再次領先其他省市。

廣東一度在全國工業中的地位下降對香港服務業的發展具有很大影響，因香港在地域上遠離長三角等經濟增長極，使香港服務業優勢難以發揮作

---

1　王建：「香港經濟增長能力為何長期衰退」，《中國證券報》2013 年 9 月 2 日。
2　王建：「香港經濟增長能力為何長期衰退」，《中國證券報》2013 年 9 月 2 日。

用。儘管之後廣東工業再度領先，並持續成為全國經濟增長最快省份，但是廣東與香港的經濟互補性大減的情況並沒有改變。廣東經濟的發展尤其是服務業迅速發展起來，使廣東對香港服務業的依賴大幅減少，有關調查顯示，到 2005 年只有約 10% 的珠三角廠商利用來自香港的生產性服務業，甚至珠三角的港資企業也僅有約 30% 的廠商利用來自香港的生產性服務業。[1] 可見「前店後廠」模式逐漸衰落，香港這個「店」已面臨內地其他城市的巨大挑戰，使香港的服務產業優勢更加難以發揮作用。

### 4. 珠三角地區基礎設施及服務業發展，對香港服務業形成巨大壓力

內地尤其是廣東基礎設施與服務業均發展很快，對香港基礎設施及服務業的依賴越來越低。二十世紀九十年代後期以來廣東尤其是珠三角地區貿易的本地化趨勢便十分明顯。就對外貿易來看，廣東對外直接聯繫已經越來越多，而且港口、機場設施已經越來越完善，2000 年廣州港的貨物吞吐量還剛剛超過香港的一半，到 2011 年已經比香港高出 1/3。珠三角地區高鐵網絡快速發展，完全建成後在半徑 300 公里範圍內將形成「一小時」都市圈，整合珠三角範圍內所有主要城市。因此從香港轉口貿易與經香港出國旅遊情況越來越少，香港的轉口貿易增長率到二十一世紀初到達頂峰後便不斷下滑，1991 — 2000 年年均增長 12.9%，2001 — 2005 年就只有 8.7%，2006 — 2011 年更減至 7.5%，2011 年廣東進出口貿易超過 40% 不經過香港而由本地直接出口。[2] 由於廣東基礎設施日趨發達，產業聯繫也更緊密，預計廣東服務業脫離香港而日趨本地化的傾向會更加強，對香港服務業的影響也會越來越大。

---

1　葉嘉安：「從『前店後廠』到『前台後室』：香港未來的整體策略」，《信報財經月刊》2013 年 5 月 1 日。

2　王建：「香港經濟增長能力為何長期衰退」，《中國證券報》2013 年 9 月 2 日。

　　轉口貿易下滑促使香港轉向新的貿易方式，即發展服務於內地的離岸貿易，包括轉運貿易和直接付運貿易。1991 年內地出口產品中由香港轉口的佔 81%，轉運和直接付運分別佔 10.6% 和 8.3%；但到 2006 年，由香港轉口的所佔比重下降到 44%，而轉運和直接付運則分別上升至 12.2% 和 43.7%，合計共佔 56%。內地出口產品採取直接付運方式出口的原因包括：運費較低，應買家要求，工廠遠離香港，付運時間較短，內地可提供付運前支援服務等。離岸貿易方式的附加值率遠低於本地產品出口和轉口貿易方式，離岸貿易增加，加上香港公司的生產基地和採購中心正逐漸由珠三角伸展至其他地區，香港作為物流中心的地位有可能因此而動搖。貿易與物流這個香港第一大產業自 2005 年以來的年均增長率比香港經濟的平均增長率還低 40%，貿易與物流佔香港 GDP 的比重從 2013 年至 2017 年的 5 年間依次降為 23.9%、23.4%、22.3%、21.6%、21.5%。

### 5. 香港與內地互補性降低的同時，競爭性增加

　　廣東尤其是珠三角經濟發展迅速，不僅工業取得快速發展，而且港口、機場、高鐵、高速公路等基礎設施及金融、貿易與物流等服務業也高速發展，與香港經濟及產業的同質化明顯提高，因此雙方經濟互補性不斷下降的同時，競爭性也在不斷提高。加上長三角經濟也在快速發展，而且上海自由貿易試驗區於 2013 年 9 月 29 日正式掛牌成立，作為內地首個自貿區，上海自貿區在金融、商貿等多領域擴大開放政策，「滬港競爭說」進一步受關注。深圳、廣州、上海這些內地超大城市，GDP 均已經超過香港，儘管國家不斷強調要加強內地與香港經濟合作，其中粵港澳大灣區更需要香港、深圳與廣州加強合作，然而各大城市都有着強烈的迅速發展、快速趕超其他城市的需求，都怕落在其他城市後面，因此表面上積極合作，實際上暗地裏相互較勁與競爭從未停止過。

## 二、「自由行」超出香港承受力，在香港產生不少負面影響

### 1. 內地人赴港自由行過快，超出香港市場的承受能力

第六章第四節分析了 2003 年直至 2010 年，自由行對香港旅遊業以至整體經濟增長的正面效應很大，然而隨着內地自由行的不斷放寬，2010 年負面作用便顯現出來。與一般國家和地區的融合不同，香港與內地是狹小供應市場與極為龐大需求市場的融合。就算是內地冒起的龐大購買力中的一個微小百分點，已足以左右、主導甚或扭曲香港市場，因此隨着內地自由行的擴張，香港客流量和商品服務需求量均會超過香港本地能夠負荷的能力，從而導致了嚴重的經濟學意義上的「擁擠」效應。

表 7-8：內地到港旅遊人次、佔比例與消費情況

| 年　份 | 人次 | 佔總到港人數比 |
|---|---|---|
| 1997 | 2364223 | 21% |
| 2003 | 8467211 | 54.5% |
| 2004 | 12245862 | 56.1% |
| 2005 | 12541400 | 53.7% |
| 2010 | 22684000 | 63% |
| 2011 | 28100000 | 67% |
| 2012 | 34911000 | 71.8% |
| 2013 | 40740000 | 75% |

數據來源：1997 — 2013 年《香港經濟年鑒》

2003 年內地居民赴港「自由行」計劃開始在珠三角個別市實行，之後迅速向全國大部分省市開放，至 2013 年已經開放 49 個城市 2.7 億人口可申請

以個人遊身份到港旅遊，而且早於 2009 年 4 月中央便推出「自由行一簽多行」措施，讓合資格深圳戶籍居民申請一年多次訪港自由行簽證。在自由行的城市不斷增加和深圳戶籍居民一簽多行的影響下，內地赴港遊客的數量每年以兩位數字增長，由 2004 的 426 萬人次，上升 4.4 倍至 2012 年的 2314 萬人次，2014 年內地赴港遊客更超過 4000 萬，而每個內地「黃金周」前往香港的遊客更是激增超過百萬，香港迅速成為全國的旅遊、購物、消費、教育、醫療中心。這為香港帶來經濟利益的同時，也為香港基礎設施帶來了巨大負擔。2006 至 2011 年香港酒店房間從 47128 間升至 62259 間，漲幅 32.11%，而入住率仍由 87% 增至 89%。可見香港並未就內地自由行開放速度作好準備，即香港從基礎設施、相關制度機制、到港人的思維都未能適應「自由行」引致的內地遊客量及其商品服務需求量激增，由此擁擠的不適感受在港人的內心積聚為負面情緒，香港內部要求檢討「一簽多行」和自由行的呼聲高漲。

### 2. 內地人赴港自由行對香港或港人的負面影響增大

一是自由行的內地人到香港搶購商品對港人生活造成不便。2011 年 1 月底，香港全城出現「奶粉荒」，使部分香港嬰兒沒有奶粉而須改食麵包，輿論普遍歸咎於內地遊客與水貨客的搶購囤積，由此香港一時羣情洶涌，家長們在網上聯名要求開徵奶粉離境稅。2013 年春節前後再次爆發「奶粉荒」，這次特區政府則出重手修訂有關法律限制離港人士攜帶不超過兩罐嬰兒奶粉。

二是內地人一些不文明行為更對香港城市整潔造成負面影響。香港與內地的法制環境不同，香港的法律具有絕對權威，制度堅決維護這種權威，時間長了港人就學會自覺守法。內地則不同，各省市有不同的法規，社會的運作除制度之外還有許多其他因素起作用，所以即使許多城市對居民在公共場所的行為都有規範，但實際上人們不會自覺遵守。內地人被認為缺乏社會公

德,在公共場合大聲喧嘩、亂丟亂吐、闖紅燈、不排隊、不禮貌、隨地大小便等不文明行為,對香港公共場所秩序與衞生均造成破壞,對香港文化與文明均構成負面影響,因此早已引起港人反感。

三是自由行遊客「擠爆」香港海關、旅遊景點、商場,使港人產生擁擠感、加劇通脹、衝擊港人優越感,以及致香港罪案增加。香港本來就是人口稠密地區,大量自由行內地客湧入更增加香港的擠迫感。而且自由行的內地人到香港購物,使不少商品供不應求,由此抬高了物價,加劇通貨膨脹,自由行的內地人在香港購買奢侈品及豪宅的豪爽還衝擊了港人擁有的優越感。同時導致香港罪案增加,2009 年共有 2500 名訪港旅客在港觸犯刑事罪行,而且有人利用自由行或商務簽證從內地到港賣淫和打黑工。

四是自由行導致「雙非孕婦」增加,雙非孕婦與雙非嬰擠佔香港醫療資源,雙非嬰兒還擠佔香港社會資源。2010 年夫妻雙方均為內地人的「雙非孕婦」沖急症室產子個案激增,「迫爆」公立醫院婦產科與母嬰健康院,母嬰健康院服務 1.48 萬名「雙非」嬰兒,較 2007 年飆升約 42%,「重災區」粉嶺健康院 60% 嬰兒母親並非港人;同年有 12500 名「雙非嬰」在母嬰健康院免費打防疫針,粗略估計香港納稅人為此付出逾 6000 萬元。至 2016 香港雙非嬰累計高達 20 多萬,他們為香港教育、醫療帶來難以承受的負擔。

### 3. 2011 年後,兩地爆發多次民間衝突

2011 年 1 月初位於香港尖沙咀意大利品牌「D&G」將店前公眾地方劃成禁止港人拍攝區,卻允許內地遊客照相,引起港人的憤怒並透過 Facebook 召集網友到 D&G 拍照抗議,得到過萬人回應,超過 600 人到了尖沙咀拍照抗議。2012 年 1 月中旬更有一位內地遊客帶小女孩在港九火車車廂裏吃杯面,一位香港男士出面阻止,其後爆發兩人對罵,香港男士按響警鐘導致列車停駛。事後傳媒報道北京大學教授孔慶東發表言論稱「香港人是狗」,激發更多

港人參與罵戰，數以百計港人到中央駐港聯絡辦門外溜狗抗議。而內地網民則發起「年初五港鐵集體吃面行動」以抗議被香港人歧視，而這更引發香港網友組成「高登唱蝗團」在廣東道名店和旺角行人專用區「快閃演出」以諷刺內地孕婦搶牀位、搶奶粉以及旅客隨地大小便。之後更有 800 多名港人透過網上討論區串聯集資 10 萬港元於 2012 年 2 月 1 日在香港《蘋果日報》刊登題為「香港人，忍夠了」的廣告，反對內地人侵佔香港資源，致使網民罵戰不斷升級。

2013 年 8 月安徽青年謝子洋訪港，被跳樓女子壓死，竟遭香港網民咒罵，例如「蝗蟲一日不死，香港一日沒運行」等等。2014 年 1 月約百名網民發起「反赤化、反殖民」遊行，高舉「龍獅旗」及高叫「不要蝗蟲襲港」等，要求特區政府收回單程證審批權，落實「港人優先」政策。2014 年 2 月「反赤化、反殖民」約百名成員，在尖沙咀舉行所謂「滅蝗」遊行，對內地遊客作出滋擾和辱罵，部分成員手持英國米字旗及港英龍獅旗示威。港人不僅強烈反對內地人到香港「自駕游」及擴大內地人「一簽多次赴港自由行」，甚至反對兩地「經濟一體化」。

兩地民間還因內地水貨客問題及內地節假日到港購物客太多爆發多次衝突。「一簽多行」等同於一年無限次往返香港，深圳 232 萬戶籍居民中，除 12 萬左右公務員等國家登記備案工作人員外，其餘 220 多萬戶籍居民只需要 100 元簽證費用就可以享受一年內無限次訪港。「一簽多行」使來往深港非常方便，而且內地商品質量存在問題，尤其是假冒偽劣產品多，加上香港進口商品價格相對便宜，因此使香港產生了更多「水貨客」問題。2013 年 1 月 13 日香港入境事務處實施「記錄一日多次出入境旅客」以打擊利用「一簽多行」政策的違法分子，但是成效不明顯。與此同時，許多內地人到香港購買大量日用品，春節前夕更是高峰，這使香港新界地區尤其是上水、屯門與沙田在春節前夕擠滿購物者，地鐵裏人滿為患，巴士站排起了長隊。因此導致

上水、沙田及屯門先後出現「反水貨客」風波,「反水貨客」人士在上水、屯門及沙田圍堵店鋪、推鐵閘,甚至出現針對內地自由行旅客的活動,且時常發生示威者與內地旅客口角等引起混亂的情況,警方有時不得不施放胡椒噴霧驅散人羣。結果內地的「水貨客」轉到了元朗,由此令元朗生活環境失衡與變差,為此 2015 年 2 月 29 日再有團體發起「光復元朗」行動,2015 年 3 月 8 日則有「光復上水」行動,這些行動已經有明顯的「港獨」傾向,例如 2012 年 9 月 15 日上水一批不滿內地水貨客網民集會,有抗議者甚至高舉港英旗幟並高喊「中國人滾回中國」,有些港人則在網絡上大肆攻擊內地政府和內地人。兩地民間衝突使得 2016 年春節赴港的內地客出現罕見的下跌情況,也是回歸以來首次出現跌幅。

## 第五節 兩地融合及特區政府施政失誤加劇經濟民生問題

這時期,香港與內地融合,以及特區政府施政或政策失誤,一定程度上加深了香港經濟與民生問題,其中對住房與向上流動空間減小問題的影響更為明顯。社會存在決定社會意識,香港民生問題作為社會存在問題,其必然會讓港人比較出回歸前後的生活差距,而當這些民生問題的加深還有內地因素刺激及特區政府主觀原因時,無疑更加會降低港人的「國家認同」。因此這時期嚴峻的香港民生問題成為港人「國家認同」降低的基礎性原因。

### 一、這時期「香港與內地融合」一定程度上加劇香港經濟與民生問題

#### 1.「兩地融合」一定程度上拖慢香港產業轉型升級

與一般國家和地區的融合不同,香港與內地是微型經濟體與龐大經濟體的融合,香港作為中國的特別行政區和微型經濟體,背靠內地,發展機遇自

然很多，這在一定程度上會減低其產業升級的動力，尤其是香港作為高度自由的資本主義經濟體，市場的主導作用很大。內地改革開放初期，香港製造業北移內地，便錯過了製造業升級機會。

回歸後，中央給予香港經濟優惠政策增多，其中 2003 年的 CEPA 與自由行，使香港工商界普遍受惠。自由行帶旺了香港市場，帶動了香港商業繁榮，其首先是直接刺激旅遊、零售、酒店、餐飲、運輸等業發展，其次是間接代旺金融、房地產等業。自由行同時增加大量就業崗位，使香港幾乎達到全民就業，工商界更是從中獲得巨額利潤。這種條件下，香港工商界少了產業轉型和升級的動力。因此，董建華任行政長官時提出要發展「數碼港」「中藥港」「矽港」等計劃，到曾蔭權任行政長官時提出發展六大產業和推動經濟多元化，之後梁振英與林鄭月娥也都希望推動科技產業發展，但結果均是雷聲大、雨點小，工商界根本沒有動力去發展高科技產業，最終香港仍然是以勞動密集型服務業為主的產業結構。

### 2. 內地人到香港買樓及購物推高香港樓價，使香港「住房問題」更趨嚴峻

內地人進入香港購物，一般商品供不應求，由此抬高了物價，帶旺零售、餐飲業，於是商鋪業主不斷提高租金，造成香港商鋪租金不斷上漲，從而推高樓價。而且內地富豪到港買樓，香港 1000 萬港元豪宅 20% 被內地富人買走，2000 萬港元豪宅內地買家約佔 30%，5000 萬港元豪宅內地買家佔 40%，1 億港元以上的豪宅 70% 被內地富豪買走。這些致使香港豪宅價格創下歷史新高，較 1997 年高峰期上升了近 17%。至今香港樓價及租金已經遠遠脫離市民購買力，港人住房條件越來越差，與內地人推高商鋪租金及豪宅價格有一定關係。此外，還有人認為，內地新移民大部分屬於基層人士，他們多數都會加入申請公屋的行列，由此擠佔香港公營房屋，也加劇了香港住房問題。

### 3. 加劇香港貧富懸殊問題

大量內地居民到港購物和消費，擴大了香港市場的需求規模，於是加重商品價格上調壓力，無論是零售商還是餐飲業，商人均成為贏家，而其中房地產商成為最大贏家，他們坐收樓價及商舖租金漲價漁利。而香港消費者與普通市民則是輸家，無論是草根階層還是中產階級都面臨工資不漲，而房價、租金以及物價上漲的困局。由此貧者更貧，富者更富，貧富懸殊問題更形突出。

同時，2011 年 2 月底時共有 1.7 萬多居港少於 7 年、原屬地為內地的人士在港領取綜合社會保障援助，在香港 2008/2009、2009/2010 以及 2011/2012 三個財政年度內，特區政府每年向到港定居少於 7 年的受助人發放的綜援開支分別為 10.2、8.7 及 6.4 億港元。2011 年 3 — 4 月特區政府向全港永久性居民派發 6000 元，關愛基金也向新移民派發 6000 元，新移民與香港永久市民看齊，引發港人不滿。香港大學民研中心 2012 年 11 月民調顯示，受訪者普遍不滿新移民，52.8% 認為他們享受福利多於貢獻，47% 認為他們拖低了勞工工資。

### 4. 加劇香港向上流動空間狹窄問題

香港不少內地新移民被指搶走香港許多高層次工作。港府於 2006 年 6 月推出「優秀人才入境計劃」，簡稱「優才計劃」，至 2021 年已 15 年，累計 7127 名精英獲批來港定居，當中約 87% 來自內地。「優秀人才入境計劃」的申請人主要從事「金融及會計服務」與「資訊科技及電訊」行業。港府於 2003 年 5 月推出的「輸入內地人才計劃」，簡稱「專才計劃」，申請者主要從事「藝術 / 文化」「學術研究和教育」及「金融服務」。加上大量在香港讀書而留港工作的內地人才，這些人才也主要集中在高層次行業。

　　2021 年政府統計處公佈零售業總銷貨值連升 5 個月，但邊境仍未開通，香港經濟主要仍靠本地消費者，據市場策略公司 EternityX 調查，逾 7 成居港內地高收入人士每月花費逾 2 萬購買奢侈品及美妝品，調查訪問 550 位居港內地人，當中 38% 年薪逾 150 萬元被界定為高收入人士。[1] 內地新移民不少人於香港高層次行業工作，的確一定程度上加劇了香港向上流動空間狹窄問題。

### 5. 港人對內地人不可避免產生反感情緒

　　香港大學民研中心從 2007 年開始就港人對各國或地區政府與人民的觀感進行調查，結果顯示，港人對其他國家與地區政府的「好感」相對較人民要低，唯有出現過對中國內地人民的「好感」低於中國中央政府的情況，而且 2017 年 8 月的民調也顯示港人對內地人民的「好感」淨值是最低的（見表 7-9）。同時港人對內地人民的「好感」越來越低，而「反感」則隨着內地自由行遊客、內地雙非嬰兒及內地在港購房人數的快速增長而迅速上升（見表 7-10）。有不少評論認為，內地與香港兩地民間矛盾衝突，是香港「本土思潮」興起及港人「國家認同」下降的重要原因。

表 7-9：2017 年 8 月香港市民對各地人民與政府好感淨值

| 國家或地區 | 台灣 | 新加坡 | 加拿大 | 日本 | 澳洲 | 英國 | 澳門 | 泰國 | 德國 | 香港 | 南韓 | 法國 | 美國 | 大陸 |
|---|---|---|---|---|---|---|---|---|---|---|---|---|---|---|
| 人民 | 56 | 56 | 53 | 49 | 45 | 42 | 40 | 37 | 36 | 35 | 30 | 28 | 23 | 4 |
| 政府 | 2 | 40 | 49 | −19 | 36 | 24 | 19 | 3 | 34 | 10 | 8 | 22 | −23 | −3 |

數據來源：香港大學民意研究中心

---

1　「調查：七成高收入居港內地人月花 2 萬購物」，《明報》2021 年 8 月 5 日。

表 7-10：港人對內地人反感在 2011 年大幅度上升

| 年　份 | 2007 | 2008 | 2009 | 2010 | **2011** | 2012 | 2013 | 2016 | 2017 |
|---|---|---|---|---|---|---|---|---|---|
| 內地赴港遊客（萬人） | 1548 | 1690 | 1769 | 2247 | **2810** | 3491 | 4074 | | |
| 雙非嬰兒（人） | 18816 | 25268 | 30000 | 32600 | **35736** | 26715 | | | |
| 港人對內地反感比例 | 16% | 20% | 20% | 16% | **33.1%** | 26% | 36% | 29% | 32% |
| 港人對內地好感比例 | 39% | 37% | 30% | 33% | **23%** | | 21% | 27% | 28% |
| **趨勢** | 好 | | | 好 | 轉差 | | 最差 | | |

數據來源：香港政府統計處，港大民意研究計劃網站

## 二、這時期特區政府施政或政策失誤一定程度上加劇了香港民生問題

### 1. 政府住房政策失誤與無能加劇了住房問題

　　曾蔭權任行政長官後期，政府房地產政策失誤明顯。1997 年初香港地產炒風熾熱，樓價步步高升，不少人跟風入市，然而 1998 年亞洲金融風暴爆發，隨後全球經濟低迷，香港樓價應聲下跌，樓價巔峰期入市者賬面損失重大，按揭達到九成的業主面對物業市值低於欠債額的「負資產」惡果，到 2004 年香港樓價下挫近七成，出現大量負資產人士。一方面負資產人士要求政府救市，另方面負資產羣體背後的地產商也強烈要求政府「救市」。因香港人視住房為最重要資產，負資產及資產縮水會得到同情，因此當時輿論和政界人士也加入向政府施壓、要求政府救市的行列。2002 年底政府屈服於壓力，以政府行為介入「自由市場」託市，時任房屋及規劃地政局局長孫明揚宣佈 9 項「穩定」樓市政策（「救市九招」），包括以勾地表制度取代定期的公開土地拍賣，由地產商申請勾地，然後才推出地皮拍賣，這種被動賣地方式，在樓市低潮時有利穩定樓價，但在樓市大升市時，無疑強化已囤積大量儲備土地的大財團的壟斷地位，擠壓土地儲備較少的小地產商，成為高樓價

與高地價的元兇。「大地產商的土地可興建一個屋苑，有會所、有商場，但小地產商的地可能只可建單幢樓。居於有配套的屋苑生活較方便，於是單幢樓的市場價值比屋苑低，這使小地產商的生存空間愈來愈小，大地產商就愈來愈大」。[1]

「救市九招」還包括每年調整租住公屋建成量，表面上在保證公屋供應，實際變成大幅減縮公屋供應，使輪候公屋時間不斷延長。「救市九招」中的「暫停鐵路沿線物業發展項目」「無限期擱置興建居屋」「停止房委會和房協與發展商的共同發展項目」，當時是為了推動香港房地產儘快走出谷底，然而在樓市大升市時，就成為促使房地產價格畸高的另一元兇。「救市九招」實際是政府放棄房屋供應權，讓地產商決定私人樓宇的數目，結果導致香港房屋供求嚴重失衡。「救市九招」中的「停止主動賣地」政策，使政府直至 2010 年 6 月才恢復主動賣地增加土地供應。而「救市九招」中的「停建居屋」政策，從 2005 年起就有多位立法會議員及學者建議政府重新推出居屋計劃，協助基層市民置業。但曾蔭權政府卻堅持不再復建居屋，直至 2011 年 1 月曾蔭權在公開場合仍表示，在 2010 年施政報告中提出的「置安心計劃」，即由香港房屋協會興建房屋並以市價出租給中等收入的市民，而租戶在購買單位時可以獲得租住期間所繳納淨租金的一半作為置業首期。然而按照市場價格，年輕中產家庭根本買不起，因此「置安心計劃」在樓價穩步上升情況下難有吸引力。除了「置安心」取代復建居屋，2010 年政府先後還有高鐵快線計劃的撥款和收地、降低舊樓重建的強拍門檻、新建樓宇的資料披露及銷售規管等等，但是 2010/2011 財政年度私人住宅土地供應遠低於回歸前 1996/1997 年度的水平。隨着停建居屋後，政府多年放手予市場自行調節，結果使房屋短

---

1　「『地產霸權』影響」，《明報加西版（溫哥華）》2012 年 1 月 12 日；「『地產霸權』成因」，《明報加西版（溫哥華）》2012 年 1 月 12 日。

缺問題日趨嚴重。2011 年 10 月曾蔭權的最後一份施政報告才承認政策失誤，同時宣佈復建居屋，政府恢復行使房屋供應權。但是政府停止主動賣地及停建居屋數年，造成的後果是極為嚴重的，導致樓價狂升。加上政府自從曾蔭權上任的 2005 年起一直在推行「高地價政策」，這成為推動香港樓價一路高歌猛進的又一重要因素。曾蔭權於 2012 年 6 月卸任時，樓價指數已超過 1997 年的高位。

　　之後的行政長官梁振英與林鄭月娥，都重視住房問題，提出了抑制樓價及開發土地的政策或措施。但是，因剛性需求強勁，房屋供應嚴重不足，因而無法阻擋樓市繼續上升。而開發土地則阻力重重，既對地產商囤積土地無計可施，也無能力讓各持份者同意開發農地或部分郊野公園土地，即使大規模填海造地也阻力重重。因此，住房問題日趨嚴重，梁振英任特首期間，香港樓價較曾蔭權卸任時上升了 52%。林鄭月娥任期內，遇上長時間的新冠疫情，令樓價升幅放緩，但是林鄭月娥任內的 5 年香港樓價仍上升約 13%。

### 2. 特區政府政策失誤或無能，加劇貧富懸殊與向上流動空間狹窄問題

　　特區政府政策較港英政府更偏向工商界尤其是財團。香港的工商界是逐步從由英國商人佔主導向由華人佔主導過渡的。較早來到香港的英資財團怡和與滙豐銀行在香港經濟發展早期構築了香港經濟基礎，而上海資本家則為香港在二十世紀五六十年代的工業化提供了必要的資金。回歸前，港英政府的政策偏向照顧工商界尤其是英資財團，但在英資與華資等資本競爭中，港英政府採取自由主義經濟政策，扮演着看似公正的仲裁者角色，使得香港的經濟發展處於一種「相對自治」狀態。在這樣環境下，華資等各種資本均有機會取得發展。二十世紀七八十年代，一方面華資新星如李嘉誠、包玉剛等抓住了香港政府關注人口快速發展的有利時機，大規模滲透並擴展房地產市場，在香港房地產業發展的黃金時期迅速成長壯大，從而奠定了華資在香港

經濟中的重要地位；另方面英資對香港 1997 前途的擔憂而逐漸轉移註冊地，由此華資最終在香港經濟中佔了主導地位。

回歸前夕及回歸初期，考慮到要穩定香港資金以爭取平穩過渡，因此無論是中央政府對香港的規劃還是之後特區政府的政策，基本都向資本家尤其是大財團利益傾斜，並造成工商界由「經濟影響」向「政治影響」發展，並通過「政治影響」強化「經濟影響」。回歸後政府政策偏向工商界尤其是大財團，到曾蔭權任行政長官時尤為明顯，由此促使大財團壟斷地位不斷提高，包括房地產、電力供應、煤氣供應、集裝箱碼頭、電訊、公共交通、零售等領域壟斷現象日益突出，成為回歸後一種新的壟斷經濟。政府政策偏向工商界，其中原因包括工商界以其經濟實力對政府施加了巨大和持續的壓力，如 24 小時通關以方便到內地的物流和人員交通的要求，以及降低制約商業利益增長的收入稅要求等等，便遭遇財團壓力而遲遲無法實現。特區政府比港英政府更加偏向工商界尤其是財團，這不僅導致了回歸後壟斷現象更為嚴重，使香港創業空間及向上流動空間大幅減少，也直接加劇香港各階層收入的不平衡和加劇貧富懸殊。

同時特區政府施政無能，也使貧窮及向上流動空間問題難以緩解。這些問題在曾蔭權任行政長官後期已經極為突出，但是幾任行政長官及其政府都無法平衡各階層關係，更無法說服工商界，使問題長期無法解決以致日趨嚴重。最低工資立法直到 2011 年才通過，而標準工時立法則至今無法說服工商界，以至至今都無法解決，香港是全球過勞情況第二嚴重的城市，僅次於阿聯酋杜拜，工作過勞比例高達 17.9%，約 67 萬人工作過勞。[1] 而且失業救濟金、強制醫保、退休保障也長期無法落實，香港的財富再分配模式也一直主要有利於資本家、資產擁有者及大企業高層。同時，政府不僅偏幫工商界而

---

1　劉夢婷：「恢復集體談判權　為勞資關係尋找新平衡」，《香港 01》2022 年 6 月 29 日。

加劇壟斷，而且施政無能也使香港產業結構長期無法轉型升級，因此向上流動空間問題也長期得不到解決。

## 第六節　這時期國民教育倒退，負面宣傳加強

　　第六章的第五節闡述了回歸前香港保留了中國傳統文化，有利於港人建立「國家認同」，但中國傳統文化的認同不等同於「國家認同」，「國家認同」的最高形式是「政治認同」。如果在宣傳教育上不斷抹黑中國政治制度，必然無法確立「政治認同」，最終會影響到文化認同。特區政府教育政策失誤，2002 年實施的教改將初中中史科由必修變為選修，尤其是 2009 年實施的重大教改，將通識教育科列為新高中課程的核心科目，與語數英並列為高中文憑考試必考科目，且新高中實行被稱為香港「高考」的中學文憑試，大幅削減選修科目，致不少中學技術性遺棄高中「中史科」。加上中國歷史教材出現不少問題，通識科則對香港時事及內地負面教育過多，同時特區政府弱勢，使國民教育不進反退，以及新興媒體興起，傳媒負面影響明顯加強，這些均使港人「國家認同」倒退。

## 一、回歸後的教育法律殖民主義色彩濃厚，無法適應回歸後建構學生「國家認同」的要求

　　香港《基本法》保障了香港特區政府在教育管理的各項自主權，為香港教育保持其原有優勢及不斷發展提供了法律基礎。香港《基本法》第十六條規定：「香港特別行政區享有行政管理權，依照本法的有關規定自行處理香港特別行政區的行政事務。」第二十二條規定：「中央人民政府所屬各部門、各省、自治區、直轄市均不得干預香港特別行政區根據基本法自行管理的事務。」第一百三十六條規定：「香港特別行政區政府在原有教育制度的基礎上，

自行制定有關教育的發展和改進的政策，包括教育體制和管理、教學語言、經費分配、考試制度、學位制度和承認學歷等政策。」第一百三十七條規定：「各類院校均可保留其自主性並享有學術自由，可繼續從香港特別行政區以外招聘教員和選用教材。」第一章第九條規定：「香港特別行政區的行政機關、立法機關和司法機關，除使用中文外，還可使用英文，英文也是正式語文。」可見根據《基本法》的規定，香港特區政府享有教育行政管理權及教育政策制定權，香港高校則在辦學上享有充分的自主權，而且回歸後英語與中文的地位相同。

香港的教育法律是香港立法機構指定的法律或認可的附屬立法，按照法律的地位、適用的範圍及效力可分為：「條例」「規例」及「則例」。回歸後香港教育法律幾乎完全繼承港英政府時期的《教育條例》和《教育則例》，現行的香港教育法律有《教育條例》《教育規例》《幼兒中心條例》《幼兒中心規例》《小學資助則例》《中學資助則例》《專上學院條例》《學徒條例》及《學徒規例》等，還有具有法律效力的綠皮書、白皮書以及教育委員會或教育統籌委員會提出經港府批准後執行的各種政策性文件與各類《報告書》。此外，各大學和眾多法定的教育機構均有各自專門的條例，由此形成了一個嚴格的教育法律體系。[1]

回歸後香港教育行政管理及教育法律體系基本沿用港英時期的，這有助於保持香港教育原有優勢，但是隨着國際國內及香港本地形勢的變化，香港原有教育法律未必繼續適用。尤其是一些沿用下來的香港教育法律殖民主義色彩濃厚，已經無法適應回歸後建構學生「國家認同」的要求。例如《教育條例》在英國殖民統治時期訂立，一直沿用至今，而隨着時代的發展，《教育條例》和《教育則例》已不能夠完全適應當前香港教育的發展，也滿足不了建構「國家認同」的要求。

---

1　　廖萍：「香港的教育法律」，《教書育人》2005 年第 13 期。

## 二、「中國歷史科」出現倒退

### 1. 初中「中國歷史科」由必修變為選修

第五章第四節闡述了港英於殖民統治中期採取「去中國化」與「去政治化」教育政策，二十世紀五十年代還大肆批捕在課堂上講中國歷史的教師，但是到了二十世紀七十年代麥理浩任香港總督時，已經大幅改變政策，加大收買華人力度，因此二十世紀七十年代中國歷史科已經被設為初中必修課。但是 1993 年在彭定康任港督時，港英政府的教改將歷史科設為「人文與社會科目」中的五個子學科之一，初中生必須選修包括中國歷史在內的兩門學科，即中國歷史由必修課變成必選課。

回歸後的特區政府教育局於 2001/2002 年度推行教育改革，建議初中學段的中國歷史科不再單獨設科，而是與其他科目合併，建議中學階段所有課程全部被納入到 8 類課程中，歷史科與中國歷史科被分入「個人、社會及人文教育」這個大類，學校開設了 20 門選修課。然而並不是每個學生都要選修所有課程，只是在 20 門科目中選擇兩到三門進行學習，因此每門課程被選擇的概率不同，對於中國歷史科的選修相當部分學生並非出於興趣，更不是出於傳承中國歷史和文化的責任，而是因為選不上像企業會計與財務概論這樣的商科，而不得不選修中國歷史。而且在歷史修讀中，每年還有不少學生中途退出。

2009 年醞釀了近 10 年的新高中學制正式實施，新高中學制實行中學文憑試，被稱為香港「高考」。新高中學制大幅削減選修科目，由此高中階段中國歷史作為難度較高、拿分較難的一門課，被很多學校「技術性」遺棄，而香港升高中不需考試，因此 40% 初中沒設中國歷史科，由此進一步弱化了中國歷史教育。高中的「中史科」在 2009 年教改之前很受文科生歡迎，選修人數佔中文科考生約 38%，2000 年高達 25758 人。2009 年教改後，文憑試

開考，選修「中史科」人數愈來愈少，僅佔中文科考生約 13%，2021 年更降至 6193 人。2010 年中學會考（改制前）中有多達 2.6 萬名考生報考中史科，2015 年（改制後）報考中史科的僅有 6329 名考生，較 2012 年銳減逾 1700 人，較 2010 年更是減少了 2 萬人。因此 2009 年的改革後，中國歷史科的地位一落千丈。學生對中華文化和中國歷史知之甚少，對中國國情容易受社交媒體上廣泛流傳的不實言論所影響，加上部分老師詆毀自己國家的文化，造成學生難有國家意識和愛國情懷，反而很容易對內地產生負面、敵視情緒。

### 2. 2009 年新高中歷史科的教材問題嚴重

香港教育主管部門在新高中歷史教材的組織編寫上完全放任，而且還放權給各學校和老師，由學校建設校本課程，也可以由老師選擇教材或自編講義，結果導致教材編寫上的政出多門。因此，新高中歷史的教材由齡記出版有限公司、現代教育研究社、雅集出版社有限公司等多個出版社發行，這三個出版社出版的課本中，課本名稱都不相同，齡記出版有限公司的教材名稱是《新探索中國史》，現代教育研究社的教材名稱為《中國歷史》，而雅集出版社有限公司的教材名稱為《新歷史探索》。名稱尚且如此之大的差別，內容編排就更是五花八門。其中近代史部分，普遍將鴉片戰爭背景描述成「清朝限制通商、中英貿易談判失敗、英商向中國輸入鴉片、清朝欽差大臣林則徐禁煙、虎門銷煙，以及英軍毆斃尖沙咀村民林維喜事件，『英國最終決意派兵來華，戰爭因此爆發』」。顯然這是在合理化鴉片戰爭。

新中國成立後的內容，各教科書都存在對內地的偏見。就齡記版本《中五下一冊》的部分內容看，該冊講述中華人民共和國成立至二十世紀末的歷史，該冊的內容最能反映學校教育對待國家和中央的態度，從而可反觀其歷史教學存在的問題。就教學環節來看，教育主管部門提出「要加強探究式學習以提高學生探究能力」，從齡記版本《中五下一冊》四大板塊部分內容來

看，在社會主義建設板塊，探究焦點為六個問題。一是土改如何有助穩定局勢及恢復國民經濟，它令什麼人有利益、什麼人受損？二是國家初立，理應力求穩定，採用強硬手段打擊異己能有助國家穩定嗎？三是「三反五反」是肅清黨風運動還是政治鬥爭？四是 1953 年到 1957 年 5 年間中國經歷了什麼改造？五是一場「鳴放運動」為何演變成了反右鬥爭？六是「三面紅旗」如何觸發經濟災難？這些焦點是要求學生針對課本章節中的相應內容進行思考。例如第一章建國初年社會主義建設的第一節土地改革運動的探究焦點，是上述第一點即土地改革運動如何有助穩定局勢及恢復國民經濟？這一節的思考題為：「沒收土地重新分配是一種公平合理的財產分配嗎？」中共的土改運動與王莽的「王田令」比較，在性質與結果方面有什麼不同？具體做法是通過閱讀課本中提供的幾段反映土改運動的史料來回答幾個問題，這些史料有些只是某人的回憶錄中一段話，未經加工直接放在教材中作為學生思考問題的依據，這顯然只會加重學生對國家的反感。第二節鎮壓反革命運動中設置了「推算被殺人數」的探究現場環節「課堂活動」，分三個步驟：同學試算自己就讀學校共有多少學生，然後根據在鎮壓反革命運動中有 71 萬人被殺，試計算這既是上述學生人數的多少倍？最後試舉出歷史上一些大規模屠殺事件，例如秦軍於長平之戰坑殺趙軍 40 萬，項羽於鉅鹿坑殺秦軍 20 萬，日軍在南京屠殺中國軍民 30 萬，繼而反思歷史上所推行的大規模殺戮行動是必要的嗎？第三節「三反五反」運動中的探究現場是小組討論，設想自己生於二十世紀五十年代，想向國家主席獻策以處理官商勾結，當中可加入歷史統治者處理貪腐方法的內容。總之，這些環節基本是對黨和國家歷史的一些黑暗面進行介紹、剖析、討論和角色扮演，目的是「吸取經驗教訓，繼承歷史上的智慧而避免再犯歷史上的錯誤。」然而，學生學到的不會是這些，而只會感到這些歷史與他無關，並對國家產生反感，進而毫無「家國情懷」。

在雅集出版社出版的中國歷史教材「現代化」章節部分的編排中，按照

香港、中國、早期日本和東南亞的順序進行介紹，把香港與中國分開並列的安排使學生誤以為香港是一國家。因此整套中國歷史教材只是一種客觀知識的鋪陳，且沒有顧及香港與中國不能並列，香港歷史也只是中國歷史的組成部分。因此學生完全無法通過學習中國歷史教科書建立起自己與國家的聯繫。

## 三、新高中通識科問題多

### 1. 通識科成為必修課和高考必考科，而且沒有教材

回歸前「通識教育」只是選修課，2009 年新高中學制實施，「通識教育」列入必修課，2012 年開始更被列入香港高考必考科目。「通識教育」列入新高中必修課時，當時勾畫了未來高中及高等教育發展路向，希望改善學生「讀死書」等問題，鼓勵學生多些批判思考，結果教學內容着重於人權自由、表達意見、抗爭等價值觀上。

香港高中階段的「通識教育科」由三大範疇、六大單元、十五個主題組成。三大範疇是自我與成長、社會和文化、科學科技與環境，圍繞三大範疇編寫了六大單元的課本，包括全球化、公共衛生、能源、科技與環境、個人成長與人際關係、今日香港和現代中國。其中「今日香港」講授內容包括民主、公民抗命等，「現代中國」單元內容更廣泛。但這門科目沒有官方指定的教材，沒有固定的教學範圍，教育局只推出綱領而讓教師自己去編輯材料，而教師多數採用報章和電台的資料，香港教育局對校本教材的規範和監管幾乎完全缺位，致使有的教師將課堂變成表達自己政治觀點及自己強烈政治訴求的平台。

教育局不設課本送審制度，而香港有多家出版社出版通識科教材，市面上的「通識科教科書」均未經審核而沒有任何質量保證，因此被多次揭發存在偏頗或錯誤內容。部分通識科教材甚至由反對派人士主編，教育工作者協會（簡稱「教協」）在 2013 年製作所謂的「佔中」通識「教材」《香港政治制

度改革——以「佔領中環」為議題》，註明是「公民及通識科教材」，更由鼓吹「公民抗命」的非法「佔中」發起人戴耀廷做顧問及審查。

### 2.「現代中國」單元存在不少問題

「現代中國」是直接向學生介紹中國內地情況，成為最可能教授學生國家意識、國民意識和社會責任的單元，然而結果卻相反，其中重要原因是教材內容偏頗。其中一套通識科教材「現代中國」分冊，目錄顯示包括兩大主題，第一大主題是介紹中國的改革開放，重點包括「改革開放的發展概略」「改革開放下的經濟發展」「改革開放下的社會民生」「改革開放下的可持續發展」，以及「改革開放下不同面向的政府管治、綜合國力提升對中國參與國際事務影響」。第二大主題，介紹中華文化與現代生活，包括「傳統家庭與現代生活」與「傳統習俗與現代生活」兩個課題。

「改革開放的發展概略」部分，以對政治運動介紹為切入點，並以表格形式羅列改革開放前的一些政治運動數據，例如被劃分為右派的人數、浮誇風盛行造成的非正常死亡人數和「文化大革命」造成的非正常死亡人數。介紹1989 年的政治風波時，簡單將其概括為「鄧小平的改革開放政策令中國經濟迅速增長，卻同時帶來嚴重的通貨膨脹及貧富懸殊問題，某些政府官員貪污瀆職及特權，牟取暴利，引起知識分子、大學生及民眾不滿。一九八四年四月胡耀邦因病逝世，北京大學生上街悼念及遊行示威，要求重新評估胡耀邦的功過，並提出打倒貪污等訴求。其後學生於天安門廣場絕食抗議，中央與學生對話失敗，解放軍六月四日出動軍隊鎮壓。」顯然這類「概略」忽略了對國際環境尤其是美西方國家等重要因素的分析，無法對學生認識國家產生正面影響。

「改革開放下的經濟發展」部分，先介紹「農業改革，包括家庭聯產承包制和發展鄉鎮企業給農村帶來的巨變」，然後介紹「國企與民企改革、引進外資、發展經濟和內地企業走出去」策略等情況，再介紹「開放帶動經濟發

展的同時產生的負面效應」，而且詳細介紹「血汗工廠勞工權益被剝削」等
情況。「改革開放下的社會民生」內容中，一方面介紹了「改革開放前後人
均 GDP 及國民生產總值發展，教育與醫療的進步，以及政府對民生的回應措
施」；另方面將「貧富懸殊、地區差距、城鄉差距和二元結構、三農問題、農
民工問題、下崗工人問題，以及食品安全等問題」作為通識議題和參考資料
進行介紹，且篇幅冗長。尤其在「食品安全問題」上，對 2004 年到 2013 年
發生的典型事件包括毛髮醬油、瘦肉精豬肉、蘇丹紅鴨蛋、三鹿奶粉、地溝
油和鎘大米等等做了詳細介紹。還以內地非法買賣人體器官為何屢禁不止的
發問作標題引導學生思考並讓學生討論，題目為「什麼因素導致中國非法買
賣人體器官的問題日趨嚴重？」接着用鏈條圖解的形式對非法賣腎行為進行
流程介紹，包括說明賣腎者因家貧等走投無路而選擇賣腎，賣腎者經互聯網
等途徑找到賣腎中介，由中介操作體檢和議價，再由中介杜撰賣腎者與病人
親屬關係假證明，然後醫院進行器官摘取手術。賣腎者可得數萬元，醫院等
則瓜分剩餘錢。

　　在「改革開放下的可持續發展」內容中，過半篇幅介紹改革開放以來中
國內地發展中的「環境問題、能源問題、人口問題」。環境問題中重點介紹水
污染、空氣污染、固體廢物污染和生態破壞的情況，並配上大量的圖片予以
說明。學生看到的是內地污水橫流、霧霾污染嚴重和垃圾圍城的景象。而在
跨單元研習中則對癌症村進行了從概念到成因的詳細解讀。從教材內容看，
內地的生產方式幾乎全是只追求經濟利益而違背自然和不顧人民死活的生產
方式。「人口問題」中，雖然說明了中國政府堅持推行計劃生育的國策是要抑
制人口增長速度，但緊跟着卻用了兩個反面材料，其中一個材料是用一幅漫
畫說明因實行獨生子女政策導致 421 家庭結構，年輕夫婦要面對「上有老、
下有小」的壓力與無奈；另一個材料則是一些極端的計生口號，「一人結扎，
全家光榮」，「一人超生，全村結扎」，「寧添十座墳，不添一個人」，「寧可血

流成河,不准超生一個」。

教材中運用了大量圖表數據及漫畫說明一些現象,這的確有助於增加學生對閱讀的興趣和減少了閱讀難度,但這些資料包含大量個別而非普遍現象,例如「買賣人體器官」便是極個別現象,而有關教材卻以大量篇幅詳細介紹這些個別現象或事件,且基本是帶諷刺地介紹這些極端現象或事件。儘管這些極端的事件或現象是真實的,但大量用於教材且不說明事件並非普遍,這就很容易誤導學生,並很容易使學生對國家產生反感情緒。

### 3.「今日香港」單元存在不少問題

各間出版社出版的「通識科教材」的「今日香港」分冊同樣存在很多問題。由齡記出版有限公司出版的《初中新思維通識單元 2:今日香港》,其中第三章《香港的政治制度》及第四章《法治和社會政治參與》,不少內容很容易誤導師生錯誤理解香港政治、法律與社會。例如在介紹「一國兩制」在香港實踐時援引「律師」意見稱,「全國人大常委會曾就居留權和行政長官產生辦法等進行釋法,更出現第五次釋法。缺乏監督機制使執行《基本法》過程易偏向『一國』多於『兩制』,令我對香港前景感到悲觀!」同時引述「市民」稱「中央政府近年常介入香港事務,令我對『一國兩制』全失信心!」書中介紹「內地與香港兩地在融合過程中發生的矛盾衝突」時,只是指責「自由行」帶來大批水貨客、搶購奶粉,打擾市民日常生活,「內地遊客隨街便溺、不排隊、無禮貌,更是無日無之,令香港人無名火起。」此外,書中還有香港人在足球比賽中打着「香港人撐香港隊」的橫幅和噓國歌的場面的配圖。

2018 年名創教育出版社出版的《明名教育高中通識教育》「今日香港」分冊,同樣存在問題。例如,該教材將香港人對社會轉變下的「身份認同」分成三種不同反應,並將驅趕內地遊客、噓國歌及鼓吹「港獨」宣洩不滿的行為形容為「戰鬥」,其餘反應則是「逃跑」及「投降」。名創教育出版社出

版的另一套課本《新領域高中通識》「今日香港」分冊，則提到香港回歸後《基本法》的最終解釋權「不在香港司法機構，卻屬全國人大常委會」，顯然作者代入了自己的偏頗立場。

　　2013 至 2014 年出現普選爭拗及之後發生「佔中」，「佔中」成為學校「通識科」素材，且教協還出版了教材。「佔中」教材編審之一的戴耀廷在設計有關法治定義的課題時大講「社會公義凌駕於法律之上」，有教師在通識課上也大肆宣傳西方的「民主」與「公民抗命」等觀念，一所中學的教材還將前香港眾志主將黃之鋒列入「中華傳統美德格言及名人系列」。2019 年《逃犯條例》「修例風波」後，「修例風波」也成為學校「通識科」素材，同樣推出了教材。該教材表面上羅列正反意見，卻採用所謂「惡法」等偏頗字眼，以大篇幅描述修例後「可能對社會帶來的影響」，包括所謂「外商撤資，經濟倒退」「對外關係，岌岌可危」等等。

　　與此同時，香港不良書籍相繼出版，包括「港獨」書籍與刊物增多，《香港城邦論》《香港民族論》《香港革新論》及香港大學學生會刊物《學苑》均探討民族自決。2011 年出版的《香港城邦論》，將城邦定義為「以城市為核心範圍的自治體，有時是主權獨立，但更多時候是託庇於一個主權體制下，至少在名義上受到王族或帝國的外交保護及外交領導」，並從百多年的殖民統治歷史，論證香港異於中國，提出「放棄民主中國，保住香港城邦」。「港獨」書籍與刊物均暢銷，對香港青年影響很大，《香港城邦論》作者陳雲甚至被青年稱為「國師」，有青年甚至以《香港城邦論》為理論組成「香港自治運動」和「本土城邦建國派」組織。

## 四、特區政府弱勢，使中小學國民教育不進反退

　　本章第一節已經詳述 2012 年的「國民教育科」風波，這裏主要是闡述該風波對中小學國民教育造成的負面影響。2010 年香港特區政府施政報告提出

要加強中小學國民教育，單獨設立「德育及國民教育」科目，並建議將此設為必修科，也就是在過去「德育與公民教育科」基礎上增加多些國民教育內容，並編寫了《德育及國民教育課程指引》。要求小學於 2012 — 2013 學年開始推行，中學則於 2013 — 2014 學年開始推行。

2012 年政府擬在中小學推行時遇到巨大阻力，香港特區政府教育局下屬的國民教育服務中心出版的《中國模式國情教學專題手冊》向香港中小學派發，有家長認為中央政府在利用此手冊進行洗腦。由此在中小學推行「國民教育科」遭到部分香港人的強烈反對，結果爆發「反國民教育科」大風波，最終不僅未能在中小學推行「國民教育科」，而且使國民教育不進反退，即原本開展的一些國情教育因為害怕被指「洗腦」而取消。「國教風波」後，國民教育基本被妖魔化，學校推展相關工作舉步維艱，2014 年「佔中」社運後學校與社會更多地迴避國民身份認同的學習。由此國民教育被看成是志願性、可參加也可不參加的活動，不少機構及媒體只重視培育「世界公民」。比如升國旗，教育局只是提倡和鼓勵，結果在香港一千多所學校中只有一百多所學校成立了升旗隊；國民教育種子計劃，只覆蓋了一百所中學，每一所中學只有一個參加名額，可見力度和影響力很小。其他大部分計劃的設立和實施力度同樣很小，完全不具備規模效應。

## 五、2009 年後，傳媒的負面影響加強

### 1. 紙質媒體方面，反對派與中間偏反對派傳媒及西方媒體對香港影響很大

香港傳媒公信力是新聞機構的主要無形資產，也是市民在選取媒體時的考慮理由。收費報紙中，《蘋果日報》在 2016 年的分數和排名均上升，2019年更升至第三位，與第二位的《明報》分數幾乎一樣，繼續居首的是《南華早報》。收費報紙中《蘋果日報》和《東方日報》最多人知悉，從發行量來看，

《蘋果日報》發行量與《東方日報》接近，均為發行量最大報紙，讀者均以普通市民為主，兩份報紙均是將通俗性報道手法和政治新聞相結合，借用犯罪新聞的手法來處理政治新聞，無論語言、畫面都以民粹式的煽動為主。《蘋果日報》和《東方日報》兩報合共佔據了香港報紙讀者總數的七成。反對派《蘋果日報》一份報紙影響力遠遠超過《大公報》《文匯報》及《香港商報》三分親中報紙，而中間偏親中的《星島日報》等報紙與中間偏反對派的《明報》《信報》等報紙發行量則勢均力敵。

西方主流媒體長期關注香港政治，根據對 2017 年《紐約時報》《華盛頓郵報》《華爾街日報》《洛杉磯時報》《金融時報》《泰晤士報》《衛報》《每日電訊報》等八大英美主流報紙中涉港報道的分析來看，政治議題始終是涉港報道的重點對象，佔新聞總量的 47%，經濟議題新聞排第二位，佔總量的19%。同時報道信息來源比例失衡，報道以消極信源為主，主要包括西方國家（官員）、激進民主人士（團體）、與反對派聯繫密切的激進學者、溫和的泛民主派。從報道主題來看，大部分報道通過批判香港特區政府的施政行為達到渲染中國中央政府插手香港自治事務及抹黑中國政府形象的效果。

香港反對派與中間偏反對派紙質傳媒，加上西方主流媒體，兩者相加約佔香港紙質傳媒半壁江山，但影響力超過建制派或親中傳媒。它們整體立場消極，對港人「國家認同」起着明顯負面作用。

## 2. 網絡媒體對青年的影響越來越大

2014 年「佔中」期間，互聯網發揮了推波助瀾作用，尤其是對青少年的影響極為負面，使香港大中小學生絕大部分或多或少參與了「佔中」，從而使青少年從不關心政治到積極參與政治。此後互聯網及網絡媒體更成為香港「本土思潮」興起及「港獨」意識大行其道的重要推手。

香港的網媒主要是指，只在網絡上做報道或發表文章，並經常與不同評

論員合作以博客文章形式就時政發表意見的網絡媒體。中文大學新聞及傳播學院民調顯示，2016 年與 2019 年純粹網媒的公信力排名次序，親反對派的《立場新聞》和《香港獨立媒體》分別佔頭兩位，英文網報「Hong Kong Free Press」排第三，親中網媒《巴士的報》與《港人講地》表現欠佳；而認知度排名則以中間偏反對派的《香港 01》和親反對派的《立場新聞》較高，可見親反對派的網媒影響力明顯超過親中網媒。由於網媒的特性是易於傳播，一篇能引起話題的報道或文章短時間就能在各主要討論區或社交媒體轉載。網民一般沒時間也沒興趣去查證報道內容真實性或文章的理據，因此一些扭曲事實的報道或似是而非的觀點也可瞬間在網絡上廣泛傳播。由於網民以青年為主，因此這種網媒傳播有關內地的負面資訊及本土主義思想以影響青年極為容易。

### 3. 社交媒體與「公民記者」影響大

香港是多元文化聚集之地，其網絡環境也尤為複雜，加上社交媒體傳播信息的碎片化和模糊化，不僅容易讓人在混亂信息中失去自我與盲目跟從，而且信息傳播過程中的情緒輿論極易被操縱和利用。「港獨」分子藉着社交媒體信息泛濫對香港青年施加影響，包括利用傳播碎片化的不當言論，造成香港青年情緒化，誤解甚至曲解「一國兩制」和相關國家政策，從而使青年「港獨」意識上升，且積極參與社會運動。

社交媒體與「公民記者」在 2019 年香港「修例風波」中起了極為重要作用。從 2019 年 5 月起，連登和 Telegram 成為反修例的主要平台，有反對《逃犯條例》修例的用戶在連登發起各種文宣及組織行動，糾集市民參與遊行及佔領行動，對反修例活動起到推波助瀾的作用。持續幾個月的激進青年為主的反修例暴亂活動被香港本地、外國媒體廣泛報導，包括《時代雜誌》《洛杉磯時報》等，更登上香港 Google 年度搜索榜熱爆關鍵字及頭條榜首，其中

《時代雜誌》稱是次示威屬一場「無領導者運動」，由個人利用網絡連接社會，匿名而快速地互通信息，羣起聚集到外國駐港領事館、包圍警察總部等等。因此連登討論區被形容是「暴徒」交流和分享策略平台，以及醞釀「港獨」分子罪惡的溫牀。

新媒體的影響力上升對青年的影響力相對更大。在眾多社交媒體中，最多青年（67.7%）以 Facebook 作為最主要的社交媒體，其次是 WhatsApp（14.4%）和 Instagram（12.2%）。據中文大學香港亞太研究所 2016 年 10 月至11 月的調查，整體受訪人中有 60% 多表示不信任特區政府，其中以社交媒體為主要接收新聞資訊來源的青年，不信任政府的比例更達到 77.7%，而非主要以社交媒體接收新聞資訊的同齡人中的比例僅為 51.1%。香港青年的新媒體使用特徵與政治參與行為關係密切，社交媒體中連絡人數量、接受社會及政治信息頻率、分享社會及政治信息頻率以及連絡人中公共事務相關人員數量，與線上和線下政治參與行為存在顯著正向關聯。因此可以推論，香港青年的新媒體使用促進了青年互聯網及線下政治參與行為，並增強了他們對中央及特區政府的不信任感。

# 第 8 章

# 2020 年後港人「國家認同」
# 複雜化的原因及研究結論

　　第四章的第四節闡述了《港區國安法》實施後港人「國家認同」變化出現了較為複雜的情況，出現了微升趨勢，而同時港人的「香港人」身份認同出現下降情況，這章將分析出現這些變化的原因。同時這章也將對本研究做出總結和概括出結論，並提出提升港人「國家認同」的思路。

## 第一節　2020 年後港人「國家認同」複雜化的原因

　　第四章的第三節分析了 2020 年 7 月 1 日《港區國安法》實施後港人「國家認同」變化出現了較為複雜的情況，一方面港人的「國家認同」出現了微升趨勢，另方面港人的「香港人」身份認同出現下降情況，被認為是港人對《港區國安法》下的香港已經感到陌生，進而對香港人的身份也產生排斥。出現這種情況的原因複雜，主要是影響港人「國家認同」的因素，既不像 2009 年前各因素基本向好的方向發展，也不像 2009 年後各項因素基本向差的方向發展，而是兩種方向均有。這節將具體分析變化的原因。

## 一、香港泛政治化被遏制，香港政治生態於社會層面趨向平靜

《港區國安法》實施以前，香港政治生態主要受兩大意識形態矛盾鬥爭影響，兩大陣營鬥爭的激烈程度決定了政治生態的嚴峻程度，當鬥爭較緩和時，政治生態較好或較為平靜，而兩大陣營鬥爭激烈時，政治生態便嚴峻或很嚴峻。《港區國安法》實施後，兩大陣營矛盾鬥爭格局發生了根本變化，因此政治生態也變為複雜化，不能再以過往的情況套用，由此也成為港人國家認同變化複雜化的重要原因。

### 1.《港區國安法》實施後，反對派受到沉重打擊，社會恢復秩序

2019年「修例風波」後美國加強了對香港事務的干預，國會先後通過《香港人權與民主法案》及《香港自治法》，且介入香港事務「常態化」及財年《國防授權法》開始附帶涉港內容，並開始尋求與其他國家聯手干涉香港事務，使香港成為中美衝突最前線。由此確保「愛國者治港」的重要性突顯，而這必然使香港處於大變局中，首先的變化是社會由暴亂持續的失序狀態恢復至有序狀態。

2020年5月28日全國人民代表大會通過授權人大常委會制訂《港區國安法》的決定，且該年7月1日《港區國安法》正式實施，且當日便有人因觸犯「國安法」而被捕。2021年1月6日警方國安處更以《港區國安法》逮捕53名參與2020年7月「立法會初選」的反對派成員，該初選由反對派發起，目的是為「奪取立法會多數議席」。2020年2月28日53人中的47人被警方正式落案控告「串謀顛覆國家政權罪」，3月1日在法庭提堂，經過4天4夜保釋聆訊大部分不獲保釋。《港區國安法》實施屆滿一年的2021年7月1日，至少有117人因違反該法罪名被拘捕，其中有64人、3家公司被檢控。同時警方針對「修例風波」引發的暴亂的拘捕行動也在持續，包括陸續逮捕參與未經批准「反修例」集會的反對派領袖，自2019年6月9日至2021年5

月底，共 10261 人被捕，其中 2629 人遭檢控。23 歲男子唐英傑於 2020 年 7 月 1 日騎着插有「光復香港 時代革命」旗幟的摩托，衝越 3 道警方防線並導致 3 名警員身體受到嚴重傷害，因此被逮捕，並成為《港區國安法》的第一個被告，2021 年 7 月 30 日在香港高等法院宣判，被裁定一項「煽動分裂國家罪」罪名和一項「恐怖活動罪」罪名成立，判入獄 9 年並下令取消其駕駛資格 10 年。

同時 2021 年 6 月政府管治班子人事重組，保安局局長李家超出任政務司司長，成為首位警察出身官員升任公務員之首；警務處處長鄧炳強升任保安局局長，警務處副處長（行動）蕭澤頤升任警務處長，被認為「武官上場」。2022 年 7 月 1 日新一屆特區政府中，李家超上任行政長官，曾出任過入境處處長的陳國基接任政務司司長，鄧炳強續任保安局局長，蕭澤頤續任警務處長，管治班子的「武官」力量進一步加強，顯示中央及特區政府在執行《港區國安法》、打擊反對派勢力及維護國家安全方面的堅決態度。由此對反華反共勢力的震懾力非常大，並使暴亂被成功遏制，交通與社區恢復秩序，市民恢復正常生活。

### 2. 反對派組織呈土崩瓦解之勢

《港區國安法》正式實施前，「港獨」與「自決」組織紛紛作鳥獸散，其中 2020 年 6 月 30 日，香港眾志成員宣佈退黨並即時解散組織，香港民族陣線宣佈即日起遣散所有香港地區成員，「港獨」亂港分子則倉皇出逃。之後主要成員被捕的反對派組織，如選舉協調組織「民主動力」、劉穎匡的民間集會團隊、朱凱迪的新界西團隊先後宣佈解散。到 2021 年 6 月更成為反對派組織解散的高峰期，反對派政黨「新民主同盟」宣佈解散，「佔中」後成立的有專業背景的所謂「傘後組織」本已少有活動，但仍憂慮不解散可能承受更多風險，因此「杏林覺醒」「香港臨時政府」「法政匯思」「進步教師同盟」

「精算思政」「良心理政」「思言財雋」「放射良心」「保險起動」「量心思政」「藝界起動」「民權觀察」「文化監暴」「傘下爸媽」等等，均宣佈解散。2021年8月10日，長達48年歷史的香港最大、人數最多的社團「教育工作者協會」（簡稱「教協」）宣佈解散，之後成立於2002年專門發動集會遊行的反對派聯合性組織「民間人權陣線」（簡稱「民陣」）也宣佈解散，接着成立於1989年中國內地政治風波期間的「香港市民支持愛國民主運動聯合會」（簡稱「支聯會」）也宣佈解散。之後，原本表示「完全沒有」解散的打算，所謂「面對政權的打壓更有責任去堅守陣地」、有長達50多年歷史的「香港職工會聯盟」（簡稱「職工盟」），也不得不宣佈解散，甚至於中文大學學生會也宣佈解散。

　　還未解散的反對派政黨也都轉為低調。民主黨主要是因上法庭、辭職、退黨、呼籲捐款，以及作為應否參選的討論對象而見報，以及個別區議員以個人方式在某些指定平台發聲或回應傳媒提問。公民黨見報的新聞只剩下「上法庭、被取消區議員資格、辭職、退黨等」，由2019年32席區議會議席的反對派第二大黨，陷入成員紛紛辭職的斷崖式衰落中。因此反對派幾乎在社會中失聲，就疫情議題看，由最初階段應否全面封關，到後來如何制定限制社交距離措施，再到應否打疫苗等等，反對派政黨均不見蹤影，完全沒再扮演反對派的角色。其餘社會民生議題也幾乎失聲或聲音可有可無，如民主黨曾就消費券進行民調，幾乎無人知道其結果及建議，促請政府全面檢討巴士專營權制度、儘快就性傾向歧視立法等小議題則更難激起什麼波瀾。至於《2021年完善選舉制度（綜合修訂）條例草案》的通過過程，反對派政黨幾乎未表態，而透過舉行記招等較大型方式主動製造新聞幾乎絕跡，更不可能策動一些具影響力的大事件。面對香港形勢的急劇變化，反對派組織空間越來越少，最終絕大部分都只能以解散告終，或者只能降為二十世紀七十年代的壓力團體。

### 3. 關鍵領域的「撥亂反正」工作陸續展開,「愛國者治港」得以落實

2020 年 7 月 1 日國安法正式實施後,特區政府果斷利用《確認書》機制和《港區國安法》,為參選立法會資格劃定「尋求外國干預中國或香港事務、原則性反對《港區國安法》、全面否決政府法案及《財政預算案》、拒絕中國對香港行使主權,及意圖推動民主自決」5 條紅線,並取消了 12 位踩紅線參選人,然後又因香港嚴峻疫情決定延後一年選舉。2020 年 11 月 11 日人大常委會更通過關於立法會議員資格問題的決定,定下立法會議員資格的幾大標準,「決定」也適用於 2020 年的立法會選舉提名時依規定喪失參選資格的,因此特區政府隨即宣佈 2020 年中被取消參選資格的 4 位議員即時喪失議員資格,反對派議員隨後宣佈總辭。2021 年 4 月全國人大做出了「修改香港選舉制度」的決定,2021 年 5 月香港立法會通過《2021 年完善選舉制度(綜合修訂)條例草案》。「新選制」包括增設「權威審核參選者資格」機構,且參選人士需要獲得選委會五大界別一定比例委員提名,立法會議席由 70 席增至 90 席,取消 5 個超級區議會議席,恢復立法會選委會議席,且選委會議席高達 40 席;直選議席減至 20 席,選區拆成小選區並以「雙議席單票制」方式選舉;傳統功能界維持 30 席,醫療界與衛生界合併,信息科技界改為科技創新界且由團體選民選出。選舉委員會由 1200 人增至 1500 人,且由四大界別變為五大界別,取消 117 席區議會議席,第三界別增加基層社團 60 席及同鄉社團 60 席;第四界別增設港九新界分區委員會、地區撲滅罪行委員會與地區防火委員會委員的代表,以及內地港人團體的代表;增設的第五界別成員包括有關全國性團體香港成員的代表 110 席,以及增加港區全國政協委員;總之選委會大幅增加「國家隊」。

與此同時,政府也開始對行政體制與司法體制進行「撥亂反正」工作,包括立法會通過《2021 年公職(參選及任職)(雜項修訂)條例草案》,公務

員、區議員等公職人員均需要宣誓效忠中華人民共和國香港特別行政區，100
多公務員及 200 多反對派區議員不得不辭職。2021 年 10 月全港 18 區的區議
員完成宣誓，累計 49 名區議員在宣誓後被取消資格（DQ）。原有 479 名議員
的區議會，經歷辭職及取消區議員資格（DQ）潮後僅剩 151 人，其中反對派
（民主派）議員從 388 人減至僅剩 61 人。

### 4. 泛政治化趨勢被遏制，香港政治生態於社會層面趨於平靜

過去反對派通過在立法會拉布及衝擊官員等政治作秀阻礙政府施政，不
僅政治議題上阻礙政府提出的法案通過，而且在經濟民生等議題上也是小題
大做，將經濟民生議題政治化，並配合傳媒宣傳，尤其是遊行示威等社運，
導致香港的政治爭拗不斷，從而使政治氣氛較為濃厚或濃厚，政治生態較為
嚴峻或嚴峻。

2021 年 9 月肩負選舉新一屆行政長官和近半數立法會議員的選委會已
站上管治舞台，1500 人的選委會，僅 1 位非建制派，建制派中僅民建聯與
工聯會就分別取得 150 多席及 76 席。首場新選制下的立法會選舉，154 人競
爭 90 個議席，參選者絕大部分是建制派，其中國家隊佔很大比重，沒有反
對派政黨參選，僅 13 位基本屬於中間派的非建制派參選，結果 89 位建制派
當選，僅一位非建制派當選。因此新一屆立法會與行政長官完全由愛國者掌
握，加上立法會通過《公職人員宣誓條例》，公務員、區議員等均需宣誓效忠
中華人民共和國香港特別行政區，可以說香港已達成「愛國者治港、反中亂
港者出局」目標。加上在《港區國安法》等打擊下，反對派組織大部分解散，
反對派主要傳媒《蘋果日報》《立場新聞》《眾新聞》《傳真社》相繼結業，一
些反對派傾向傳媒轉態，而且國安法對非法集會等給予嚴厲打擊，這些使今
後遊行集會等都將大幅減少，因此反對派利用立法會、區議會、傳媒及社運
將經濟民生問題政治化致政治生態嚴峻已成過去式。因此香港政治生態於社

會層面已經趨於平靜。

### 5. 2020 年後特區政府支持率有所提高

中文大學香港亞太研究所的民調顯示，2020 年 1 月，時任行政長官林鄭月娥的評分已經跌至 23.4 分，打破過去特首評分最低分的記錄，但是 2021 年 5 月已經回升至 30 分，2022 年 5 月繼續回升至 34.6 分，只是距離 50 分的及格分仍有很大距離，且仍有超過 18% 的受訪者給其零分。與此同時，特區政府的支持率也有所上升。中文大學香港亞太研究所 2020 年 1 月的民調顯示，市民對政府滿意度大幅降至 11.4%，表示不滿意的人則大幅升至 67%，不信任政府的增至 57.7%。但是該所 2021 年 5 月的調查顯示，表示滿意特區政府表現的已經升至 14.9%，不滿意的跌至 54.9%，表示信任特區政府的也升至 16.9%，而不信任的也跌至 47.7%；2022 年 5 月該所的調查顯示，滿意特區政府表現的更升至 17.9%，不滿意的跌至 43.8%%，表示信任特區政府的升至 21%，而不信任的則跌至 33.2%。

2022 年 7 月 1 日第六屆行政長官李家超剛上任，中文大學香港亞太研究所 2022 年 7 月份的調查顯示，市民對政府表現滿意度、特首表現評分及對特區政府的信任度與 5 月份調查相比有明顯的改善，受訪市民對剛正式上任的特首李家超整體表現的平均評分為 42.9 分，較 5 月份仍是候任特首時的評分上升 3.4 分；對特區政府表現的滿意度方面，21.5% 受訪市民表示滿意特區政府表現，較 5 月份升 3.6%；表示不滿意的 37.9%，較 5 月份下跌 5.9%；24.6% 表示信任香港特區政府，較 5 月份上升 3.6%；表示不信任的 28.1%，較 5 月份下跌 5.1%。若與 2021 年同期比較，滿意特區政府表現的更上升 17.6%，不滿意的則下降 13.7%，信任特區政府的增加 5.2%，不信任的減少 14.9%。

## 二、意識形態矛盾轉化為政府與本土反對派支持者及海外「香港反對派」的矛盾

《港區國安法》及修改選舉制度等「二次回歸」工作，有助於打擊反對派勢力，恢復香港社會秩序以及確保「愛國者治港」，但「國安法」發揮的主要是震懾作用，修改選舉制度是從制度上排斥反中亂港勢力進入建制，而這些並不能解決香港深層次問題，尤其是未能增強港人的「國家認同」，因此其對香港政治生態影響呈現較為複雜的情況。

### 1. 意識形態矛盾轉化為政府與反對派支持者的矛盾

在《港區國安法》等系列措施逐步落實後，反對派遭遇沉重打擊而幾乎失去作用，由此香港社會的兩大陣營矛盾顯然發生了巨變。反對派於 2020 年 11 月總辭立法會後，因選舉制度的修改，被反對派認為是「民主倒退」，加上資格審查關也讓他們抗拒參選，因此 2021 年與 2022 年的各項選舉反對派政黨均不參加。反對派政黨退出建制及政壇後，兩大意識形態矛盾不會消失，對於不少重視「兩制」而「一國」觀念較薄弱的港人而言，他們對於香港發生的巨變「不滿意」和「不甘心」，因此矛盾不會消失而只是不能再於體制內表現出來，只能在社會中表現出來，這就是轉化為中央及特區政府與反對派或民主派支持者之間的矛盾。《港區國安法》實施以來，反對派或民主派支持者已經有過一些與特區政府或中央不合作的行動，例如，自發地到阿布泰分店大排長龍以抗議海關有關執法，不配合政府有關核酸檢測、打疫苗及安裝「安心出行」App 等工作。政府規定 2021 年 3 月起政府員工和市民進入政府大樓或辦公室、法院大樓等場所，須使用「安心出行」，結果假「安心出行」程式大量湧現，政府於 2021 年 11 月強制進入以上場地人士要使用「安心出行」，實施首日便發現有 5 人疑用偽冒程式。2022 年第五波新冠疫情爆發，有市民抵制核酸檢測，儘管要面對刑事罪及高額罰款，但政府圍封強

檢仍有 3.5% 即 2800 人未遵令檢測，另有 10.5% 即 1.7 萬戶未有應門。內地醫護到港支援，一些人不僅不感激，還認為不符合香港法律並質疑內地醫療水平，並稱一旦有醫療事故無從追究，甚至確診者拒入方艙醫院。激進本土派更在網上抹黑中央支援、煽動確診者外出「播毒」或自己播病毒後在網上炫耀。一些商人對政治環境的巨變也不滿，因此也不配合政府，當世界各地政府都依靠公私營合作模式抗疫時，香港商界竟對維他命丸、止痛藥、快速測試劑相繼大幅抬價；政府預算案提出免追租以鼓勵業主與租戶商討共度時艱，商界則指此舉有違自由市場原則。2021 年畢業季，中文大學校園在畢業典禮期間多處出現標語，有學生手持「棱角分明，毋負期許」的標語上台，有學生手持「哀我學生會」的標語坐下，還有學生拉起「哀我中大」巨大橫額，則是學生對大學管理層的抗議。因此政府施政仍然存在阻力，社會和諧不容易達致。當政府施政出現失誤，或者民生問題遲遲無法改善甚至加劇，民怨有機會爆發。

2019 年的「流水式暴力抗爭」孕育出「本土恐怖主義」，地下戰線成為極端反對派越來越重要的抗爭形式。2020 年國安法實施當日香港眾志等 7 個「港獨」組織解散，依法成立的各大學學生會或「斷莊」或被迫解散或轉入低調，「港獨」及暴亂分子或被捕或出逃。「港獨」激進組織已不可能再發動「公開暴亂」，由此他們轉入地下進行隱祕暴力活動，因此警方指出「反修例暴亂」已孕育出香港本土恐怖主義。「光城者」是部分「港獨」激進青年學生因《國安法》實施而無法再進行公開暴亂後成立的，並於 2021 年初開始活躍，包括開設街站介紹外國武裝革命史，2021 年 6 月起租用賓館作實驗室，試驗製造炸彈，企圖對法庭等公共設施策動襲擊，並企圖於 2021 年 7 月上旬針對大量市民發動襲擊，亦已擬備好逃走計劃包括有人安排犯案成員潛逃海外。警方於 2021 年「七一」前成功將其搗毀。另一本地激進組織，2022 年 2 月開始活躍於 Telegram 通訊軟件，於該通訊軟件發放超過 2000 則涉仇恨政府或反社

會留言訊息，並煽動他人進行恐襲如「大型爆炸」及「劏頸」等，且購買或製造具殺傷力武器和藏有弩、箭、匕首等，並已策劃暴力行動，警方於 2022 年 5 月 7 日成功將其瓦解。警方先後瓦解的具「恐怖組織」色彩的本地激進組織，還有「九十二簽」「集英楊武堂」「SUCK Channel」及「開掛之達人」等，這些組織有些成立於「反修例」暴亂期間。2021 年 7 月 27 日香港首宗涉嫌違反國安法案件在高等法院宣判，3 名國安法指定法官裁定被告唐英傑煽動他人分裂國家罪及恐怖活動罪兩罪成立後，即收到恐嚇電話，有人揚言要放「人肉炸彈」，網上討論區「連登」則有人公然支持恐襲，有人發文聲言要炸警署。2021 年 10 月與 11 月香港更有多名法官、司法人員以及政界人士接連收到附帶粉末及腐肉的恐嚇信。

### 2.意識形態矛盾轉化為政府與海外「香港反對派」的矛盾

許多反對派逃避打擊而選擇流亡，並專打「國際線」，與中央及特區政府對抗。特區政府將他們列入通緝名單，據保安局數字，截至 2021 年 7 月 31 日已有 58 人涉棄保潛逃及被法庭通緝，包括前「香港眾志」創黨主席羅冠聰、前立法會議員許智峰、前「香港大專學界國際事務代表團」發言人張昆陽、前「青年新政」召集人梁頌恆、香港大學學生會會刊《學苑》前總編梁繼平等等。保安局局長鄧炳強表示，所有被通緝及檢控的人，港府必定會追究他們的刑事責任。但是他們仍然肆無忌憚，不斷挑戰中央與特區政府底線，包括呼籲西方國家干預和插手中國內地及香港事務，以及在西方主要國家主要城市舉辦針對中央及特區政府的遊行集會。

前「香港眾志」創黨主席羅冠聰多次勾結外國勢力，包括 2020 年以視像方式出席美國眾議院外交事務委員會的聽證會，乞求國際社會制裁中國和香港特區政府，並會見立陶宛外長與副外長等人，感謝立陶宛製造「一中一台」和「為反中亂港分子撐腰」。前「香港大專學界國際事務代表團」發言人張昆

陽 2021 年 11 月 22 日在社交媒體發文自曝，在加拿大參加「哈利法克斯國際安全論壇」，並與北約軍事委員會主席鮑爾碰面，兩人討論了中國的「軍事威脅」和南海問題。羅冠聰及張昆陽還參與「遊説」美國國會議員，建議美國對更多在香港協助中央政府「打壓人權」的企業進行所謂「制裁」。流亡澳洲的前立法會議員許智峰等人則在網上接連呼籲市民在 2021 年底的香港立法會選舉中投白票或抵制選舉。

同時，逃亡的香港反對派還積極舉辦針對中國內地及香港的遊行集會。2021 年 6 月 4 日英國倫敦的中國駐英大使館門外「燭光晚會」，據稱有逾千人出席；德國 6 個城市柏林、波恩、杜塞爾多夫、海德堡、法蘭克福和科隆同步舉行「六四」燭光晚會，主辦方「香港人在德國協會」認為，香港已不可能舉辦任何悼念活動，在德國舉辦是要讓國際社會見證港人的堅持；加拿大多地有集會，多倫多的集會有「維園燭光被滅 2 周年」字眼，蒙特利爾的主辦方形容要「讓維園滿佈全球」，溫哥華約 800 人參與舉紙牌快閃默站行動。[1] 澳洲 4 個城市、美國兩城市，以及日本、新西蘭等國家和中國的台灣地區均有「六四」集會，其中澳洲的阿德萊德集會由許智峰主辦，他形容海外延續維園燭光意義重大。2021 年 6 月 12 日的所謂「反送中」兩周年活動，全球 22 個國家 51 個城市舉行了所謂「紀念 6.12」活動，其中倫敦萊斯特廣場晚會有 3000 人出席，澳洲悉尼約 500 人參與，日本東京約 250 人參與。[2] 2021 年 10 月 1 日前區議員曾振興與張嘉莉聯同多名黑暴分子在英國曼徹斯特皮卡迪利花園集會，多名全黑衣着的參與者揮動印有「香港獨立」的旗幟，更公然焚燒中國國旗。以非牟利社區組織自居的「曼徹斯特真香港人協會」亦於

---

1 「溫哥華 800 人默站半小時　舉港警荒唐濫捕理由紙牌」，《蘋果日報》2021 年 6 月 13 日。

2 「51 城市聲援抗爭口號響遍國際」，《蘋果日報》2021 年 6 月 13 日。

同日在曼徹斯特舉行所謂「港殤大遊行」，參與者多為移居英國的港人，他們在遊行期間揮動所謂「香港人不是中國人」及「光復香港 時代革命」等「港獨」旗幟。[1]同日，梁頌恆等人成立的「香港解放聯盟」（Hong Kong Liberation Coalition）等十數人在美國華盛頓中國駐美大使館外示威，期間焚燒中國國旗；同時美國三藩市也有海外港人到中國領事館示威，期間有人高舉「香港獨立」及「光時」等旗幟。[2]2022 年 7 月 1 日他們繼續舉辦活動，其中英國曼徹斯特、伯明翰、愛丁堡、碧仙桃、紐卡素、錫菲、鴨巴甸等地均有活動，美國的港人組織 NY4HK 和「香港黑口罩運動」也舉行了集會和遊行。過去海外也有不少香港人，也會聲援香港反對派在香港本地的社運。2020 年之後的不同在於：一是舉辦集會的城市及參與人數多。修例風波及《國安法》實施後香港出現移民潮，特別是英國吸納香港持有英國海外公民護照人士，以及西方各國放寬港人移民條件，更加速港人移民，這些港人可能被煽動參與遊行集會；二是過去缺乏有知名度和有影響力的政客，現在西方主要國家都有香港反對派政客，他們在當地成立組織所謂「團結港人」希望打持久戰；三是香港本地受《國安法》影響而難開展的活動開始由海外反對派及其支持者延續，包括「6.4 集會」「6.12 集會」「7.1 遊行」及「10.1 集會」，且可能發展為常態化集會。

為了打「國際線」，海外的香港反對派還成立了影子議會，創辦雜誌，發佈鼓吹並呼籲國際社會支持香港自治的《2021 香港約章》，並在西方主要國家成立相關組織，其中美國、英國、加拿大及澳洲的組織最為活躍。2019 年 9 月於美國創立的「民主委員會」，曾協助推動美國國會通過《香港人權與民主法案》，2021 年 9 月 21 日「民主委員會」大換班，由更激進的人士組

---

1　「一場示威看清亂港分子的虛偽」，《大公報》2021 年 10 月 16 日。

2　「中國駐華盛頓、三藩市大使館外有港人示威」，《立場新聞網》2021 年 10 月 3 日。

成，董事局主席由香港專上學聯前祕書長周永康接任，執行總監由港大學生會會刊《學苑》前總編梁繼平出任，羅冠聰繼續任顧問，顧問團隊新增張昆陽及許智峰等人。該組織聲稱，「要把委員會變成更具協作能力的平台，以放大港人的聲音，繼續為民主香港而奮鬥」。[1]周永康在 Facebook 公然表示，他們所從事的「國際線」是全球反中浪潮、「重光香港之旅」中必不可少的一條路徑。[2]2021 年 10 月初羅冠聰及張昆陽還在社交平台「炫耀」他們勾結外國勢力以及抹黑中央政府和特區政府的「成績」。[3]2022 年 7 月 27 日梁頌恆連同另外兩位「港獨」人士，在加拿大多倫多舉行記者會宣佈成立所謂「香港議會選舉籌備委員會」，計劃為 2023 年底舉行所謂「香港議會」選舉訂定規程和設計投票系統，並遊説外國政府承認所謂「香港人有『公投自決權』」。[4]

## 三、港人對「一國兩制」信心出現較複雜情況，並出現回歸以來第一次「移民潮」

香港實施《港區國安法》後，港人對「一國兩制」信心出現較複雜情況，其中建制派及其支持者對「一國兩制」信心大升，而反對派及其支持者則大跌並出現回歸以來第一次「移民潮」。

### 1. 建制派支持者對「一國兩制」信心明顯增強

「一國」與「兩制」並非絕對對立關係，而是對立統一關係，因此只要處理得好，「一國」與「兩制」可以相輔相成。香港實施《港區國安法》本就

---

1　「『香港民主委員會』組成『邪惡鐵三角』」，《文匯報》2021 年 10 月 6 日。

2　楊堅：「維護國家安全仍然任重道遠」，《大公報》2021 年 10 月 11 日。

3　「攬炒『國際線』四招煽仇無底線」，《文匯報》2021 年 10 月 3 日。

4　「『香港議會籌委會』正式成立！盼建立代表全球香港人的民主機構」，《聯合報》（台灣）2022 年 7 月 28 日。

是「一國兩制」應有之義，即香港已經回歸祖國，對國家安全就有責任與義務。國家安全有保障了，香港社會穩定也才有保障，才有可能使香港的「核心價值」或制度優勢得以發揮作用。而且嚴格遵守《港區國安法》的規定，不做危害國家安全的事，港人的「自由」依然是得到基本法及其他香港法律保障的。建制派及其支持者普遍認為，2019 年因修例引發的暴亂對「一國兩制」傷害很大，使他們對「一國兩制」信心下降，《港區國安法》的實施使香港恢復秩序，有利於「一國兩制」實施，因此建制派及其支持者對「一國兩制」信心增強。因此《港區國安法》實施後，香港民意研究所 2021 年 2 月 24 日至 26 日的調查顯示，受訪者對香港前途、中國前途、一國兩制的信心淨值（有信心減無信心比率）大增，分別為 3%、34% 及 -5%，較 2020 年 8 月《港區國安法》剛實施時急升 21% 至 39%，重回「修例風波」前的水平，而且港人對中央政府的信任淨值也大升 27% 至 -2%。中文大學香港亞太研究所 2022 年 5 月的調查顯示，有 24.7% 受訪者表示信任中央政府，較 2021 年 5 月的 18.7% 上升 6%，35.4% 表示不信任中央政府，較 2021 年 5 月的 54.1% 下跌 18.7%。兩大民調機構的數據均顯示，《港區國安法》的實施，使香港社會恢復正常秩序，港人恢復正常工作與生活，因此建制派支持者對「一國兩制」信心及中央的信任均大幅提升。

2021 年 3 月 11 日世界正義工程公佈《2020 年法治指數》，以 1 分為滿分，香港評分為 0.76 分，與 2019 年相同，排名與得分高於南韓，處於東亞及太平洋地區第 5 位。其中在「廉潔」範疇的全球排名提升一位至第八，在「民事司法」和「刑事司法」全球排名均提升一位，分別排在 11 位及 14 位。而在「秩序與安全」範疇的排名則上升兩位，即躍升為全球「秩序與安全」位列第二位的地區，香港整體罪案情況連續 12 年呈下跌趨勢，即使 2019 年下半年的罪案形勢因暴力示威而出現急遽變化，但在警方的努力下香港治安未至於太差。截至 2021 年底香港終審法院共有 12 名其他普通法適用地區非常

任法官，8 名來自英國、3 名來自澳洲及一人來自加拿大。身兼英國最高法院院長及香港終審法院非常任法官的韋彥德勛爵，在《港區國安法》生效後曾經發表聲明，指英國最高法院的法官會否繼續擔任終院海外法官，須視乎香港能否維持司法獨立及法治。他在 2021 年 8 月底再發聲明，宣佈他與英國最高法院副院長賀知義繼續出任香港終院非常任法官，並表示，他與英國外相藍韜文及大法官巴克蘭一同評估後，認為香港「很大程度」維持司法獨立，裁決「符合法治」，因此他們才會選擇繼續擔任香港終審法院海外非常任法官。只是 2022 年韋彥德、賀知義兩人迫於英國國內一些反華政客壓力而不得不辭職，但餘下的 9 位外籍法官表示會留任，其中備受英國輿論壓力的 5 名英國非常任法官發表聯署聲明，強調香港正處於歷史關鍵時刻，支持法院維護法治、覆檢行政機關行為「比任何時候都重要」。自 1998 年已任非常任法官的賀輔明表示，24 年間從未懷疑過香港司法獨立，形容香港法官「思辨素質與世界上任何最高法院無異」。[1]

### 2. 反對派支持者對「一國兩制」信心大幅下降

反對派及其支持者對「一國兩制」信心大幅下降。香港記者協會委託前身是香港大學民意研究中心的香港民研所連續多年進行香港「新聞自由」調查，民研所 2021 年 2 月中至 3 月底透過記協向各傳媒機構派發及收回 367 份問卷，其中 91% 受訪新聞從業員認為新聞自由整體情況比 2020 年前倒退，85% 受訪者同意有評論指香港政府是打壓新聞自由的來源；有 40% 受訪者指上級有就關於「港獨」討論向他們施壓，要求不作或減少報道，比 2020 年上升 7%。而 2020 年以來，逾 90% 受訪從業員認為《港區國安法》、港台《鏗

---

1 「英 5 法官留任 聯署撐港維護法治 林鄭：毋須改制 暫 9 海外法官留下」，《明報》2022 年 4 月 1 日。

鏘集》前編導蔡玉玲因車牌查冊被捕等等，影響新聞自由。香港民研所 2021
年 3 月 31 日至 4 月 7 日期間以網上問卷形式訪問 7119 名 12 歲以上的港人發
現，68% 受訪者認為，修改選舉制度拉遠了香港社會與民主普選的距離，僅
10% 人認為距離拉近。

「民主思路」委託中文大學香港亞太研究所就「一國兩制」指數進行調
查，其中 2020 年底的調查顯示，「一國兩制」9 個範疇皆錄得跌幅，其中「言
論自由」跌幅最顯著。港人對「一國兩制」的評分為該指數創建以來最低
的 3.37 分，認為「國安法」對「一國兩制」有負面影響的高達 62.3%，18 至
29 歲青年更超過 77%。激進主義在 18 歲至 29 歲青年中再次抬頭，政治溫和
派由 64.2% 下降至 50.9%，建制派由 11.3% 下降至 7.3%，民主派由 16.6% 上
升至 25.9%，其他「非建制派」包括「本土派」和「自決派」由 5.1% 增至
10.9%。民主思路聯席召集人（研究）潘學智相信，持續惡化的官、警、傳媒
關係，以及對《港區國安法》的疑問等，均令大眾憂慮自由受損。2021 年 6
月至 7 月的「民主思路」的調查更顯示，「一國兩制」12 個範疇跌幅最大的
是「言論自由」的評分，下降 7.9% 至 3.61 分，創 2019 年 10 月以來的新低；
跌幅第二位的是「獨立司法權」，由 2020 年 12 月的 4 分跌至 3.8 分，跌幅達
5%；而且有近 60% 受訪者認為修改選舉制度對「一國兩制」有負面影響。

### 3. 形成了回歸後第一次「移民潮」

不少港人尤其是反對派支持者認為香港與內地制度差異減小，恐懼心理
較過去嚴重。加上西方國家及中國台灣地區大幅放寬港人移民政策，尤其是
英國宣佈放寬英國國民（海外）護照（BNO）的簽證計劃，終於引發回歸後
的首次「移民潮」。設立離岸戶口一向是私銀級的富豪及家族信託等客羣分
散風險的操作，但 2020 年已趨普及化，百多萬的存戶也開設離岸戶口，美資
花旗銀行的離岸開戶一直很踴躍。為取得各類入境簽證所需的「無犯罪紀錄

證明書」，俗稱「良民證」，在《港區國安法》實施後「無犯罪紀錄證明書」每月平均簽發超過 3000 個，2021 年首 5 個月的申請高達逾 1.5 萬宗，2021 年全年高達 3.8 萬宗，較 2020 年的 2.9 萬宗升幅超過 30%。[1] 港人以「永久性地離開香港」為由申請提取強積金的申索數目也大幅上升，據積金局數據，2021 年第 4 季以永久離港理由提取強積金的申索總數為 8700 宗，全年總數約為 3.38 萬宗，較 2020 年的 3.02 萬宗上升 12%，涉資總金額為 90.14 億元，較 2020 年總金額上升 52%。[2]

自英國政府 2021 年 1 月底開放 BNO 持有人申請居留簽證，僅兩周就有 5000 名港人申請，2021 年第一、二、三季申請宗數分別為 3.43 萬、3.06 萬及 2.4 萬，到 2021 年 9 月 30 日，共接到 8.89 萬人申請，其中 76176 人的申請獲批准；[3] 2021 年全年共有 10.39 萬人申請 BNO 簽證，超過 9.7 萬人獲審批。[4] 2022 年首季港人申請 BNO 英國國民（海外）護照的簽證宗數 19500 宗，按季上升 25%。[5] 英國內政部估計，未來 5 年將有 32 萬港人持 BNO 簽證赴英，加上大批流亡英國的社運人士和公民社會領袖，預計將形成龐大在英港人羣體。[6] 有移民英國的港人稱，所住社區的新定居香港家庭數目，短短半年間由數十戶增至兩三百戶。加拿大 2021 年上半年先後推出港人工作簽證計劃及移民計劃，因此 2021 年超過 1 萬港人獲得加拿大工作許可，6000 名港人獲得學習許可，作為取得加拿大永久居留權（PR）的第一步，是 2020 年總數

---

1　林一鳴：「香港中產移民響起警號」，《信報財經月刊》2022 年 5 月 1 日。

2　林一鳴：「香港中產移民響起警號」，《信報財經月刊》2022 年 5 月 1 日。

3　「BNO 簽證申請回落 第 3 季跌至 2.4 萬」，《點新聞》2021 年 11 月 27 日。

4　林一鳴：「香港中產移民響起警號」，《信報財經月刊》2022 年 5 月 1 日。

5　「首季 BNO 簽證申請 近兩萬宗飆 25%」，《東方日報》2022 年 5 月 28 日。

6　「全新港人組織香港協會在英成立 盼傳承文化」，《台灣中央通訊社》2021 年 11 月 27 日。

逾兩倍。[1] 澳洲 2020 年宣佈五類港人的澳洲簽證延長五年，之後可申請永久居留，因此赴澳洲升學移民大增，2020 年 7 月至 2021 年 6 月澳洲共向港人批出 4312 個永久居留簽證或永居前臨時簽證，較前一年度升幅高達 209%。[2] 台灣沒有特別放寬港人的移民條件，但由於移民門檻較低，也是港人的熱門選擇，據台灣內政部移民署數據，2018 年獲居留及定居許可的香港人有 5238 人，2019 年有 7332 人，2020 年升至 12389 人，2021 年則有 12858 人。[3] 據香港入境事務處統計，2020 年 7 月 1 日《港區國安法》實施至 2021 年 7 月的一年，近 10 萬香港居民遠走他鄉。2022 年第一季度整體淨流出人數高達 14.6 萬人（出境 23.9 萬－入境 9.3 萬），超出 2019 — 2021 年三年淨流出總人數的 13.4 萬，創下香港單季淨流出人數最高紀錄。[4] 據香港入境事務處統計，2020 年 7 月 1 日至 2022 年 7 月 30 日的兩年零一個月內，淨離港人口高達 37.8 萬。[5]

香港大學社會學系移民研究團隊委託調查公司就「港人移民趨勢」於 2021 年 1 月至 3 月進行網上問卷調查，了解港人未來一、兩年內移民意向。結果約 5% 的非海外護照持有人打算一年內移民，約 14% 擁有海外護照的港人打算一年內移民；10% 非海外護照持有人計劃兩年內移民，16% 海外護照持有人計劃兩年內移民者。反映出有很多港人不一定短時間內離港，他們需要時間準備。有投資移民公司於 2021 年 2 月 2 日發表調查結果，也發現 84% 受訪者正考慮或未來會考慮移民，其中約 85% 表示，即使獲批移民也傾向不會立即離港，需更長時間部署移居至當地。香港大學社會學系移民研究團隊

1　林一鳴：「香港中產移民響起警號」，《信報財經月刊》2022 年 5 月 1 日。

2　林一鳴：「香港中產移民響起警號」，《信報財經月刊》2022 年 5 月 1 日。

3　林一鳴：「香港中產移民響起警號」，《信報財經月刊》2022 年 5 月 1 日。

4　林一鳴：「香港中產移民響起警號」，《信報財經月刊》2022 年 5 月 1 日。

5　「香港再掀『移民潮』，如何應對新加坡的爭奪？」，《鳳凰網資訊》新聞客戶端綜合要聞，2022 年 8 月 31 日。

委託調查公司的調查還顯示，就各年齡層而言，31 至 50 歲港人打算離港的比率遠高於 18 至 30 歲的青年羣，青年羣為 7.6%，31 至 50 歲羣組為 19.3%。而且管理階層和專業人士打算離港的比率較其他職業高，就非海外護照持有人而言，在管理層與行政人員中打算於一年內離港的人佔 18%；在專業人士中打算於一年內離港的人佔 11%。就海外護照持有人而言，管理層與行政人員中打算一年內離港的佔 14%；專業人士中打算一年內離港的人更佔 21%；服務工作、銷售人員、技術工及相關工作人員約 10% 或低於 10% 的人打算於一年內離港。[1]

2021 年底香港中學校長會與中文大學香港學生能力國際評估中心，對 140 間中學進行「學生退學及教師離職問卷調查」，有 4460 名學生退學，平均每間學校有 32 人退學，約佔整體學生 5%；離職教師 987 人，平均每間學校有 7.1 名教師離職，較 2020 年高出近一倍。中學校長會於 2021 年 8 月致函特首，指出不少校長反映所屬學校正面臨嚴重的教師流失問題，特別是富有經驗及能力的中層管理人才，其中宣道會鄭榮之中學新學年開始就有逾 30 名教師離職，佔全校教師人數一半。有直資學校反映 2021 年有一成教師未達退休年齡提早離職。[2] 據教育局數據，2021 年上半年香港共發出 1516 張「准用教員」證，允許未接受師資培訓的人任教，為 2020 年全年發出總數的七成。香港以前只為副教師或教學助理申請「准用教員」證，但 2021 年為填補新學年的教席空缺，只能安排未具備教學資格的應徵者先行上陣。同時教育局資料顯示，截至 2021 年 7 月底，公營中小學學額共有 61333 個空缺；幼稚園也有 4 萬個空缺。2021/2022 新學年，全港小學減少 55 班，54 家小學縮班，

---

1　方偉晶、文佩君：「走還是不走？近期和回歸時期移民意向之比較」，《明報》2021 年 5 月 6 日。

2　「教界掀移民潮 校長：一成人提早離職」，《星島日報》2021 年 6 月 16 日。

佔整體小學數目超過 10%；增班則有 23 間小學，佔 4.4%；至少有 10 家幼稚園倒閉。[1] 其他行業包括證券及保監業均面對員工流失問題，2022 年 2 月 7 日證監會表示，2021 年證監會人手流失率達 12%，其中初級專業人員流失率達 25%，人才流失率高令證監會營運添壓力；2021 年保險業流失率較 2020 年增 7% 至 16%，2022 年 5 月 330 個職位中有 10% 空缺。[2] 早在 1991 年香港大學黃紹倫教授和其他教授一項「香港移民意向及影響」研究，當時約 13% 的港人打算於回歸前離港，約 16% 打算於回歸後離港。2021 年打算一年內離港的海外護照持有人約 14%，與當年回歸時接近。

### 4. 外資撤資情況增加

香港外資大部分來自資本主義國家尤其是西方發達國家，這些外資習慣於西方資本主義制度，因此對於港英統治下的香港及《港區國安法》實施前的香港較為習慣。《港區國安法》實施後，不少外資不能適應香港的巨變，因此市場一直有外資陸續撤出香港的消息。跨國科技公司率先宣佈撤離香港，韓國科技巨頭 Naver 把儲存用戶資料的備份服務器從香港遷往新加坡，並刪除所有在香港的數據。日本遊戲企業索尼互動娛樂公司（Sony Interactive Entertainment）將亞洲業務部遷移到新加坡。外資金融機構也陸續撤出，駐紮香港 15 年的美國對沖基金埃利奧特管理公司（Elliott Management）關閉其香港辦事處，有關職能將調往倫敦辦公室。美國投資諮詢公司萬里富（Motley Fool）則在內部電郵表示，因《港區國安法》等政治因素，決定關閉香港分部，將資源投放至擴展全球業務。

---

1 「60 小學勁減 66 小一班 學生未返港或移民 恐觸發殺校潮」，《星島日報》2021 年 9 月 3 日。

2 「保監局：金融業人才流失嚴重 監管機構也被挖角 去年流失率 16%」，《明報》2022 年 5 月 30 日。

政府統計處數字顯示，截至 2021 年 6 月 1 日，以香港作為地區總部的美國公司下跌近 10% 至 254 家，佔整體在港地區總部 17.4%，數量是 2003 年以來 18 年的新低。日資公司駐港總部 2021 年也下跌約 7% 至 210 家，佔整體 14.4%。2021 年外資公司在香港設立地區總部的數目為 1457 家，較 2020 年同期 1504 家相比下跌 3.1%，與 2019 年同期的 1541 間相比更降逾 5%，是連續第二年下跌。若把「地區總部」「地區辦事處」及「當地辦事處」合計，駐港公司數目雖達 9049 家的新高，但美資的 1267 家為 2010 年來最少，日資的 1388 家也是近 4 年最少。[1] 香港美國商會與歐洲商會 2022 年初相繼發表報告指出，有不少國際人才外流以及外資撤離，其中美國商會稱超過 40% 成員表示很可能離港。外資撤出已造成退租潮，據戴德梁行統計，自 2019 年起，香港辦公室空置率已創 15 年新高，退租空間有八成源自跨國公司撤離。不少企業去了新加坡，香港與新加坡的差距越拉越大，2021 年香港人均 GDP 約 4.92 萬美元，與新加坡人均 7.28 萬美元差距擴大。

## 四、內地經濟民生取得很大發展，制度也不斷改善，但仍被不少港人排斥，香港和內地民間關係未改善

### 1. 內地經濟民生與科技取得很大發展，港人再難以「香港的發達」而驕傲

過去 30 年，中國經濟增長 36 倍，是世界歷史上從未有過的事，1990 年中國內地的經濟規模只是香港的 5 倍，到 2022 年已是香港的 50 倍，並且早於 2010 年國內生產總值達到了 40 萬億人民幣，躍升為世界第二大經濟體。2020 年中國內地經濟體量約為 14.7 萬億美元，美國則約為 20.93 萬億

---

1　黃清龍：「香港內地化日益明顯　國際金融中心地位蒙塵」，《TVBS》2021 年 11 月 3 日。

美元，按此計算，中國內地 GDP 總量已達到美國經濟總量的 70% 以上，約 70.23%。

與此同時，國家推行有計劃、有組織、大規模「開發式」的扶貧政策，而最重要的是採取以提升和發展產業作為手段從根源上消除貧窮的方法。新時代的脫貧攻堅，廣泛動員全社會力量共同參與，構建大扶貧格局，系統治貧，合力攻堅。國家主席習近平 2020 年 12 月表示，經過 8 年持續奮鬥，現行標準下 9899 萬農村貧困人口全部脫貧，832 個貧困縣全部摘帽，12.8 萬個貧困村全部出列，區域性整體貧困得到解決，完成了消除絕對貧困的艱鉅任務，消除了絕對貧困和區域性整體貧困。

而且中國內地創新性國家建設成果豐碩，「天眼」探空、神舟飛天、墨子「傳信」、高鐵奔馳、北斗組網、超算「發威」，「全球創新指數報告」顯示，2016 年中國首次進入前 25 名的中等收入經濟體，2018 年升至第 17 位，2021 年更升至第 12 位。在核心創新投入和產出方面，雖然美國仍排名首位，但在研究人員、專利和科技出版物數量等方面位列第二，居中國之後。國家整體經濟與創新科技高速發展，使內地與香港經濟差異已經大幅度收窄，尤其是毗鄰香港的珠江三角洲城市，經濟更是接近甚至超過香港，其中深圳與廣州科技領域的發展更是香港無法比擬的，因此現在港人再難以香港較內地發達而驕傲。

### 2. 中國內地各項制度不斷改善，但仍然被不少港人排斥

以習近平同志為核心的黨中央鐵腕反腐，將全面從嚴治黨不斷推向深入，把反腐推向了高潮，取得了重大成效，成功遏制了腐敗發展勢頭。且頒行或修訂了《關於新形勢下黨內政治生活的若干準則》和《中國共產黨黨內監督條例》等超過 50 部黨內法規，巡視組已經常規和制度化，制度籠子越扎越緊，在全國範圍內形成了「不想腐、不能腐、不敢腐」的局面。

改革開放以來，中國吸取「文化大革命」的慘痛教訓，明確了一定要靠法制治理國家的原則，使這種制度和法律具有穩定性、連續性和權威性，現行憲法以及《刑法》《刑事訴訟法》《民事訴訟法》《民法通則》《行政訴訟法》等一批基本法律出台。1997 年中共十五大將「依法治國」確立為治國基本方略，2007 年中共十七大明確提出全面落實依法治國基本方略，加快建設社會主義法治國家。2014 年中共十八屆四中全會專門作出《中共中央關於全面推進依法治國若干重大問題的決定》，這是在中共歷史上第一次以中央全會的高規格形式對法治建設進行研究和部署。2017 年中共十九大報告高度評價了十八大以來我國法治建設的歷史性成就，反映出法治已成為黨執政興國不可或缺的基本主題。

在制度上，儘管內地廉政建設與法治建設已經取得巨大成效，但是始終與香港的制度不同，港人仍然以制度優勢自居，並因此繼續害怕內地制度。除了受傳媒抹黑影響外，需要承認，目前內地的法治、廉潔等制度仍然有落後於香港的方面。因此內地需要繼續加強反腐及法治建設，以提高港人對內地制度的好感和信心，但是內地法治、廉政及政治制度建設只能採取適合中國國情的方式和道路並循序漸進。

### 3. 香港和內地民間關係未改善

2016 年後香港社會泛政治化，香港與內地兩地民間矛盾愈演愈烈，一些人更煽動對內地的仇恨，社交媒體充斥偏見，對內地新移民的歧視演變成對所有內地人的全面歧視。據香港平等機會委員會 2021 年初公佈的數據，該會 2018 年、2019 年、2020 年三年一共接獲 492 起相關投訴個案，每年分別有 69 起、96 起及 327 起，投訴個案在三年內急增了近四倍。「修例風波」下，這類歧視更變本加厲。2020 年初新冠疫情在香港暴發後，「修例風波」引發的暴亂減少，但港人仇視內地人的現象未減少，有店鋪和餐廳甚至以「謝絕瘟

疫」為藉口明言不招待操普通話的顧客。2020 年 3 月身兼民主黨中委的社區組織協會幹事蔡耀昌，指有食肆拒絕招待內地人涉歧視，要求平機會主動調查，以林卓廷為首的 60 名民主黨員竟聯署聲稱「蔡耀昌不代表我」，批評蔡耀昌言論等同支持林鄭月娥拒「全面封關」，促蔡耀昌辭任中委。最終蔡耀昌不得不主動辭去民主黨內全部職務。[1] 民主黨作為對內地相對友好的溫和民主派政黨，也不願與歧視內地人的行為「割席」，反映香港社會針對內地人的「民粹主義」之嚴重程度。

在香港法律中，與反歧視相關法律只涵蓋涉及性別和種族的領域，並不適用於族羣之間，因此現有法律難以檢控港人歧視內地人的言行。在建制派推動下，特區政府就保障在香港的內地人免受歧視的立法工作有了機會，2021 年 10 月平機會透露，已向政府提出建議，包括在《種族歧視條例》中加入「族內歧視」，今後港人歧視內地人的行為將屬於違法。然而修訂歧視條例不能根本解決問題，近年兩地矛盾升溫涉及兩地文化與意識形態差異，尤其是涉及港人對內地制度的歧視，這些並不是法律可以解決的。

2022 年 2、3 月香港遭遇第五波新冠病毒疫情危機，國家派出了專家組與醫療隊到港支援，並捐出大量防疫抗疫物資，援建方艙醫院，全力協助香港抗疫工作。中文大學香港亞太研究所 2022 年 4 月進行的民調，被問到在第五波疫情時，中央協助對緩解香港疫情有多大幫助，有 39.6% 受訪者表示有好少幫助，20.5% 受訪者表示沒有幫助，表示有好大幫助或幾大幫助的只有39.9%。其中 18 至 29 歲人士，更有 42.4% 表示有好少幫助，有 39.1% 表示沒有幫助，認為有好大幫助或幾大幫助的僅 18.5%。[2]

---

1 「蔡耀昌被清算 民主黨走激進路線」，《星島日報》2020 年 3 月 28 日。

2 鄭寶生：「中大民調：76% 受訪者支持中央援港抗疫 政治信任明顯改善」，《香港01》2022 年 6 月 21 日。

## 五、學校加強了中國文化與歷史教育

### 1. 2021 年 9 月高中中國語文科落實新修訂課程

2021 年 6 月 28 日特區政府教育局公佈《中國語文課程及評估指引（中四至中六）》2021 修訂版，該指引涵蓋科目的課程架構、課程規劃、學與教及評估等，還列出了 10 個課程理念，包括要求透過中文教育，讓學生深入認識中華文化，吸收優秀的養分，進而增強對國家與民族的感情，養成良好的國民素質，承傳中華民族文化。

「中華文化」屬「中國語文」課程的 9 個學習範疇之一，《中國語文課程及評估指引》沿用「認識」「反思」及「認同」三個學習層次，其中在「認同」的層次中提到，「認同自己文化、建立文化自信的同時，培養對國家文化的保護意識和能力。」在課程規劃上，《中國語文課程及評估指引》列出了 20 篇文言文經典作為「建議篇章」，教師可按校情，把「建議篇章」融入課程，例如增設文言文經典單元，或結合單元主題加入相關的篇章。20 篇文言文經典「建議篇章」包括《陳情表》《曹劌論戰》《大學》（節錄）、《左忠毅公軼事》及 12 篇考核的指定範文等。《中國語文課程及評估指引》也提到可透過中華文化及品德情意的學習，加強價值觀教育，價值觀包括「堅毅」「尊重他人」「責任感」「國民身份認同」「承擔精神」「誠信」「關愛」「同理心」和「守法」等等。

與此同時，教育局也加強了中學「地理科」中「中國地理」的內容，讓學生通過對「中國地理」的學習，了解祖國的大好河山，從而產生自豪感進而增強國家認同。

### 2.「中史科」重新被定為初中必修科，並對「中史科」及小學「常識科」的教科書「撥亂反正」

2018/19 學年將「中史科」重新定為初中必修科，全港初中生均須修讀。

特區政府教育局從 2020/21 學年開始逐級推行初中中史新課程大綱，2020/21 學年中一級中史科開始採用新課程大綱，2021/22 學年中二級中史科開始採用，2022/23 學年中三級中史科開始採用。「初中中史新課程大綱」目的是對教科書撥亂反正，加強學生對中國歷史文化的正確認識。比較新舊版中史書對鴉片戰爭背景描述，舊版教科書均將「鴉片戰爭背景」表述為「清朝限制通商或閉關自守、中英貿易失衡、清朝欽差大臣林則徐虎門銷煙，以及英軍毆斃尖沙咀村民林維喜事件」，新書均直接以英商輸入鴉片作為戰爭背景的起點，強調英國侵華、以鴉片毒害中國人。新書也刪掉清政府「以『天朝上國』自居」「閉關自守」等負面管治描述。並將清廷貿易限制、中英貿易失衡的「背景」移到「西力東漸」章節，且寫明「雖然英國不滿清廷實施多種貿易限制，要求清廷改善通商條件又不果，但這些問題與鴉片戰爭的爆發沒有直接關係。」

以往有觀點認為鴉片戰爭是為了自由貿易的商務戰爭，而史學家普遍已反駁該觀點，香港以往受英國殖民統治，教科書也太着重正反辯駁，並將英國不合理觀點加進書內，現在的修改實際是撥亂反正。中史書有關鴉片戰爭的題目也有變動，現代教育研究社的舊版書有題目要求學生評價林則徐禁煙手法是否明智；新版書轉以圖表描述英國輸入中國的鴉片數量，教學生研習統計資料。香港教育圖書公司的舊版書有題目問學生，是否同意若中國當初採取較開放貿易政策，就能避免鴉片戰爭的屈辱；新版書要求學生分析不平等條約對中國經濟的影響。

在小學常識科設有「國民身份認同與中華文化」學習範疇，常識科的教科書在 2020 年做了修訂，將國共內戰後數次提及「中華民國政府」遷至台灣的描述，改成「中國國民黨」遷至台灣。2019 年版的《今日常識新領域（第三版）六年級 3 中國的變遷》，在「內外交困的時期」一課交代國共內戰，稱「最後由毛澤東領導的中國共產黨取得勝利，並於 1949 年 10 月 1 日宣佈成立

中華人民共和國；由蔣介石領導的中華民國政府則遷至台灣」；出版社網站 2020 年 10 月的勘誤表列明，上述段落尾句將改為「由蔣介石領導的中國國民黨則遷至台灣」。

### 3.「中史科」加強了「國安元素」

2021 年 5 月 26 日教育局發佈的「國安教育科目」課程框架文件中，「中史科」的「國安元素」與「秦漢至中華人民共和國等不同歷史時期」都緊密關連，通過讓學生了解國家重要歷史事件、政治演變與優秀文化傳統等，提升學生的國家觀念和國民身份認同。初中部分列明，可根據中國歷史各時期讓學生整全了解中國重要歷史事件、人物事跡、民族發展概況及社會文化面貌，幫助學生分別從歷史及文化角度了解國家政治安全及文化安全的重要性。讓學生清楚理解國家從被列強侵略以致被英國強佔香港，及後國家克服困難，並恢復對香港行使主權的奮進歷程，從而強化學生對國家民族的使命感和責任心。學習課題例子方面，三國兩晉南北朝時期，學生可透過石窟藝術認識中外文化交流概況，了解國家的優秀文化傳統；而清朝時期，學生可認識列強入侵中國的歷程及影響，建立對國家和世界議題（西方殖民擴張、局部戰爭等）的基本認識，從而了解國家安全重要性；民國時期的抗日戰爭，學生可認識香港各界在內地抗戰期間所作的支援，體會國家與香港脣齒相依的關係，並從民族、國家被侵凌的危難中明白國家安全對人民福祉的重要性；中華人民共和國時期，學生藉認識國家外交政策的演變，以及改革開放以來國家於國際社會地位的提升，了解今天國家所建立的政治安全環境。

至於高中「中史科」，教育局建議可安排學生專訪東江縱隊老戰士作口述歷史訪談，也可舉辦「抗日歌曲欣賞會」，了解國民同心抵抗外侮的情形，還可進行「抗日海報創作比賽」，並與當時的藝術作品比較，認識文宣對國防的作用。又建議學校可安排學生參觀內地的虎門炮台，認識英軍侵華的經過

及當時國防的弊病，也可到南京交流，實地了解《南京條約》相關古跡及南京大屠殺的歷史情景。通過這些深化學習與了解保障國家安全的重要性。

### 4. 特區政府教育局致力推動國史、國學及國情，已經取得成效

據教育局 2022 年 6 月底交立法會的文件，全港開設高中中史科的學校一直維持約九成，雖然整體選修學生人數驟減，但該科在 20 個高中選修科目中仍排最多人選修科的第七位。[1] 教育局致力推動國史、國學及國情學習，除了加強中華文化教育及中國歷史正面教育外，還向全港中小學派發內地發行的專為香港學生定製的國情教育書冊《我的家在中國》作為輔助教材，全套共分為六個範疇合共 48 冊，全方位展示祖國的山川湖海、傳統節日、民族文化、城市發展等情況，圖文並茂，可讀性強，此套書冊由北京師範大學「京師學者」特聘教授、全國德育學術委員會理事長檀傳寶擔任主編，早於 2017 年已在港澳地區發行。

2021 年 5 月 28 日由香港紫荊文化集團主辦的「百年歷史‧當代中國」紫荊盃全港中小學生中國歷史文化知識競賽，吸引 285 間學校逾 3 萬名學生參加，顯示中小學學生學習國情知識和參賽熱情比往屆高。時任行政長官林鄭月娥致辭時表示，「香港青少年對中國歷史與中華文化的濃厚興趣，讓人感到非常欣喜。」[2] 2022 年為慶祝香港特區成立 25 周年，教育局邀請了在香港學校音樂節獲獎的學校參與《我和我的祖國》音樂錄像製作，該音樂錄像短片完成並播出後，取得了良好效果。

據 2021 年 9 月出版的《小學概覽 2021》中有關推行相關教育情況介紹，

---

1　「公民課本評審尾聲『主題 2』料 7 月出書單」，《明報》2022 年 6 月 29 日。

2　「香港青少年國情知識學習熱情高漲　逾 3 萬名學生參與比賽」，https://gd.ifeng. com/c/86cd4YkPpg8，2021 年 5 月 29 日。

全港共 511 間官津、直資、私立小學,至少 37 間小學設了升旗隊;據《小學概覽 2022》,全港 511 小學,至少 60 間設升旗隊,比 2021 年增加 62%。教聯會 2021 年 10 月進行關於國安教育的調查,向全港學校發問卷,收到 315 份有效回覆,結果顯示近 85% 的教師表示學校有舉行「國慶節升旗禮」,分別有超過 70% 及超過 60% 教師表示,學校有「懸掛國旗」及「唱國歌」。有小學稱 2021/2022 年度在校本「公民訓練課」加入更多國民教育元素,並主要運用官方教材以確保資料準確。有小學校長稱社會氣氛改變,學校推行相關教育時應「名正言順、理直氣壯」。香港教育工作者聯會於 2022 年 7 月建立了香港首個「愛國教育支援中心」,愛國教育支援中心名正言順地舉辦「愛國教育」學習活動和教師培訓課程,培養香港青年對國家和民族的歸屬感和自豪感。因此近年國民教育已經在學校紮根,並已經逐漸開始培養學生欣賞、尊崇及承傳中華文化。特區政府決定 2022 年 1 月 1 日起,中小學須在每個上課日、元旦日、七一香港特區紀念日、十一國慶日升掛國旗,且必須每週舉行升國旗儀式。由此中國文化、歷史及國家符號或象徵將越來越被中小學生接受,並將逐漸改變學生的觀念,使學生均能成為對國家有身份認同感的人。

## 六、高中「通識教育科」被「公民與社會發展科」取代

### 1.「公民與社會發展科」內容及時數是原「通識教育科」約一半,仍是「必修必考」科,評核成績由五級改為兩級

教育局宣佈於 2021 年 9 月中四(高中一年級)推行「公民及社會發展科」,未來 3 年逐步取代高中通識科,即爭議多年的「通識教育科」將於 2024 年結束。「公民及社會發展科」參考了「通識教育科」的課程宗旨及目標作整合及內容精簡,課程內容及時數是原本的「通識教育科」之大約一半。

課程包含三個主題：「『一國兩制』下的香港」「改革開放以來的國家」及「互聯相依的當代世界」，較「通識教育科」的六個單元的課程，分量明顯精簡。身份認同、公民抗命等課題已刪除，而且「『一國兩制』下的香港」也並非照搬原來的「今日香港」單元，還整合了原來「現代中國」單元的內容。經過精簡和重整的課程，學習重點更為聚焦。通過這三個主題，學生可以認識香港自回歸以來的狀況，也會從國內和國際層面掌握國家自改革開放以來的發展歷程。學習重點包括「維護國家安全的意義」「《港區國安法》與促進香港長遠發展」「平衡法治和人權的關係」，也要認識大灣區及「一帶一路」。尤其是將內地考察作為「公民及社會發展科」課程的一部分，學生在參與考察活動後，需要進行「專題研習」以展示「考察成果」和「個人反思」。因此學生通過課程學習和實地考察兩部分，可以更深入地了解國情。課程還通過選取涉及經濟、科技、可持續發展以及公共衛生的課題，讓學生探究人類在當代世界所面對的境況，增加國際視野。

「公民與社會發展科」仍然是「必修必考」科目，公開評核成績彙報由五個等級（1-5 級）改為「達標／不達標」兩級，考卷不設延伸回應題，但題目設計仍強調靈活與多元，以考核學生所掌握的知識和思維分析能力。校內評估則未改變，教師可在照顧學生學習多樣性的前提下，透過多元化的評估方式評估學生的學習表現。由於公開評核只設「達標／不達標」，可有效減輕學生的應試壓力，從而使學生可投入更多時間參加課堂的學習活動，從中建構知識及發展共通能力。時任教育局局長楊潤雄表示，「公民科」是回應社會詬病的「通識科」問題，「我們一樣要教導學生多角度思考，明辨慎思，但要建基於香港、內地與世界發生的事情作深入研究，不再斟酌於時事新聞的討論」。[1]

---

1 「楊潤雄：教改多元化 開支破千億」，《星島日報》2022 年 6 月 27 日。

## 2.「公民與社會發展科」教材「撥亂反正」

教育局 2021 年 4 月便公佈了《公民與社會發展科課程大綱》，2021 年 6 月 2 日則公佈了「課程發展議會」通過的《公民與社會發展科課程及評估指引》。因為「公民與社會發展科」教科書首年未趕得及出版，而且「一國兩制的內涵和實踐」為中四年級「公民與社會發展科」課程的首個課題，因此教育局首次為新科推出官方涉及「一國兩制的內涵和實踐」的教材，2021 年 6 月 18 日將「香港問題的由來」「國家和香港特別行政區的憲制關係」及「維護國家安全的意義」三份學習主題的電子簡報，上載至網上資源平台，供教師下載施教。教育局首次在官方教材提到中央對香港擁有「全面管治權」，明確指出「中央權力只限國防及外交事務」是錯誤觀點，「一國兩制」是完整概念，「不能相互割裂，更不能相互對立」，「兩制」從屬並統一於「一國」。同時指出《基本法》第一條及第十二條「香港是國家不可分離部分」及「香港特區是中華人民共和國一個享有高度自治權的地方行政區域，直轄於中央人民政府」屬「根本性條款」，倘人們不遵守，「會衍生不尊重中央甚或鼓吹香港獨立的行為，會破壞『一國兩制』的穩定」。並指出為特區制定《港區國安法》，而非把相關全國性法律列入《基本法》附件三在港實施，是堅持「一國兩制」原則的體現。電子簡報亦提到總體國家安全觀的定義、法治與人權的關係等等。之後教育局又舉行了多場網上教師培訓並陸續上載了共 12 套教學簡報。

紙質版教科書方面，除了教育局規定新科教科書須通過教育局的審查與審核，也設立了「適用書目表」，通過審核後的教科書便列入「適用書目表」內。在新科課本未能面世，2021 年 9 月便要推行課程下，共 6 家出版社發行的八套通識教育科課本，2020 年通過教育局的專業諮詢服務，即通過了「變相的審核」。教育局表明，由於「公社科」是由「通識教育科」發展而來，因此通過專業諮詢的「通識教育科」教材可在適當調整後作為新科的「參考

材料」。據教育局文件，2022 年 6 月初適用中四的「公社科」首個主題「『一國兩制』下的香港」由 6 間出版社出版的 7 本課本資料上載「適用書目表」；同年 7 月初第二個主題「改革開放以來的國家」的課本資料上載「適用書目表」網頁；第三個主題「互聯相依的當代世界」則在 2023 年首季推出並供學校 2023/24 學年選擇課本。

一些私人機構也積極為「公社科」提供參考教材，例如前特首董建華旗下機構「思考香港基金會」專門為教師及學生量身訂做的教育頻道「The China Current（中國潮流）」，於 2021 年 9 月啟動，啟動之時已有逾 300 條影片及逾 50 套教材，涉科技、文化、環保等範疇，既配合高中的「公社科」課程框架下「『一國兩制』下的香港」「改革開放以來的國家」及「互聯相依的當代世界」三大主題，也兼顧小學的常識和初中的歷史等課程。該頻道的影片及教材供教師免費使用，學生亦可於課餘時間輕鬆自學，引導學生多角度認識中國。

### 3. 首年「公社科」為增強學生「國家認同」做了探索

2021 年 6 月 2 日教育局向每間學校發放了一筆過 30 萬元的「『公民科』起動津貼」，支援相關教學活動。2021 年 9 月 1 日開學日教育局局長指出，教育局提供的教材內容已很豐富，教師可作適當的調節或加添趣味元素令學生更易學習，「最後在課堂教學，我們要求教師為其教學負責，所以在整個『公民科』裏，學校管理層、校長、副校長、科主任、個別老師也會因應自己在科目的參與，負上專業上的責任。」而教育局會提供輔助並在安排課程探訪或視學方面多做工作。[1]

學校首年沒有「公社科」教科書可用，又因科目涉國家安全等敏感議

---

[1]　「楊潤雄：校長教師需為公社科負責，教師憂觸紅線，寧按官方教材照本宣科」，《香港經濟日報》2021 年 9 月 2 日。

題，令教師備課壓力大增，有資深通識科教師直言，開學初期會先採用官方教材，但是官方教材相關資料設計很像「大學筆記」，趣味性不足，很難吸引學生。但是多數學校包括傳統愛國學校例如何文田創知中學，均採用政府教材應急。但也有不少學校嘗試對官方教材做些剪裁或自編教材，以增加對學生的吸引力。新蒲崗的李求恩紀念中學認為，官方教材內容多是硬資料，包括《基本法》條文、選舉制度等，形容對學生不能直接使用，因此利用官方教材作剪裁，編製更切合學生程度和能力的校本教材，並按課題分類成「需要深記」及「略記即可」兩大類，加入圖片增加吸引性，同時舉辦「公民科」問答比賽，讓學生認識基礎知識。傳統愛國學校培僑中學教師則嘗試自製教材，透過《港區國安法》相關案例解釋法律條文。

　　為配合「公社科」的推行，2021/22 學年教育局為 13 間中學提供「到校支援服務」，為 59 間中學組織專業網絡活動包括共同備課、專業交流分享活動。為監察「公社科」的推行，教育局至 2022 年 5 月，完成了對 26 間中學的「公社科」重點視學、11 間中學的校外評核工作，同年 6 月初分別為 300 名校監和校長、500 名副校長和公民科科主任舉辦分享會，「以期『公社科』能按其課程理念和宗旨有效落實，在推行時不會偏離課程初心，貫徹培養學生國民身份認同等課程目標」。[1]

## 七、加強了對中小學的國安教育

### 1. 中小學各科課程內容將結合國家安全教育元素

　　《港區國安法》實施後，依據該法第 10 條的規定，香港特別行政區應當通過學校、社會團體、媒體、網絡等開展國家安全教育，提高香港特區居民

---

1　「公民課本評審尾聲『主題 2』料 7 月出書單」，《明報》2022 年 6 月 29 日。

的國家安全意識和守法意識。2021 年 2 月教育局發通告公佈《香港國家安全教育課程框架》，規定學校須於 2021/22 學年逐步落實國安教育相關措施，並須由 2022/23 學年起全面推行國家安全教育。同時向學校發出《國安教育指引》，預告各科課程內容將結合「國家安全教育」元素，且公佈了「小學常識科、中學地理科和生物科」3 科的「國安教育」課程框架，解釋「國安教育」在不同科目層面的學與教重點。2021 年 4 月再公佈包括小一至中六的「中國語文教育、初中科學科，以及高中資訊及通訊科技、化學、物理科」等 8 個課程「國安教育」框架。2021 年 5 月公佈包括「中學中國歷史科、歷史科，初中生活與社會科，以及高中經濟科」等 4 個中學科目的「國安教育」課程框架，使中小學設有「國安教育」課程框架的科目增至 15 科。

高中經濟科將「中美貿易戰」列作學習元素，了解「中美貿易戰」對國家和香港經濟帶來的衝擊，並要求教師因應事態發展作適當講解。中國歷史科及歷史科着重加強學生對政治安全等概念的理解，包括從英國殖民統治下華人被不公平對待、港人支援內地抗戰等引導學生了解領土完整的重要性。初中生活與社會科建議教師在講述公民權責及中央與特區關係時，提出並列出分裂國家等四項《港區國安法》規限的危害國安犯罪行為，讓學生明白中央政府對特區國安事務負有根本責任，特區負有維護國家安全憲制責任。

教育局為中小學 15 個科目滲入「國安教育」課題的具體內容及教學要求提出的建議，使學校須將國安教育「自然聯繫並有機結合」在各科課程內，提升學生對國家民族歸屬感的同時也盡力避免所謂「洗腦」疑慮。高中經濟科「國安教育」課程框架建議教「中美貿易戰」時讓學生分組收集相關新聞及經濟數據，教師因應事態的最新發展向學生作適當講解，使「國安教育」的施教空間較具彈性。雖參照內地的「國安教育」指導綱要，但不少內容根據香港情況作了調整，例如「政治安全」側重維護國家政治制度，「文化安全」

只涵蓋歷史科，而未跟隨內地將「視藝科「及「體育科」也包括在內，《港區國安法》規範的四項犯罪行為等硬資料只在個別科目着墨較多。

**2. 教育局逐步為學校提供「學與教」資源，並對中小學教師進行「國安教育」培訓**

教育局逐步為學校提供學與教資源，包括國家安全的獨立單元、中學及小學版本的有聲繪本「國家安全由家開始「「網上問答遊戲」「認識祖國網上遊戲系列」「中國地理系列」等，且每名中小學教師獲贈有關「國安法」讀本。教育局亦設立「國民教育一站通」網上資源平台，為師生提供關於《憲法》《基本法》及「國家安全教育」等方面的教學資源。與此同時，「國安教育」資源方面還得到香港教育大學的積極配合，教育大學聯同香港教育圖書分階段推出小學「國安教育教材套」，2022 年 8 月率先推出小一及小四級教材、2023 年 2 月出版小二及小五教材、2023 年 8 月推小三及小六級教材，教材主題圍繞「《憲法》及《基本法》教育」「國家安全教育」「國安法」「法治精神」及「公民教育」5 大學習範疇，課題包括愛國者治港、國家版圖、法治社會、認識《基本法》、法治守護者、珍惜國家資源及資訊科技安全。

教育局還舉辦全新系列的教師專業發展課程，由 2020/21 學年起，新入職教師、在職教師及擬晉升教師均須參與更有系統的培訓，當中核心培訓聚焦教師專業角色及操守，以及《憲法》《基本法》和《港區國安法》，以強化教師履行應有的專業行為和表現，以及清楚了解香港的憲制地位，提高他們的國民意識及國民身份認同。同時為全港學校安排全面和有系統的「國安教育」教師培訓課程，到 2021 年 6 月底已有 8000 多名中小學教師參加該培訓課程。教育局並為全港中小學校舉辦「國家安全教育到校教師工作坊」，讓全體教職員了解如何在課堂內外加強「國家安全教育」，自 2021 年 8 月中公佈後，於兩星期內便有超過九成學校報名參加，至 2022 年 7 月已有超過 750 所

學校逾 40000 萬名教師參與了「到校教師工作坊」。[1] 教育局同時為教師推出網上自學課程及其他專業培訓系列，2021 年 7 月教育局上載 2021/2022 學年的《校長及教師專業發展課程彙編》，在不少科目的教師培訓課程加入「國安教育」教與學元素，羅列教育局主辦及合辦的中小學及幼稚園校長及教師專業發展課程。教育局也為學校校監及校董舉行培訓講座，讓持份者正確認識《憲法》《基本法》及《港區國安法》，讓學校管理層發揮積極統籌帶領作用，確保學生及教師明白「國家安全」的重要性。此外，律政司也推出中小學教師培訓計劃，以提升中小學教師《憲法》《基本法》和「國家安全教育」的知識水平，還會協助教師預備法治及《基本法》教材。

### 3. 首年「國安教育」為增強學生「國家認同」做了探索

善德基金會於 2021 年 4 月 28 日至 5 月 16 日進行「在學校推行國家安全教育」問卷調查，共收到 218 間中小學及幼稚園回覆，結果顯示，54% 受訪學校整體上已預備好推行「國家安全教育」，46% 表示，學校在課程內容設計、具體教學材料、教師對「國家安全」的認識等方面仍需作更多準備。教育局相信隨着課程框架、學與教資源、教師培訓等逐步發展，教界可以在 2022/2023 學年全面落實「國安教育」。

教育局於 2021 年 6 月 15 日增設了一名副祕書長，專門負責落實國家安全教育事宜，全港學校在 2021 年 8 月底前向教育局提交了「國安教育」報告，每間學校的報告提出做好「國安教育」的不同方案，其中逾九成學校成立了小組或設專職人員，負責統籌與國家安全有關工作。多數學校針對「國安教育」課程框架，將「國安教育」的知識系統化地融入 15 個學科中，將課程教學任務、教材設計、教學評估等各方面都納入考量範圍。根據 2021 年 9

---

1 「教聯會愛國教育支援中心開幕」，《港人講地》2022 年 7 月 16 日。

月 2 日出版的《小學概覽 2021》中有關推行相關教育情況介紹，全港共 511 間官津、直資、私立小學，多校列明會舉辦國安教育活動。

### 4. 大學也在探索對大學生進行「國安教育」

特區政府延用港英時期對高校的資助與管理模式，即教育局原則上不能對香港高校採取與中小學同等的強制手段。香港大學教育資助委員會（簡稱教資會）就 2022 至 2025 年優配學額計劃，向 8 間公辦大學發出「啟動籌劃信件」，列明政府的最新宏觀規劃指標，包括將「國安教育」等列為必修。教資會主席解釋，《港區國安法》有相關條文，教資會有責任提醒院校，但具體如何執行要尊重院校自主。教育局局長也表示，院校也須推行「國安教育」，提高教職員和學生的國家安全意識和守法意識。

教資會資助的八大院校中的浸會大學、理工大學、嶺南大學、教育大學、城市大學於 2021/22 學年開始安排「國安教育」課程。浸會大學率先於 2021 年 7 月 26 日表示，2021 學年入學的本科生在畢業前需要必修國安教育，雖不計學分，但設有評估計分，強調有關課程不僅與政治有關，還涉及網絡安全、環境安全及公共衛生等範疇。2021 年 9 月 2 日浸大向師生發出通告並在網站列出課程簡介，要求本科新生參加 2 小時的面授課程，完成閱讀 2 小時的指定材料並通過測驗，測驗必須合格方可畢業，課程包括學習國安法對香港的重要性、國安法主要條文等。2021 年 10 月 26 日浸大的首堂「國安法教育」課有逾百名學生參與，由大律師主講。理工大學 2021 年 9 月開始在校內推行「國安教育」，一年級本科生必修「國安教育」，內容包括保障國安的多種議題和相關法律知識，核心課程中的「明日領袖」加入「守法領導」課，當中也包括對「國安法」的理解。該校 2022/23 學年將新增另一涉及國安教育的「中史與文化」必修核心課。嶺南大學 2021 年 9 月的新學年起通過共同核心課程、綜合學習課程、研討會、講座等介紹國家和香港

發展，當中包括「國家安全」議題。教育大學 2021/2022 學年將「國安法」及「國家安全教育」列入必修的「通識課程」中，一年級學生修讀的通識基礎課程涵蓋「大學生活規劃」、《基本法》、「國家安全」等內容，其中「國家安全」涵蓋政治和國土安全、文化安全、網絡安全及生態安全等內容。主修教育者，更需要於其必修科了解教師專業操守、師德及國安教育在學校的推行。

香港中文大學、香港大學及香港科技大學則於 2022/23 學年落實「國安教育」課程安排。中文大學在 2021/2022 學年為所有新生舉行「國家安全」專題講座，向全校師生舉行「國家安全」及「國際形勢和中國外交」講座，為有意加入政府工作的畢業生舉辦《基本法》工作坊等，並於 2022/23 學年開始推出「認識中國」及「國家憲制秩序與香港」兩門課程，課程涉及《國安法》和《基本法》教育，所有本科生必須修讀。香港大學在 2021/22 新學年開始各個學生宿舍由舍監舉辦多場「國安講座」，2022/23 學年開始要求學生以網上自學形式觀看 10 小時網上「憲法、基本法及國安法入門」課程影片，之後通過約 1 小時的網上多項選擇題測驗才可畢業，2023/24 學年開始所有課程將以面授方式進行。香港科技大學於 2022/23 學年推出「法律教育」必修自學網上課程，內容涵蓋「憲法、基本法、香港國安法、香港法律制度」，不佔學分，但學生須在 3 個單元的測試均獲合格，方可畢業。

自資院校之一的恆生大學 2021/22 學年也推出「國安教育」課程，有關課程由會計學系、管理學系等籌辦，主要教授《基本法》及《國安法》等相關法律知識，讓學生選讀，同時計劃在 2022/23 學年推出國安教育的獨立選修科。都會大學 2021 年 11 月推出新必修科目，課程內容涵蓋「國安教育」，讓新生修讀，更須取得及格成績才能畢業。校方成立委員會，由副校長（學術）統籌，檢視哪些內容列為「國安教育」。

## 八、特區政府已經開展了對傳媒的「撥亂反正」工作

自《港區國安法》實行之後，特區政府便開展了對傳媒的「撥亂反正」工作，包括根據《港區國安法》等法律對反中亂港甚至勾結外部勢力傳媒採取行動，以及整頓公營電台「香港電台」等系列措施，使香港輿論環境得到很大改善。

### 1. 反對派報章《蘋果日報》被迫終結

壹傳媒集團屬下《蘋果日報》是反對派報章或喉舌，也是一貫堅持肆無忌憚負面宣傳與報道內地及香港的報章，尤其是其管理層涉嫌勾結外國勢力，危害國家安全。2020 年 8 月警方以違反《港區國安法》、串謀欺詐及煽動罪拘捕壹傳媒創辦人黎智英，並對《蘋果日報》大樓進行搜查。2021 年 6 月 17 日香港保安局再以涉嫌違反《港區國安法》拘捕壹傳媒及《蘋果日報》5 名高層，包括壹傳媒首席執行官、營運總裁，以及《蘋果日報》副社長、總編輯和《蘋果動新聞》平台總監等，警方國安處更以涉嫌違反《港區國安法》凍結《蘋果日報》有限公司、《蘋果日報》印刷有限公司、《蘋果日報》互聯網有限公司 3 間公司合共 1800 萬元資產，並要求 7 間銀行不可處理上述 3 間公司的銀行賬戶內財產。結果《蘋果日報》資金陷入乾涸，不足以負擔員工支薪或印刷成本，2021 年 6 月 23 日《壹周刊》不得不宣佈結束營運，同日壹傳媒董事會宣佈，6 月 24 日出版最後一份實體報紙，壹傳媒旗下其他刊物與網上平台也先後宣佈關閉，由此終結了這份有 26 年歷史的反對派報章，使反中亂港力量失去最重要的輿論平台，對淨化香港輿論環境從而減少提升港人「國家認同」阻力很有利。

### 2. 其他偏向反對派媒體或解散或移出香港或淡化原有政治立場

在《港區國安法》及政府對傳媒「撥亂反正」工作影響下，尤其是《蘋

果日報》停刊後，香港不少傳媒在時事評論及新聞報道上，都做出了不同程度改變，負面評論明顯減少，個別反對派傾向的網媒甚至停刊或宣佈撤離香港。中間偏反對派的《信報》及《明報》基於商業考慮，中華人民共和國國慶與中國共產黨黨慶的廣告也照登，《社評》的立場更轉向建制派，只是所刊登的評論或政論文章或專欄仍會有反對派傾向的。以前被視為親反對派的「香港有線電視」和「商業電台」明顯收斂過去風格，個別作為「旗手」的主持也黯然引退。

親反對派的網媒也不得不有所行動，總部原設於香港、主打深度報道的網媒《端傳媒》將總部搬往新加坡，部分原來在香港的員工也轉去新加坡。Facebook 專頁有 5.7 萬「追蹤」者的網媒「Winandmac Media」撤出香港並取消在香港的商業註冊，《852 郵報》將其在 YouTube 頻道所有舊影片全部下架和刪除，辭退全部員工，網頁亦停止運作。涉嫌經常散佈煽動暴力及失實資訊的網媒《娛賓》及《米報》亦在 2021 年 7 月 1 前夕宣佈停止運作。被稱為「《蘋果日報》B 隊」的《立場新聞》為減低風險，6 位董事呈辭，2021 年 5 月前刊出的博客、轉載及讀者投稿等評論文章全部下架，並停止接受捐助以免牽連支持者，同年 11 月 1 日總編輯鍾沛權宣佈因「家庭原因」辭職。

但是《立場新聞》在《國安法》實施後仍然刊登逃犯羅冠聰、張崑陽、許智峰、鄺頌晴等人的文章，並轉載題為「從北愛爾蘭抗爭經驗看香港抗爭運動的未來」的文章，又刊登了一篇自稱是維吾爾人的專訪，這些文章與專訪公然挑戰《國安法》，更有為海外逃犯搭台及配合外國勢力遏制中國之嫌。因此警方國安處於 2021 年 12 月 29 日以涉嫌提供平台發佈煽動性文章，違反《刑事罪行條例》第 9 及 10 條「串謀煽動意圖罪」，拘捕了 7 名《立場新聞》高層、前高層或相關人士，且凍結了《立場新聞》6100 萬港元資產。同日《立場新聞》於社交平台宣佈停止運作，並即時遣散所有員工。警方國安處這一行動震懾了一批反對派傾向網媒，2022 年 1 月 2 日《眾新聞》宣佈停運，其停運聲明表

示，過去兩年香港社會遽變，「無法再毫無擔憂地達成理念」。隨後由前反對派立法會議員黃毓民創辦的網媒《癲狗日報》於 1 月 3 日宣佈停運，緊接着三家網媒《狗薑媒體》《聚言時報》《白夜》分別於 1 月 6 日、7 日、8 日也宣佈停運。

### 3. 反對派支持者社交媒體行為明顯收斂

牛津大學的路透新聞研究社在 2021 年 6 月底發表了一年一度的《數碼新聞報告》，調查研究中的一組問題測量被訪者的新聞參與程度，中文大學新聞與傳播學院是路透新聞研究社的合作夥伴。從過去幾年的香港數據中「香港市民的新聞參與」來看，在 2017 年被訪者的平均新聞參與指數是 1.91，在往後兩年新聞參與度一直有輕微上升，到了 2019 年新聞參與指數的平均值為 2.03。2019 年「反《逃犯條例》修例社運」開展後，香港市民對新聞資訊的渴求及傳播新聞信息的意欲有所上升，因此 2020 年 1 月的調查中，香港市民的新聞參與度指數上升至 2.17。2020 年 7 月《港區國安法》的實施令香港市民使用社交媒體明顯減少，到 2021 年 1 月香港市民的新聞參與指數明顯下降至 1.6，不僅較 2020 年 1 月大跌，而且比 2017 年 1 月時還低。下降幅度最大的是通過通訊程式分享新聞內容的比例，由 2020 年 1 月的 38.1% 降至 2021 年 1 月的 26.6%，以及通過社交媒體分享新聞內容的比例由 2020 年 1 月的 31.2% 降至 2021 年 1 月的 21.9%，這些指標均是 2016 年以來最低。[1]新聞參與度的下降，在反對派或民主派的支持者中更為顯著，他們使用社交媒體也因擔心觸犯《港區國安法》而變得較過去謹慎得多。但是 2021 年 7 月 1 日「孤狼」刀手襲擊警員後的自殺事件，在煽暴網站「連登討論區」還是有大量「悼念」帖文，對於警員遇襲幸災樂禍，顯示社交媒體輿論環境並非完全得到淨化，只是反對派支持者新聞參與度大幅下降而已。

---

1　李立峰：「港人在社交媒體的新聞參與由升轉跌」，《明報》2021 年 7 月 29 日。

### 4. 政府傳媒「香港電台」推進了系列改組工作

被認為經常抹黑政府的政府傳媒「香港電台」推進了系列改組工作。2021 年 3 月 1 日廣播處新處長上任後，便推出《香港電台的管治及管理檢討報告》，列出港台一系列「不足」之處，其中一項「改革」是設立一個 9 人編輯委員會，負責一切節目的決定權。當時香港電台表示，不時會檢視及更新不同頻道的節目組合，包括推出全新節目以取代一些舊節目、為現有節目注入新元素、就節目播放時間作出調動、為一些節目進行季節性暫停安排等等。之後 10 多個節目停播或撤換主持人，其中建議「香港電台皇牌節目」《鏗鏘集》應多做「民生」節目，抽起一些《議事論事》製作節目，之後《鏗鏘集》和《議事論事》改為外判製作。多個立場被指偏頗的節目包括《視點 31》《五夜講場》《中國點點點》《頭條新聞》及英文節目《脈博》相繼停播，至 2021 年 9 月所謂「老牌節目」《城市論壇》也停播。同時解除了一些屢被投訴的主持人的合作關係，包括「烽煙」節目《自由風自由 Phone》與《瘋 Show 快活人》的主持人。

香港電台管理層不斷討論有關編排節目方針，特別加強製作更多符合《香港電台約章》的節目，希望電台與電視均能尋求更多合作空間，擴闊聯播時段等等。時任特首林鄭月娥表示，作為公營廣播機構的香港電台有責任落實其《香港電台約章》中的使命，積極培養公民及國民身份認同，給聽眾與觀眾提供更多認識國家的節目。因此香港電台與中央廣播電視總台建立了長期合作夥伴關係，陸續引進更多涵蓋「國安教育」「大灣區建設」和「十四五」規劃等重要議題的節目。推出包括紀錄片《我在故宮 600 年》《亞太戰爭審判》以及《號手就位》等內地製作的紀錄片，其「電視 33 台」2021 年 2 月還播放慶祝建黨百年優秀電視劇《覺醒年代》，2021 年 7 月起更開闢了新時段「國劇 830」，挑選內地熱播軍旅劇《號手就位》打頭炮，為香港市民提供能夠了

解國家和社會的節目。同時推出「東京殘奧會」等節目,東京殘奧直播賽事的收視率非常好,連同「國劇 830」的播放,有不少時段可挑戰收視率很高的「香港開電視」和「Viu TV」。為延續體育節目佳績,香港電台屬下的「電視 31 台」與電台部的旗艦台「第一台」聯手,推出逢星期一至五每日一個半小時的《港台體壇 123》,是香港媒體首次在非體育頻道的主頻道中推出每日的體育時段。有關安排符合國家「十四五」規劃中提到的未來體育發展目標,也正好為粵港澳合辦全運會做準備。

## 九、港人享受與內地人同等待遇的工作已開始,且香港教育與傳媒生態已得到改善

### 1. 內地招聘港人做公務員及粵港澳大灣區律師執業考試是香港人享受與內地人同等待遇的很好開始

2018 年 9 月《港澳台居民居住證申領發放辦法》實施,使港人在參加社會保險、勞動就業、上學與就醫等方面的待遇有了較大保障。《粵港澳大灣區發展規劃綱要》則鼓勵港澳居民中的中國公民依法擔任內地國有企事業單位職務,並研究推進港澳居民中的中國公民依法報考內地公務員工作。因此近年已經允許港澳居民申領內地居住證,也允許他們報名參加中小學教師資格考試,並鼓勵他們擔任內地國有企事業單位職務和研究推進港澳居民報考內地公務員的工作。[1] 張心怡、陳巧雯、萬遷 3 名港籍青年通過廣東省 2020 年度選調生和急需緊缺專業公務員招錄,成為深圳首批港籍公務員。時任特首林鄭月娥表示,將與廣東省、深圳市簽訂協議,讓兩地公務員互換「掛職」交

---

1　「中共中央國務院印發《粵港澳大灣區發展規劃綱要》」,《人民日報》2019 年 2 月19 日。

流,交流計劃重點放在粵港澳大灣區。

2020 年 12 月,深圳市服務「雙區」(粵港澳大灣區和中國特色社會主義先行示範區)建設專項招錄公務員考試中,共設有 5 個職位定向港澳選拔,涉及行政、金融、城市規劃、涉外人員管理、醫療監管等方面,吸引了 446 名港澳籍人士報名。深圳首次定向招錄港澳籍公務員,是以粵港澳大灣區建設為綱,以深圳先行示範區建設為總牽引和總要求,以深圳綜合改革試點為關鍵抓手,是一項重磅創新舉措,具有破冰意味,顯示了港澳居民到內地工作生活正逐步享受同等待遇。2021 年 5 月 18 日深圳市人民政府網站發佈公告稱,按照《粵港澳大灣區發展規劃綱要》提出的「研究推進港澳居民中的中國公民依法報考內地公務員工作」要求,支持愛國愛港、愛國愛澳的港澳優秀青年融入國家、參與大灣區建設。

首屆粵港澳大灣區律師執業考試(大灣區考試)於 2021 年 7 月 31 日在香港、珠海和深圳同時開考,逾 600 香港律師報考。取得粵港澳大灣區律師執業證書的人員可以在大灣區 9 個內地城市執業,辦理民商事法律事務。內地司法考試在行內有「天下第一考」稱號,難度大、及格率低,對香港律師難度非常大。相比之下大灣區執業試安排可在香港應試,內容亦加入港澳《基本法》元素,而且司法部預先為考生提供培訓課程,系統地協助考生了解內地司法制度和內地執業情況,因此對香港律師吸引力大。司法考試也是朝著港澳居民到內地工作生活逐步享受同等待遇方向發展的重要舉措。

### 2. 香港教育生態已得到很大改善

在 2014 年「佔中」和 2019 年「反修例」社運期間,在學校有教職員利用通識科製作煽仇煽「獨」的教材,在校外有教師以粗言辱罵警察,在社交平台散播極端言論,有的甚至直接參與街頭違法暴力活動。據教育局 2022 年 8 月交給立法會的報告,截至 2022 年 6 月,教育局於過去三年共接獲 445 宗

有關教師涉嫌違反專業操守的投訴，其中 344 宗與 2019 年修例風波有關。共有 207 名教師受罰，分別有 39、38、56 及 67 人受到「書面勸喻」「口頭勸喻」「譴責」及「書面警告」，7 人被取消教師註冊資格，其中 3 人更被判刑。隨着《港區國安法》實施及反對派的教師工會「教協」的解散，教育界已完全由建制派主導。2022 年 8 月有教育界議員表示，在《港區國安法》生效後，教師涉及反修例事件的失德個案已經明顯減少，情況得以改善，而且教育局現時的監管制度足夠，會定時檢查學校的壁報、工作紙等，確保校園內不會有違法內容。[1]

　　教育局從 2021/22 學年開始，為所有註冊教師每三年進行一次全面的刑事紀錄查核，而且制定新的《教師專業操守守則》，2022 年底會推出，由教育界的專業人士就教師操守作規管，教師不可以在課堂內外甚至社交媒體向學生宣揚個人政治立場，不能傳遞不正確的信息或偏頗的觀點或扭曲的事實，以免誤導學生或散播帶有仇恨、歧視、違反社會道德標準的信息。若有嚴重個案，教育局會嚴肅處理，對情況嚴重者還會考慮取消其教師註冊。2022/23 學年起公營學校新聘的編制職位教師要通過基本法測試，而 2023/24 學年起在測試中加入港區國安法元素，會視乎需要考慮擴展至其他學校。

　　與此同時，反對派大中學生組織或者已經解散或者已經轉入低調，因此國民教育及國安教育來自學生的障礙也已經基本消除，現在教育局已經落實了從幼稚園到大學各級學校加強國民教育與國家安全教育的工作。2022 年 8 月 28 日教育局局長出席電視節目時指出，國民教育的目標，首要是加強學生對國家的基本認識，包括歷史、文化、最新國情、經濟、地理等方面，同學

---

1　「反修例風波 釘牌教師共 7 人 年內推操守指引 議員倡訂禁書清單 免學校圖書館麻煩」，《東方日報》2022 年 8 月 24 日。

亦需要了解社會主義制度是國家的基本制度,中國共產黨的領導是制度的基本特色,對此有最基本尊重;透過認知的基礎,可讓學生自然地產生感情,孕育出強國之志及落實報國之行。

### 3. 香港輿論環境得到很大改善

除了以上新聞與媒體方面的撥亂反正,特區政府還收緊了公司註冊處對傳媒「查冊安排」。香港電台的《鏗鏘集》編導蔡玉玲製作 2019 年「修例風波」中發生的所謂「元朗白衣人事件」專題時,曾使用「車牌查冊系統」,被控虛報「查冊」用途,法院判決罪名成立。

至此,香港傳媒的撥亂反正工作已經取得初步效果,香港輿論環境已經明顯改善。不少反對派傾向傳媒不得不終結或退出香港,而中間偏反對派立場的則轉向中間偏建制派立場,有些更在改組後已經基本變為建制派傾向,例如以前被視為親反對派的有線電視,在其旗下頻道播映慶祝建黨百年優秀電視劇《覺醒年代》,被指已經被「收編」。反對派傾向學者及時事評論員絕大多數已經不發聲,建制派學者與時事評論員則加強了在傳媒上發聲。

立法會《2021 年個人資料(私隱)(修訂)條例草案》委員會 2021 年 8 月 25 日完成有關審議,10 月 13 日在立法會會議上獲得通過,加上特區政府還在研究制定《假新聞法》以應對虛假信息,對傳媒而言《假新聞法》被認為較《港區國安法》影響更大。這些均有助於進一步改善香港輿論環境。有評論認為,限制言論自由的法例正「排山倒海」般到來,新聞工作者或要透過更清晰表達出版意圖來減低法律風險。[1] 但是,從建制派及提升港人「國家

---

1 「劉進圖:限制言論法例『排山倒海』需更清晰表達出版意圖」,《明報》2021 年 5 月 16 日。

認同」的角度來看,「新聞自由」不是絕對的,需要考慮社會影響,因此規管傳媒是完全必要的。

儘管輿論環境已經改善,但是要根本改善還需走很長的路。因為香港人意識形態仍然以西方價值觀念為主,因此在本地媒體生態改變的條件下,外媒越來越受到香港精英讀者推崇,例如 BBC、The Guardian、The New York Times。同時一些反對派傾向的自媒體,例如蕭若元、文昭、黃世澤、江峰、桑普、神駒這些個人化的分析和觀點,主要以獨特的個人風格吸引不少粉絲。法輪功的《大紀元》在香港長期都不被主流社會接納,因為港人對其有所避忌,但在香港本地傳媒生態發生改變後,到 2021 年其已經被廣為接受。加上一些曾任職於《蘋果日報》及《立場新聞》和《眾新聞》等媒體的記者紛紛在臉書(Facebook)和訂閱制的 Patreon 成立自己的新聞平台如「ReNews」「法庭線」,以及反對派傳媒人設立的「海外港人網媒」,如《如水》《同文(Commons)》《追新聞》和網台《香港台》,基本堅持反對派傳媒風格,這些使香港輿論環境仍存在問題。

## 第二節　研究結論

綜上所述,影響港人「國家認同」的因素,包括「意識形態矛盾與香港政治生態變化」「港人對『一國兩制』的信心狀況」「中國內地發展狀況」「香港與內地融合狀況」「香港經濟與民生發展狀況」等社會存在與政治上層建築,以及「教育與傳媒狀況」等直接影響「國家認同」的管治工具等等。這些因素在港人「國家認同」的演變過程中均發揮了作用,只是在這過程的每個階段所起作用有所不同。而要達到提升港人「國家認同」的目標,則需要各種因素均發揮作用,而不能靠單一因素來達到目標。

# 一、在影響港人「國家認同」因素中，各因素發揮的作用分析

## 1.中國內地「經濟民生發展狀況」及「各項制度狀況」，對港人「國家認同」的影響最大

從第一章分析可知，「國家認同」的決定性因素，主要是國家的社會存在，尤其是生產力與生產關係即經濟基礎，而且國家的政治上層建築的作用也非常大。香港人的「國家認同」更與國家的經濟基礎及政治上層建築狀況關係密切。中國內地改革開放前，經歷了多次政治運動，尤其是十年「文革」動亂，經濟接近崩潰，各項制度則遭受重創，因此這時期內地經濟與民生均比香港差很遠，各項制度更與香港差距巨大。而這時適逢中英將就「香港前途問題」進行談判，港人在將內地與香港比較後，非常害怕回歸祖國，即「中國人」身份認同受到極大影響。因此內地經濟、民生、制度均遠比香港落後成為二十世紀八九十年代港人害怕回歸祖國及港人「中國人」身份認同低迷的決定性因素。

1978 年後，中國內地經濟藉改革開放的巨大動力高速發展，人民生活大幅改善，各項制度也得到很大改善。香港回歸祖國之後，內地經濟繼續高速發展，人民生活繼續提升，各項制度也繼續改善，尤其是 2008 年前後內地正面大事接二連三，這成為這時期港人「國家認同」提升的最重要也是決定性的因素。

2009 年後，隨着內地經濟快速發展，一些負面因素逐漸暴露出來，經濟領域的製假造假與產品質量下降等弊端不斷被揭發出來，由此維權事件也不斷出現。與此同時，政治領域的腐敗問題也增加，這些經過內地的自媒體與香港傳媒廣泛報道，在香港引起很大負面效應。儘管近年來內地大力反腐和打擊製假造假已經取得很大成效，但是這些正面因素未能在境外得到廣泛宣傳，諸如新疆違反人權等扭曲事實反而在境外被廣泛報道。「中國內地制度」

負面形象成為 2009 年港人「國家認同」掉頭向下發展的關鍵和決定性因素。

## 2. 港人對「一國兩制」的信心對港人「國家認同」極其重要

民眾追求的目標通常有一個循序漸進的變化過程，首先會追求基本生活需求的保障，一旦基本生活所需得到保障了，焦點會轉移到追求「法治、自由、民主」等精神層面的東西。香港在二十世紀七十年代已經實現工業化，成為亞洲四小龍，經濟已經達到較高水平下，「法治、自由、民主」等制度對港人尤其是中上層港人來說，已經變得很重要。由於港英政府在 100 多年殖民統治中建立了「司法獨立」等較為完善的法律制度，並逐漸放寬對華人的各種限制，尤其在二十世紀七十年代港英開始為香港前途問題準備與我國政府談判時期，更加速放寬對華人的限制，由此在香港過渡期之前基本確立了「新聞、學術、集會、遊行、結社、罷工」等等自由。二十世紀五六十年代尤其是八十年代後，「法治與自由」更成為香港的制度優勢，是香港經濟高速發展並成為國際化大都市尤其是國際三大金融中心之一的重要原因，因此也被看成是香港最重要「核心價值」而備受推崇。香港與內地的差異更多地體現在政治與法律制度的巨大差異上，港人害怕回歸祖國，主要是對內地制度存在恐懼。1984 年《中英聯合聲明》簽署，確定 1997 年後實行「一國兩制，港人治港，高度自治」，減輕了港人對回歸祖國的恐懼，自此「港人對『一國兩制』的信心」開始成為影響港人「國家認同」的主要因素之一。

1989 年內地發生「六四」政治風波，使港人對「一國兩制」信心大跌，進而「國家認同」也大跌並形成一波移民潮。回歸初期，無論是國際社會還是港人，均預期中國中央政府會在政治上收緊對香港的控制。然而事實民主黨、前線等民主派政黨繼續參選立法機構，且民主黨繼續保持為立法機構第一大黨地位，香港人繼續上街遊行示威，且比回歸前還多，各類傳媒繼續罵政府甚至罵中央政府，因此國際評級機構對香港「法治與自由」均給予高度

評價，對香港民主發展也基本給予正面評價，香港各項民調也顯示，港人對香港法治、自由、民主等等均較為滿意，港人對「一國兩制」信心總體趨勢是上升。由此，長期生活在資本主義環境下的港人對「一國兩制」的落實感到滿意，這些成為回歸初期十餘年港人「國家認同」增強的主要原因之一。

2009 年尤其是 2012 年後，情況逐漸發生變化。2012 年的行政長官選舉，「親中」的梁振英當選，這對於害怕內地制度和重視「兩制」的港人來說，認定梁振英不會維護「兩制」和香港的利益，甚至認為「港人治港，高度自治」必定削弱，因此「西環（中聯辦）治港」甚囂塵上。且梁振英任內需處理敏感的「中小學推行『國民教育科』」及「2017 年普選行政長官」等議題。反對派擅長利用「港人害怕內地制度」及「重視『兩制』」的特點來炒作政治議題，「國民教育科」被炒作成「將對中小學生洗腦和讓學生盲目愛國」；2014 年全國人大關於普選的「8.31 決定」被炒作成「阻擋香港實現『真普選』的『假普選』」。因此 2012 年發生持續 10 天的佔領政府總部「反國民教育科風波」，2014 年發生持續 79 天的爭取所謂「真普選」的「佔中」。兩大風波對「一國兩制」都造成衝擊，前者最終導致政府撤回「國民教育科」，使國民教育出現倒退；後者最終被警方成功清場，特區政府在人大「8.31 決定」下制定的普選方案也被反對派在立法會否決，「民主回歸」被指失敗，所謂「真普選」被指不可能了。之後發生的「港大副校風波」「銅鑼灣書店風波」等等，均涉及所謂「學術自由」「新聞自由」，被認為「自由」等制度受到削弱。因此這時期港人對「一國兩制」的信心出現下降。2019 年《逃犯條例》修例被反對派炒作成「將使港人動輒被抓回內地，受到非人道對待」，結果引發回歸以來最大規模風波與暴亂，使港人對「一國兩制」信心大跌。這些成為 2009 年後港人國家認同下降的重要原因。

2020 年 7 月《港區國安法》實施以及 2021 年修改香港選舉制度，使反對派陣營基本瓦解，香港進入「由亂轉治，由治及興」進程，港人對「一國

兩制」信心出現分化。建制派及其支持者普遍認為,「反修例暴亂」對「一國兩制」傷害很大,《港區國安法》的實施及修改選制,使香港社會實現「由亂轉治及由治及興」,從而增強了他們對「一國兩制」的信心。但反對派支持者認為,《港區國安法》的實施及修改選制削弱香港「自由」與「民主」,因此對「一國兩制」信心下跌,由此反對派支持者的「國家認同」也出現下跌並引發移民潮。

### 3. 與「一國兩制」關係密切的「香港政治生態」,對港人「國家認同」影響較大

回歸以來,香港政治生態變化,主要影響因素是分別代表「一國」與「兩制」的「兩大意識形態陣營」之間鬥爭,建制派與中央及特區政府關係密切,基本代表「一國」利益,而反對派以維護「兩制」及爭取「民主普選」為口號,基本代表「兩制」利益。「兩大意識形態陣營鬥爭」主要圍繞着「一國」與「兩制」議題展開,「一國」的議題主要是「國家安全」「國民教育」等等,而「兩制」議題主要是「自由」「法治」「民主」等,其中有關「民主」的爭拗最持久,對政治生態影響最大。回歸以來,建制派與反對派「兩大意識形態陣營鬥爭」越激烈,政治生態也越嚴峻,而政治生態越嚴峻,港人的「國家認同」就越低,這基本形成了規律。

回歸初期的五年,香港經濟矛盾突出,但政治平靜,「兩大意識形態矛盾」緩和,由此港人「國家認同」呈明顯上升之勢。2003 年基本法二十三條立法即有關「國家安全」立法風波致「兩大意識形態矛盾」鬥爭激烈,由此政治生態嚴峻,港人「國家認同」呈明顯下跌趨勢。但 2005 年初,新特首上任,且沒有政治議題,「兩大意識形態陣營鬥爭」開始緩和,政治生態明顯好轉,之後直至 2009 年的五年成為回歸後香港政治生態最好時期,因此也是港人「國家認同」最好或最高時期。2010 年政制改革提上日程,「兩大意識形

態陣營鬥爭」再次向逐漸激烈方向變化，尤其是 2014 年有關行政長官普選的爭拗白熱化，由此政治生態急劇惡化，尤其是有關普選方案最終被否決後，2016 年成為政治生態最差時期之一，由此也成為港人「國家認同」最差時期之一，該年香港青年「港獨」意識大幅上升，中文大學傳播與民意調查中心當時公佈的民調，15 至 24 歲青年中支持「港獨」的高達 39.2%。

2017 年，不僅在立法會議員宣誓就職時公然宣揚「港獨」的兩位議員被取消議席，而且隨後 4 位利用立法會宣誓作政治表演的議員也被取消議席，且不少「港獨」或本土派人士因激進違法行為被判入獄，「港獨」與「本土自決」派受到沉重打擊而一度沉寂，由此政治生態開始好轉，因此支持「港獨」的青年大減，中文大學傳播與民意調查中心 2017 年 9 月公佈的民調，15 至 24 歲青年中支持「港獨」的降至 17.4%。到 2017 年下半年林鄭月娥上任，政治生態明顯好轉，「兩大意識形態陣營鬥爭」緩和，社會撕裂得到一定程度修補，因此港人「國家認同」有所上升。但是 2019 年《逃犯條例》修例再次激化「兩大意識形態陣營鬥爭」，政治生態急劇轉差，由此港人「國家認同」也跌至最低點。

2020 年 7 月《港區國安法》實施及各項「撥亂反正」工作展開，成功遏制了香港泛政治化傾向，進而使香港政治生態於社會層面趨於平靜，由此港人「國家認同」也出現微升。

### 4.「香港與內地融合」對港人的身份認同影響很大

「香港與內地融合」中，正面效應越大，即內地對香港的支持越大越多或對香港經濟民生的幫助越多，港人對內地就會越好感，「國家認同」也會提高；正面效應下降或者產生負面效應，對香港的支持越少或對香港經濟民生的幫助越少，或者出現負面效應，港人對內地就會越反感，「國家認同」也會下降。回歸初期的十餘年，香港與內地融合中，國家對香港經濟包括金融、

對外貿易、旅遊等等的支持都非常大，甚至於香港國際金融中心、國際貿易中心、國際旅遊中心的地位都是由國家強大後盾支撐起來的，「香港與內地融合」還成為香港經受住金融風暴及非典型肺炎襲擊的重要原因。因此內地成為香港經濟的強大後盾，香港與內地經濟合作成為香港經濟主要增長動力，由此「香港與內地融合」成為回歸初期的十餘年香港人「國家認同」上升的重要原因。

2009 年後情況發生很大變化，因香港產業結構與內地尤其是廣東產業結構互補性大減，內地尤其是廣東港口、機場等基礎設施及內地與海外聯繫均高速發展，香港作為內地與海外聯繫橋樑地位大降，包括轉口貿易大降。同時，包括廣東在內的內地工業結構向重工業轉移，2013 年珠三角地區重工業比重超過了 60%，香港在珠三角的製造業逐漸失去競爭力，而香港缺乏重工業技術人才及相應技術，因此無法參與到內地建材工業、機電、汽車等科技含量高的工業中去，因此已較難從內地經濟發展中獲得產業升級動力。而且「自由行」已經超出香港承受力，2010 年負面效應已暴露出來，並且在 2010 年後香港與內地民間衝突時有發生。因此國家或者內地作為香港經濟後盾的功能明顯下降，且負面效應暴露出來，因此港人對國家以及內地人的好感大幅下跌，反感大幅上升，進而成為港人「國家認同」下降的重要原因。

### 5. 香港「經濟與民生發展狀況」對港人「國家認同」發揮着基礎性作用

回歸前與回歸後的情況均顯示，香港經濟民生狀況對港人「國家認同」影響很大，回歸前香港經濟民生狀況越好，對港人的「國家認同」越不利；回歸後香港經濟民生狀況越差，對港人的國家認同越不利。英國人剛佔領香港時，經濟差，華人生活困苦，這決定了華人對港英殖民統治完全沒有認同感，只是對腐敗、割讓領土的清政府也沒有認同感，但是認同中華民族與中華文化，因此認同「中國人」身份。二十世紀六七十年代，香港經濟高速發

展，並成為亞洲四小龍，這為香港人帶來大量就業及向上流動機會，成為香港華人改變難民心態而開始認同港英殖民管治的經濟或物質方面基礎。同時，在經濟高速發展條件下，時任總督麥理浩大幅改善民生，包括發展公共房屋、公費醫療、免費教育等等，使香港華人民生大幅改善，這成為香港華人認可港英殖民管治的民生方面基礎。

回歸後香港經濟發展大幅放緩，這一方面直接影響港人對回歸前後的感受而降低對「香港回歸祖國」的認同或好感，另方面其直接影響港人收入，並直接影響政府財政收入而使政府缺乏雄厚財政支持來改善民生，進而間接影響港人生活質素的提升，使回歸後民生明顯轉差，包括住房問題、貧窮問題、向上流動空間減少問題均不斷加深，因此必然降低港人對「『一國兩制』下的香港」的認同和觸發港人懷念「港英時期的香港」，從而成為港人難以建立「中國人」身份認同的基本原因之一。

回歸後經濟與民生發展較回歸前有很大差距，但是回歸初期的十餘年與2009 年後的情況還是有很大區別。回歸初期的十餘年，雖然經濟大幅放緩，但 1998 年及 2008 年的金融風暴及 2003 年非典型肺炎等客觀因素是主因，而且中國內地的支持減輕了經濟下降問題，「香港與內地融合」還成為香港經受住金融風暴及非典型肺炎襲擊的重要原因。因此這時期的民生問題不算突出，2009 年樓價比 1997 年的高位要低，貧富差距也遠未達到現在的嚴重程度。2010 年後尤其是近年受「反修例暴亂」「新冠疫情」「中美貿易戰」等諸多因素影響，經濟與民生矛盾更形突出，而且 2010 年後的經濟與民生矛盾很大程度上是政府政策失誤或施政無能造成的，加上香港與內地經濟互補性大幅下降，使這時期內地對香港經濟上的支持大幅下降。因此，回歸後的 25 年香港經濟放緩及民生問題均嚴峻，但是回歸初期的十餘年經濟及民生問題對港人的「國家認同」負面影響小，這也是這時期港人的「國家認同」能夠提高的一大原因，而 2009 年後經濟及民生問題對港人的「國家認同」負面影響

很大，且是這時期港人「國家認同」不斷下降的一大原因。

## 6. 教育與傳媒對港人「國家認同」發揮重要作用

教育與傳媒對「國家認同」發揮重要作用，它們直接促進或推動人們觀念變化。教育主要是針對未成年人，在未成年人意識產生和塑造過程中起關鍵作用，因此其對青少年「國家認同」的作用非常大。而傳媒不僅針對青少年，而且針對成年人，可以直接影響社會所有成員觀念變化，因此對人民「國家認同」的作用很大。尤其是在香港這種「一國兩制」地區，港人生活在資本主義的香港，佔相當大比例的港人並不去內地，他們對內地的情況完全是通過在課堂或傳媒中了解，因此香港教育與傳媒對國家身份認同的作用更大。

回歸前的殖民統治中期，港英政府在教育上採取「重英語，輕中文」，以及「去中國化」「去政治化」等政策，禁止在課堂教授任何有關中國近代史與當代中國文學的內容，並大肆批捕在課堂上講中國歷史的教師，且不允許教師在課堂上涉及政治，只強調英文教育，扶植與培養在香港的親西方勢力。加上親英傳媒的配合，這對青少年的「中國人」身份認同起了明顯的淡化作用，同時強化了他們的「西方價值觀念」。「避談政治」也導致包括青少年在內的港人將關注點完全放在經濟上，形成「香港夢」的主觀映像，推動了香港「本土意識」的形成與發展。回歸初期，特區政府教育政策失誤較少，且加強了對內地正面宣傳及加強了港人到內地的交流，這對於這時期港人「國家認同」的增強有積極作用。2009 年，特區政府教育政策失誤，淡化中國歷史教育和加強了通識科教育，同時兩大課程的教材出現很大問題，這成為這時期青年「國家認同」下降的重要原因。而且這時期香港傳媒大肆渲染內地「製假造假」及「腐敗」等負面事件，並大肆鼓吹「公民抗命」，2016 年「港獨」被公開宣傳，該年「本土自決」與「港獨」甚囂塵上，有人舉辦公開宣揚「港獨」的集會，有人在媒體上公開宣揚「港獨」，「港獨」一詞在香港本地報刊

出現次數從 2009 年僅 59 次激增至 2016 年 9122 次。[1]這些成為這時期港人「國家認同」下降甚至出現「港獨」思潮的重要原因。

　　2020 年《國安法》實施前後，政府才開始對教育與傳媒的「撥亂反正」工作。反對派的教師工會「教協」已解散，教育界已由建制派主導，教育局落實了從幼稚園到大學各級學校加強國民教育與國家安全教育工作。反對派傳媒紛紛宣佈停刊或撤離香港，反對派支持者社交媒體行為也已收斂，建制派學者與時事評論員則加強了在傳媒上發聲，香港輿論環境得到改善。

## 二、不同時期各因素的影響力有所不同，但「中國內地發展狀況」及「港人對『一國兩制』信心狀況」始終是主要因素

### 1. 影響香港人身份認同的是眾多因素，只是不同時期主要影響因素有所不同

　　從香港一百多年歷史尤其是回歸後 20 多年的歷程來看，影響港人身份認同的，不會是單一因素，而是眾多因素，只是不同時期各因素的影響力有所不同。英國人剛佔領香港時，香港經濟差，華人生活困苦，這決定了華人完全不認同英國殖民統治。1949 年後香港經濟從轉口貿易為主轉向製造業為主，製造業迅速發展起來，並於六七十年代實現經濟起飛，之後港英政府更改善民生，由此港人開始認同港英殖民管治，並在面對香港前途問題時害怕甚至抗拒回歸祖國。因此這時期港人身份認同的變化主要是「香港經濟、民生與制度取得較大發展」及「中國內地經濟、民生及制度相對落後」兩大因素起決定作用，而港英的教育政策與當時的傳媒等因素也起了較大作用。

　　1984 年《中英聯合聲明》簽署後，香港正式進入過渡期，「港人對『一國兩制』的信心狀況」開始成為影響港人的「國家認同」的主要因素之一。

---

1　李澄欣、李潤茵：「香港變了！ 統獨竟成必答題」，《信報》2016 年 9 月 1 日。

回歸初期的十餘年，國際社會及港人預期的中國政府會「收緊香港政治」並未發生，反而是政治上非常寬鬆，且這時期內地各方面發展很快，正面信息很多。儘管香港經濟放緩，民生問題較突出，但內地與香港經濟互補性較強，使內地對香港經濟的支持很大，一定程度上緩解了香港經濟與民生問題。因此「港人『一國兩制』信心提高」「內地各方面快速發展」「香港與內地融合效果正面」，三大因素對這時期港人的「國家認同」呈上升趨勢起決定性或重要作用，其中「內地各方面快速發展」更是最關鍵因素。「教育與傳媒」的正面效應也起了一定作用。

2009 年後，中國內地「製假造假」「腐敗」等負面事件接連發生，香港「法治與自由」被指削弱，港人對「一國兩制」信心出現下降趨勢，政治生態嚴峻，香港經濟繼續放緩，民生問題更加嚴峻，香港與內地互補性大減，「自由行」甚至產生很大負面效應，加上政府教育政策失誤及傳媒加強負面宣傳，幾乎所有影響「國家認同」的因素均向着不利於港人提升「國家認同」方向發展。其中「內地負面事件接連發生」及「港人對『一國兩制』信心下降」，兩大因素對這時期港人「國家認同」的下降起了決定性作用，而「自由行」的負面效應、政府教育政策失誤及傳媒加強負面宣傳也起了較大作用，因此才使得這時期港人「國家認同」呈明顯下降趨勢，甚至出現「本土」和「港獨」思潮。

2020 年與 2021 年《港區國安法》實施、修改選制及系列「撥亂反正」工作展開後，香港政治格局發生巨變。影響港人「國家認同」的因素中，反對派陣營已經基本瓦解，兩大意識形態矛盾表現形式完全改變，香港政治生態於社會層面趨於緩和，教育及傳媒「撥亂反正」工作已經取得成效。影響港人「國家認同」的其他因素未變或變差，包括香港經濟結構仍然單一，民生問題更加嚴峻，「法治、自由」被指削弱，民主被指倒退，香港與內地民間聯繫在新冠疫情後減少，因此港人「國家認同」趨勢複雜化，「中國人」身份認同微升，「香港人」身份微降。在多數影響因素未變或變差情況下，港人

「國家認同」仍有微升，顯示「本地政治生態於社會層面趨於緩和」及「『撥亂反正』中的教育及傳媒」在這個階段發揮了很大作用。

### 2.「內地發展狀況」「香港法治、自由與民主制度」是關鍵因素

上文可見，「中國內地發展狀況」的影響貫穿香港開埠以來的各個階段，「港人對『一國兩制』信心狀況」對港人「國家認同」的影響則貫穿自 1984 年過渡期以來的各個階段，且在每個階段都起了重要甚至關鍵作用。在回歸前港人淡化了「中國人」身份認同的過程中，內地經濟、民生以及法治等各項制度的落後，與香港這些方面的迅速發展與改善形成鮮明對比，起了關鍵作用。回歸初期的十餘年港人「國家認同」不斷增強的過程中，內地各方面快速發展及正面大事集中呈現，香港「一國兩制」獲得好評，這兩大因素發揮了關鍵作用。2009 年後港人「國家認同」下降的過程中，「內地的製假造假等負面事件」及「『兩制』被認為削弱，港人對『一國兩制』信心下跌」，起了關鍵作用。

其他因素的作用相對次要。回歸初期的十餘年，香港經濟放緩、民生嚴峻並未影響港人「國家認同」的增強，表明該因素在經濟達到一定程度時，即社會逐漸進入後物質主義階段，精神性的需求上升，這時經濟民生對社會意識的影響會減弱。回歸初期的十餘年，港人「國家認同」不斷增強的過程中，教育與傳媒的影響也不突出。因此「中國內地發展狀況」「港人對『一國兩制』信心狀況」是最關鍵因素。

在「中國內地發展狀況」「港人對『一國兩制』信心狀況」兩大因素中，「中國內地發展狀況」又是更重要因素，在內地與香港經濟均已達到了一定水平條件下，「內地發展狀況」中的「內地制度」成為實際上的決定性因素。2019 年的「反修例風波」被炒作成「反送中」，關鍵就在於不少港人對內地制度產生的排斥與恐懼。「社會存在決定社會意識」，生活在資本主義社會的

香港人，社會意識與內地人的「不同」是必然的，因此要改變港人對內地制度的偏見，絕非易事，但並不意味着無法提升港人的「國家認同」。「一國兩制」戰略本就考慮到了港人歧視與恐懼內地制度，且不易改變港人的看法，「一國兩制」就是要讓港人安心，香港原有制度優勢不會改變，因此「維持香港法治與自由」及「推進民主」以提升港人對「一國兩制」信心，也是增強港人「國家認同」的決定性因素。只要港人對「一國兩制」信心增強，對中央政府的支持必然增強，進而「國家認同」也會增強。只是實踐證明港人有關「儘快落實普選」的訴求在港人「國家認同」較低情況下，對國家安全構成一定隱患。而有助於減低國家安全隱患的「普選條件下行政長官候選人提名門檻」相對高一些，又無法得到反對派同意，因此 2013 年至 2015 年的普選爭拗中「行政長官普選」以失敗告終，結果導致「本土自決」與「港獨」思潮。《國安法》的實施及「選制的修改」，使「港人『國家認同』較低情況下『普選』對國家安全構成隱患，而有助於減低國家安全隱患的『行政長官候選人較高提名門檻』又無法得到反對派同意」這個「結」基本解開。一方面立法會已經是建制派佔絕對主導地位，另方面反對派在行政長官選委會或未來的行政長官提名委員會只會是極個別成員，因此未來的行政長官普選方案，反對派既不可能奪權也不可能再否決。這就為香港解決「行政長官普選」問題提供了機會，從而為大幅提升港人對「一國兩制」信心提供了機會，進而為大幅增強港人「國家認同」提供了機會。

### 3. 單純改變或重視個別因素，難以達到提升港人「國家認同」效果

以上分析可見，「內地發展狀況」「港人對『一國兩制』信心狀況」是主要因素，兩項因素在《國安法》實施及「選制改革」前均不易實現，因此成為港人「國家認同」難改善的重要原因。現在《國安法》已實施及「選制」已改革，使未來有機會落實普選，從而也為大幅提高港人「國家認同」提供

了機會。但同時也要看到，即使落實了普選，也可能被指是「假普選」，加上「法治、自由」還會不斷被指受到削弱，因此港人「國家認同」問題不可能通過落實「普選」這一單一因素而得到解決。

至於其他影響港人「國家認同」的因素，則更無法通過做好單一一項或兩項工作便達到解決港人「國家認同」問題的目標。例如，只是重視教育與傳媒，希望通過加強國民教育與傳媒宣傳來大幅提升港人「國家認同」，是根本不可能的。在「內地發展狀況」「港人對『一國兩制』信心」「香港經濟與民生發展」「香港與內地融合」等社會存在與政治上層建築未改變或被認為倒退的條件下，單純加強國民教育及傳媒宣傳，不僅無法達到提升港人「國家認同」目標，且國民教育與傳媒宣傳也會缺乏說服力。因此單純改變或重視個別因素，難以達到大幅提升港人「國家認同」的目標。

# 第三節　提升港人「國家認同」的思路

綜上所述，影響港人「國家認同」的因素是多方面的，只有在各項因素上均做出努力，尤其在「內地發展狀況」「港人對『一國兩制』的信心狀況」兩大方面做出努力，才能有效增強港人的「國家認同」。在「國安法」實施及「香港選制已經改革」等新形勢下，需要採取適應新形勢的政策措施，只是仍然不可能依靠單一政策措施達到目標，「在各項因素上均做出努力」仍然是必須的。

## 一、加強對內地成就的宣傳，減小香港與內地經濟合作對香港的負面影響，最大限度發揮兩地合作的正面效應

### 1. 加大對內地成就的宣傳

從前面的分析可知，「內地發展狀況」是增強港人「國家認同」最重要的

決定性因素，且在國家經濟與民生達到了一定程度的今天，國家各項制度等軟實力情況對港人「國家認同」影響越來越大。前面已經闡述，近年國家不僅經濟上取得巨大成就，而且在科學技術、社會文化、教育醫療體育等各方面均取得巨大成就，其中科技創新，從「天眼」探空到「蛟龍」探海，從量子衛星天地一體化實驗到「神威太湖之光」超級計算機，可謂全方位突破。同時在反貪腐及制度建設上也取得巨大進展。之所以國家各方面發展成就對港人「國家認同」沒能發揮有力的正面作用，很大程度上是輿論宣傳等方面未發揮好作用。

今後需要通過大中小學各級教育及各種各類傳媒加大工作力度，讓港人尤其是青年能夠多從正面了解祖國。同時應通過舉辦大型博覽會或展覽館介紹國家先進科技和成就，邀請知名的世界級科學家、學者及國家運動員等才俊訪港作示範或分享，並讓學校教師優先參與接觸。2021 年 6 月舉辦的諸如「國家航天科學家團隊走進香港中小學校園」及「百年中國科學家主題展」便取得較好效果。今後還應加強在重要紀念日舉辦大型活動，以及組織青年全方位接觸和參與國家盛事，加強港人尤其是青年對國家的認識。同時應採取以特區政府為主、內地積極配合的方式，多讓青年參加國家層面的活動，例如觀看飛船發射、國慶觀禮，觀摩內地舉辦的國際文化、體育盛事等等。

**2. 減小香港與內地經濟合作對香港的負面影響，最大限度發揮兩地合作的正面效應**

在香港與內地經濟互補性降低的條件下，要使內地在經濟上繼續成為推動香港經濟發展的因素，並使香港廣大市民普遍受惠，最重要是發展好粵港澳大灣區並讓香港積極融入其中，以推動香港產業轉型升級。國家「十四五」規劃為香港產業結構轉型提供了「方向性」引領，即鞏固提升金融、航運、商貿和國際法律及解決爭議服務四大傳統領域，以及航空、創新科技、區域

知識產權貿易和中外文化藝術交流四大新興領域,「八大中心」的競爭力。大灣區建設規劃的首要任務是打造國際科創中心,這也是大灣區建設最有共識的部分。大灣區全社會研發強度為 2.9%,高於全國水平的 2.1%,90% 以上研發資金來自企業,高於全國水平的 77%。且粵港科技創新上具較強互補性,廣州具有較強資源優勢,深圳為科技創新提供了應用場地,香港則有廣泛國際聯繫並有科研基礎及雄厚資金。大灣區已初步形成集羣化、差異化發展模式,未來灣區產業升級進程中,將進一步形成分工合理、優勢互補的產業協作體系。與廣東以至內地相比,香港還具有金融、航運、航空、商貿、國際法律及解決爭議服務、區域知識產權貿易、中西文化匯聚等優勢,不僅將在灣區戰略中且在國家發展大局中可發揮好這些優勢,以鞏固香港國際金融、航運、商貿及仲裁中心地位,並推動香港向着「國際航空樞紐、亞太區國際法律及解決爭議服務中心、區域知識產權貿易中心及中外文化藝術交流中心」方向發展。

　　與此同時,香港與內地合作需要減低對香港的負面影響,否則只會對港人「國家認同」產生負面影響。內地人赴港「自由行」因推廣得太快,以至於超出了香港市場承受力,加上該政策屬典型的商界尤其是大地產商受惠,而普通市民並未得到多少實惠的政策,結果負面作用遠大於正面作用,反而造成港人對內地人的反感,並使港人「國家認同」反而下降。因此,今後中央對香港經濟上的扶持或兩地經濟合作均要考慮是否能夠讓香港普通市民受惠,以及香港市場承受力。

## 二、提升港人對「一國兩制」的信心,盡力維持政治生態的平靜

### 1. 平衡好「一國」與「兩制」關係,維持政治生態的平靜

　　據上面的分析,維持香港的「法治、自由」是提升港人「國家認同」的

決定性因素之一，因此要提升港人「國家認同」，需要維持好香港的「法治、自由」優勢。「法治、自由」作為香港傳統制度優勢，也是香港賴以生存和發展的重要元素。「一國」與「兩制」既有「同一性」，也有「鬥爭性」，處理不好便可能互相削弱或損害，因此需要平衡好二者關係。因為香港經濟已經進入發達地區行列，中產階級人數眾多，佔總人口的比重很大，而中產階級尤其是專業人士深受西方文化影響，對西方價值理念「法治、自由」等等非常崇尚，而且「法治、自由」也已經成為港人生活的一部分，也是作為資源貧乏的香港最大優勢。而「國家安全」當然是更為重要的因素，即是高於「兩制」的因素。而事實上正如本章第一節已經闡述過的，「一國」與「兩制」雖然不同，但是二者又是相輔相成的，處理得好，二者便可以相互促進，共同發展。

未來特區政府需要落實好《港區國安法》、「愛國者治港」等「一國」議題，包括繼續依據《國安法》，嚴厲打擊危害國家安全的違法犯罪，做好新選制下的各項選舉工作，以及執行好《宣誓條例》等等，確保「愛國者治港」。同時特區政府也有責任確保香港「法治、自由、廉潔、公平」等核心價值或制度優勢，包括在依據《國安法》等法律打擊危害國家安全等違法犯罪時，確保嚴格按照香港普通法「司法獨立與司法公正」等原則進行，以繼續確保香港的「法治」優勢，並儘可能不影響香港的「言論、學術、新聞、遊行」等「自由」，以繼續維持香港的「自由」制度優勢，從而增強港人對「一國兩制」信心。只有平衡好「一國」與「兩制」關係，才能達到香港實質的政治生態平靜，並有效維持這種政治平靜，從而確保香港的繁榮穩定，使香港在國家發展大局中發揮更有力的作用。

**2. 未來需要妥善解決「普選」問題，並繼續減小內地人與香港人「權利和義務」的差異**

「民主」是香港人追求的重要價值觀，「民主」發展狀況是影響港人「國

家認同」的重要因素之一，從香港回歸以來圍繞「民主」爭拗不斷足見「民主」對港人的重要性。上一節講到港人「普選」訴求在港人「國家認同」較低情況下對國家安全構成隱患，而有助於減低國家安全隱患的「行政長官候選人較高提名門檻」又無法得到反對派同意，這個「結」在《國安法》實施及選制改革了的今天已經基本解開，為落實行政長官普選提供了機會。

因此，在未來適當時機應有香港民主發展路線圖，可以先行制定行政長官普選路線圖，因為按照修改了的選委會組成，反對派能夠獲得的選委席位已經不多，即使普選，產生的行政長官候選人也可以確保為愛國者。立法會可以先制定民主路線圖，而普選路線圖可以稍遲一些。這樣可以讓港人看到《香港基本法》中的民主普選仍然有效，且最終會得到落實。只有這樣，才能更有效地增強港人對「一國兩制」信心，中央、特區政府及建制派在港人中的支持率也才能更有效地提高，港人「國家認同」才會更有機會朝着正面方向發展。

與此同時，今後應繼續利用粵港澳大灣區做試點，繼續推進香港居民到內地工作生活享受同等待遇。不僅內地政府招收公務員等工作應繼續推進，而且其他港人與內地人不同待遇的方面也應研究是否做出改變，包括目前香港青年尚未能服兵役等問題，這些未來應當逐漸改變，讓港人享受「國民待遇」的工作不斷向前推進，以使港人感受到港人與內地人是同樣的「中國人」，而非互相為「他者」。

## 三、改善香港民生

### 1. 緩解住房困難

住房問題是困擾香港的最大民生問題，也是影響港人「國家認同」的重要因素。政府於 2014 年確定 2015/2016 年度起十年內提供 48 萬個房屋單

位，但是此後的公營房屋供應缺口越來越大。2019 年政府施政報告提出，加強政府主導用地規劃，包括運用《收回土地條例》配合發展，發展局檢視 10 組私人土地，但只是決定收回其中 3 組地塊興建資助房屋，3 組地塊僅能提供 1600 個單位。2020 年施政報告稱，已覓得 330 公頃土地，可滿足未來 10 年興建 31.6 萬個公營房屋單位的需要。2021 年的《施政報告》預告在未來十年覓得約 350 公頃土地，可建約 33 萬個公營房屋單位，達至公屋累積個案「清零」、恢復「3 年上樓」。並爭取未來十年準備好約 170 公頃土地，提供約 10 萬個私人單位。

　　儘管政府有越來越高的建房目標，但是距離落實仍很遙遠。政府不少地皮已陸續售出，多個大型鐵路上蓋項目也已「清袋」，未來數年一手私樓地皮供應恐無以為繼，政府若不能精簡程序加快造地與收地，未來 10 年充其量只能建成 27.7 萬夥公營房屋，短中期（即 2026 年時）仍面對至少 800 公頃土地供應缺口。2021 年 5 月團結香港基金發表土地房屋研究報告，指香港未來數年將會陷入「熟地」供應低、房屋落成低，以及居住質素低的結構矛盾，並指港府為《長遠房屋策略》訂下的十年建屋目標或難成事。儘管政府決定，通過降低祖堂地的轉售門檻、開發河套區周邊濕地等釋放大量土地，然而不少土地開發計劃會觸碰諸多利益糾葛，必然阻礙重重。

　　2022 年 7 月 1 日新一屆政府為土地房屋發展制定「提速、提效、提量」的目標，行政長官李家超成立兩個工作組，分別負責統籌由生地到熟地建屋的整個流程及針對公營房屋的興建。香港 1100 多平方公里的土地就只有不足 25% 是已發展土地，將 750 萬的人口除以 25% 已發展的土地，即香港每釋放 1% 的土地用以發展就可多住 30 萬人。如果全港再開發 5% 土地，已開發土地也不過是 30%，仍然比例很低，但是卻可以解決 150 萬人的住房問題。林鄭月娥任內後期已經提出了「新界北部都會區」藍圖，該區面積接近香港 1/3，估計可提供 90 多萬個住宅單位，總住宅可容納 250 萬人居住。香港僅

在元朗區的棕地已超過 200 公項，政府發展新界北，就應當善用棕地，用《收回土地條例》收回業權未齊整的祖堂地等棕地。而且香港有 42% 土地被劃作郊野公園，只要開發郊野公園部分邊陲地一百公項土地，便可興建約 3 萬個居屋單位。再配合填海造地作為中長期房屋發展規劃來推進，包括「明日大嶼」等工程，最終便有機會解決長期困擾香港的住房問題。

### 2. 緩解貧困問題

貧富懸殊及貧困人口眾多是困擾香港多年的難題，也是港人提升「國家認同」的重要障礙。特區政府應改變偏幫工商界情況，展示魄力平衡各階層利益，包括說服工商界，解決標準工時等問題，並考慮適當提高強積金的公司供款比例以及將強積金轉為年金，而且應儘早解決失業救濟金、強制醫保、退休保障問題，下決心解決這些長期得不到解決的勞工、基層及老人貧窮問題。

香港作為發達資本主義社會，貧富懸殊卻位居全球前列，這是香港的恥辱。而緩解貧窮問題是一個複雜的社會問題，不能依靠增加財政撥款等個別方式解決，而需要系列社會政策和完整的減貧政策，尤其是需儘早建立緩解貧富懸殊機制。應研究適當增加針對工商界的稅種或適當增加大企業與富豪的利潤或收入稅，改變香港的財富再分配向資本家、資產擁有者及大企業高層傾斜的情況，以增加財政收入，為解決貧窮與貧富懸殊問題提供財政基礎，還應鼓勵資本家及大企業捐款設立相關基金。只有通過系列社會政策和完整的減貧政策才能有效緩解香港貧窮和貧富懸殊問題。

### 3. 儘可能增加港人尤其是青年向上流動空間或向上流動機會

向上流動空間狹窄是回歸以來便困擾香港的難題，也是港人尤其是青年增強「國家認同」的重要障礙。向上流動空間狹窄問題癥結在於產業結構單

一、資本過分集中在金融、地產、物流、旅遊等產業，加上香港租金成本高昂及行業壟斷，這些都扼殺了向上流動和創業空間。回歸以來歷屆政府都提出「改善民生、發展經濟」規劃，並希望推動產業升級。但無論是中藥港、數碼港，還是教育、醫療、檢測認證、環保、創新科技和文化創意「六項優勢產業」，都未能貫徹落實或落實得很少，香港產業結構高度依賴金融、地產的格局仍然沒有改變。主要原因包括政府對創新產業並非真正重視，以及香港企業熱衷賺快錢而不願投資創新科技產業。2017 年林鄭月娥在施政報告中承諾將香港研發投入提升至本地生產總值的 1.5%，而結果卻是由 2017 年的 0.8% 微升至 2020 年的 0.99%，相比之下深圳 2019 年研發投入佔本地生產總值的 4.9%；就資金絕對值來看，香港特區政府每年投入約 200 多億元，深圳政府是 1300 餘億元，是香港的 6 倍。[1] 內地 80% 研發投入來自企業，深圳更是超過 90% 研發資金來自企業，韓國企業研發投入也佔 76%，而香港研發投入資金僅 50% 來自企業。[2]

今後特區政府應改變經濟上的不干預主義，投入資源發展優勢產業，同時積極融入粵港澳大灣區戰略，加快香港產業轉型升級和經濟多元化，從而增加更多高層次職位。政府還應改變向工商界傾斜的政策，儘可能減低資源過於集中的情況和降低資源壟斷程度，為青年創業提供較好的條件和空間，並設立青年創業基金，協助青年降低成本和積極創業。為了配合香港產業轉型與升級，特區政府還應繼續加大對教育的投入，尤其是加大對職業教育的投入，以及優化高等教育專業設置包括考慮科技、環保、第一產業等需求，為青年提供多元升學途徑。並設立持續教育基金，資助沒有取得大學學士學位人士，職業訓練局應提供多元化和不同程度的職業導向課程，配合青

---

1　「解構癥結／政府投入比例高　為何效果不明顯？」《大公報》2022 年 6 月 27 日。

2　「解構癥結／政府投入比例高　為何效果不明顯？」《大公報》2022 年 6 月 27 日。

年的不同學習需要。與此同時，特區政府還應借鑒創新科技產業發展好的國家或地區經驗，通過稅收優惠等方式鼓勵商界與企業投資創新科技及高科技產業，只有將商界與企業投資興趣和方向從賺快錢轉向創新科技與高科技產業，才能實現香港產業的真正轉型升級。

## 四、繼續教育領域的「撥亂反正」工作

教育對於港人提升「國家認同」很重要，在《國安法》實施及「修改選制」等「撥亂反正」工作下，教育的作用更形突出，即新形勢下需要學校教育的配合，才能使青少年理解《國安法》及各項「撥亂反正」工作，進而各項工作才能順利推行，進而有效提升港人「國家認同」。

### 1. 未來需要繼續加強「中史科」教育

儘管「中史科」已經成為初中必修課，但是初中「中史科」課程指引規定的每年最少 50 節課對學校沒有強制力，有的學校每週只有一節；兼教初中「中史科」的老師多數是本身工作很繁忙的中文科老師；「中史科」科主任都主力教高中「中史科」，部分沒有教初中「中史科」。

高中的「中史科」在 2009 年教改後被不少中學放棄，選修「中史科」人數不斷下降。2020 年 7 月《港區國安法》實施，加上教育領域的「撥亂反正」工作，一些教師擔心影響「教職」甚至觸犯國安法，因此出現一些老師不願教「中史科」情況；同時「中史科」評核着重背誦資料，令學生卻步，使學生也更不願意讀「中史科」。教育局課程發展處 2022 年 1 月發佈「高中科目資料調查」顯示，2020/21 學年 90.8%（403 間）學校開辦中四級「中史科」，較 2019/20 學年增加 6 間；但中四學生選修「中史科」的僅佔學生 14.3%，即只有 6970 人，較 2019/20 及 2018/19 學年分別微跌 0.4% 及 0.3%。2021/2022 學年高中選修中國歷史的學生仍只有約 10%。

可見「中史科」仍然存在問題，因此「中史科」還需要繼續加強。初中「中史科」課程指引可能需要強制力以確保初中「中史科」教學時數。不僅高中「中史科」應有專職教師，而且初中「中史科」也應有專職教師，以確保「中史科」教學質量。同時高中「中史科」考核應減少背誦資料和參考公民教育科只設「達標及不達標」兩級考評模式，以增加高中學生選修「中史科」的積極性，而且教育局應以恆常津貼支援「中史科」，以促進更多公司推出內容豐富的「中史科」電子產品，從而提升「中史科」的教學效能。

### 2. 未來需要加強國安教育

學校國安教育剛開始展開，問題還比較多。教聯會 2021 年 10 月的問卷調查顯示，86% 學校反映出現不同程度的困難，其中超 50% 學校指出欠缺相關教學資源，近半學校反映教師未掌握相關知識，約 15% 的學校認為教育局相關指引不夠清晰，64% 的調查者對教授與國家安全相關課題的信心一般。

教育局應根據學校在國安教育方面存在的困難，儘可能協助學校解決。應提供學校更多國安教育的教學資源，包括更多教材實例，例如書面教材、短片等等，且應開發更多具互動性的教材及遊戲，使教師可以通過短片、遊戲場景等較生動活潑的教學形式，讓學生以生動有趣且互動的方式，學習《憲法》《基本法》《港區國安法》及《國歌條例》等法律概念與知識，增強學生的學習興趣與投入感。

教育局還應推出更多相關考察活動，讓香港學校有更多機會參觀駐港部隊軍營，而且應當與內地相關部門建立恆常聯繫，加強與內地合作，推出更多體驗式學習活動，供香港學校組織學生參加。除了由官方組織外，政府還可提供相關津貼，讓學校自主開展更多元化的國情國安教育活動。教育局也應加強對教師的培訓工作，包括邀請內地的教學專家到香港為教師傳授「國安教育」經驗，或者派教師到內地尤其是大灣區學校系統地學習「國安教育」

的教學方法與技巧。

　　同時教育局應加強學校之間在「國安教育」方面的互相交流與互相借鑒經驗，其中傳統愛國學校應起表率作用，主動協助其他缺乏「國安教育」系統知識的學校。教育局還應及時將「國安教育」做得好的學校的成功經驗進行總結，然後提供給各間學校借鑒，或設立一站式分享平台並將好的經驗及時上載平台供業界互相借鑒及參考。

## 五、加強愛國媒體的影響力

　　傳媒對於港人提升「國家認同」同樣重要，在新形勢下，需要利用好傳媒，宣傳解釋《國安法》及系列「撥亂反正」工作，從而使市民理解《國安法》及各項「撥亂反正」工作，並推動各項工作順利推行，從而提升港人「國家認同」。

### 1. 提升建制派傳媒素質，增加影響力

　　年輕人通常使用新媒體，香港特區政府缺乏對新興的網絡媒體具體運作的規管，這使得網絡言論不受約束，因此網絡空間出現大量極端言論，給青年帶來很大負面影響，因此亟需打造貼近香港青年的新媒體以爭取青年關注。雖有成功案例如「知史網」等，但這樣的網絡媒體個案太少，且「知史網」並不能形成對不同興趣、不同階層、不同經驗的香港青年全覆蓋。因此，建制派體要借鑒讀者或觀眾眾多的網絡媒體的經驗，以青年喜聞樂見的形式、內容打造新媒體，包括從更多地呈現客觀事實等角度贏得公眾信賴。

### 2. 加強內地傳媒在香港的影響力

　　應重視內地媒體在「一國兩制」實施過程中的重要作用。廣東媒體由於得天獨厚的地理、語言、文化優勢，廣東電視台的珠江頻道《香港版》於2005年通過相關有線電視台進駐香港，2009年通過電訊盈科擴大收視人羣，

據統計珠江頻道《香港版》在香港的有效收看用戶約為 240 萬。南方衛視 TVS 於 2009 年在香港亞視播出，包括亞視數碼台轉播南方衛視節目《今日最新聞》，覆蓋全港 85% 的家庭，在香港寬帶網絡公司播出時，電視用戶超過 25 萬，電訊盈科用戶超過 120 萬，據香港 NOW TV 的收視報告，南方衛視在香港境內頻道中收視排名第一。但是珠江頻道與南方衛視在香港都不是免費頻道，只能通過有限電視服務商收費播放，因此尚未充分發揮文化傳播和塑造文化認同、國家意識的作用。香港免費電視頻道少，節目種類相對也少，尤其是電視劇集被指沉悶乏味，甚至多次重複播放節目。而內地電視頻道種類繁多，節目豐富，可提供予香港觀眾更多選擇，尤其是南方衛視、廣東電視台珠江頻道部分節目以及深圳衛視公共頻道等等，均以粵語播放，有利於香港市民了解內地信息及豐富香港電視節目，因此應進一步推動粵語電視廣播節目在香港落地，且應研究以免費電視頻道的方式深入香港家庭。

內地網媒也應考慮在香港社會發揮輿論影響。內地媒體應加強對香港民生、文化、經濟發展等議題的客觀與深度報道，避免流於形式和過度政治化，從而使得內地媒體能逐漸吸引香港輿論和市民的關注，成為香港人了解內地、了解兩地融合發展的重要信息源。應鼓勵和支持在海外具有一定市場和較成熟運營模式的網絡媒體在香港打開局面，吸引香港互聯網用戶，增進香港網民尤其是移動互聯網用戶對內地的了解。香港青年對騰訊、華為、阿里巴巴等知名內地企業有較大的知曉度，應鼓勵這些內地機構在 Facebook 等平台上建立香港分支機構的賬戶，以便增進香港青年對內地經濟發展和產業創新的了解和認同。

### 3. 加強內地新聞與輿論對香港報道的深度，增進內地人對香港的了解，增強兩地人民的互信

加強內地新聞與輿論對香港報道的深度，增進內地人對香港的了解，增

強兩地人民的互信。隨着粵港澳大灣區建設等推進，香港融入國家發展大局進程加快，內地媒體要營造「香港與內地和諧共處」的宣傳基調，避免「兩地衝突性事件」成為兩地媒體共同炒作的輿情事件。在內地的新聞報道和輿論引導中應加強對香港報道的深度，在香港發生重大社會事件或者出現重要社會議題時，除了進行常規報道，還應在內地相關媒體上進行香港問題的深度探討或者評論，增進內地居民對香港事務的了解。只有打消內地民眾對香港的排斥心理，才能以更加包容的、相互理解的心態開展民間交流。

# 主要參考文獻

1.  《馬克思恩格斯選集》第 4 卷，人民出版社 1995 年出版。

2.  肖前：《馬克思主義哲學原理（上下）》，中國人民大學出版社 2010 年 9 月出版。

3.  車文博：《弗洛伊德主義原理選輯》，遼寧人民出版社 1988 出版。

4.  〔德〕馬克斯・韋伯：《民族國家與經濟政策——韋伯文選第一卷》，北京三聯書店 1997 年出版。

5.  〔英〕密爾：《論自由》，許寶騤譯，商務印書館 2005 年出版。

6.  江宜樺：《自由主義、民族主義與國家認同》，揚智文化事業股份有限公司（台北）1998 年出版。

7.  應克復等：《西方民主史》，社會科學文獻出版社 2003 年出版。

8.  高岱，鄭家馨：《殖民主義史（總論卷）》，北京大學出版社 2003 出版。

9.  〔奧〕熊彼特：《資本主義、社會主義和民主主義》，絳楓譯，商務印書館 1979 年出版。

10. 〔德〕哈貝馬斯：《公共領域的結構轉型》，曹衛東等譯，學林出版社 1999 年出版。

11. 鄭永流：《法哲學與法社會學論叢》，中國政法大學出版社 2000 年出版。

12. 江暢、戴帽堂：《西方價值觀念和當代中國》，湖北人民出版社 1997 出版。

13. 鄧正來：《國家與社會——中國市民社會研究》，四川人民出版社 1997 出版。

14. 肖蔚云：《香港基本法的成功實踐》，北京大學出版社 2000 年 6 月出版。

15. 〔英〕約翰・里爾：《香港的勞資關係與法律》，上海翻譯出版公司 1984 年出版。

16. 陳冠中：《我這一代香港人》，中信出版社 2013 年 6 月出版。

17. 劉青峰，關小春：《轉化中的香港：身份與秩序的再尋求》，香港中文大學出版社 1998 年出版。

18. 劉兆佳：《香港的政制改革與政治發展》，香港廣角鏡出版社 1988 年出版。

19. 孟慶順：《「一國兩制」與香港回歸後的政治發展》，香港社會科學出版社有限公司 2005 年出版。

20. 《香港社會政治的延續與變遷》，香港中文大學香港亞太研究所 2004 年出版。

21. 劉曼容：《港英政治制度與香港社會變遷》，廣東人民出版社 2009 年出版。

22. 吳俊雄、張志偉：《閱讀香港普及文化》，牛津大學出版社 2001 年出版。

23. 謝均才：《我們的地方、我們的時間》，牛津大學出版社 2002 年出版。

24. 許錫揮、陳麗君、朱德新：《香港簡史（1840 — 1997）》，廣東人民出版社 2015 年出版。

25. 香港教育統籌委員會：《優質學校教育》，香港政府印務局 1996 年出版。

26. 香港政府中央政策組研究報告：《就香港未來發展、鞏固和優化現有支柱產業及發展優勢產業的跟進研究》2009 年 6 月。

27. 陳麗君：《一國兩制在港澳的實踐與兩岸統一研究》，香港天馬出版有限公司 2006 年出版。

28. 陳麗君：《香港人價值觀念研究》，社會科學文獻出版社 2011 年出版。

29. 陳麗君：《香港社會關係與矛盾變化研究》，香港中華書局 2015 年出版。

30. 陳麗君：《香港民主制度發展研究》，香港中華書局 2015 年出版。

31. 陳麗君：《香港人的「一國兩制」觀念研究》，香港三聯書店 2016 年出版。

32. 陳麗君：《香港特區政府管治研究》，香港三聯書店 2016 年出版。

33. Hong Kong Educational System, Imperial Education Conference Papers,1914.

34. David Held: Models of Democracy, Stanford, Calif: Stanford University Press,1987.

35. P. G. Min & R. Kim: Struggle for Ethnic Identity, Calif: Altamira Press,1999.

36. S. Hall &P. Du Gay: Questions of Cultural Identity, Calif: Sage Publications,1996.

37. 操太聖：《香港教育制度史研究 (1840 — 1997)》，華東師範大學學報（教育科學版），1997 年第 2 期。

38. 崔新建：〈文化認同及其根源〉，《北京師範大學學報（社會科學版）》，2004 年第 4 期。

39. 丁月芽：〈文化、認同與香港公民教育〉，《民族教育研究》，1997 年第 3 期。

40. 曾榮光：〈民族教育與公民權責教育之間：過渡期香港公民教育的議論〉,《教育學報》（香港）,1995 年第 21 卷第 2 期。

41. 朱白薇、孟慶順：〈香港公民教育與文化認同〉,《鄭州大學學報》（哲學社科版）,2005 年第 1 期。

42. 沈慶利：〈香港歷史變遷與身份認同建構〉,《天津師範大學學報》2016 年第 4 期。

43. 吳玉軍：〈論國家認同的基本內涵〉,《中國特色社會主義研究》2015 年第 1 期。

44. 劉兆佳：〈香港華人的身份認同 1985 — 1995〉,《二十一世紀》1996 年 6 月號。

45. 香港《明報》《星島日報》《信報》《文匯報》《大公報》2006 年以來時事新聞及政論文章。

46. 香港選舉管理委員會網頁：www.eac.gov.hk

# 香港人的「國家認同」變化研究

陳麗君　著

責任編輯　周文博
裝幀設計　譚一清　鄭喆儀
排　　版　黎　浪
印　　務　周展棚

出版　中華書局（香港）有限公司
　　　香港北角英皇道 499 號北角工業大廈一樓 B
　　　電話：（852）2137 2338　傳真：（852）2713 8202
　　　電子郵件：info@chunghwabook.com.hk
　　　網址：http://www.chunghwabook.com.hk

發行　香港聯合書刊物流有限公司
　　　香港新界荃灣德士古道 220-248 號
　　　荃灣工業中心 16 樓
　　　電話：（852）2150 2100　傳真：（852）2407 3062

　　　電子郵件：info@suplogistics.com.hk

版次　2023 年 12 月初版
　　　2024 年 5 月第 2 次印刷
　　　© 2023　2024 中華書局（香港）有限公司

規格　16 開（230mm×170mm）

ISBN　978-988-8860-02-9